dtv

Auf die Spur des verborgenen Kindes führt uns der bekannte Psychoanalytiker Peter Schellenbaum, denn aus dieser Rückbesinnung auf den Ursprung erwächst Heilung für den erwachsenen Menschen. Gerade im vorgeburtlichen Leben und in der Kindheit sieht Schellenbaum das natürliche Potential für ein positives Leben angelegt, das jedoch auf dem Weg ins Erwachsenenalter allmählich verschüttet wird. Menschliche Stärken wie Lebendigkeit, Offenheit oder spontanes Selbstbewußtsein entdeckt Peter Schellenbaum auf seinem Weg zum verborgenen Kind in uns. Dabei verbindet er eigene Erfahrungen aus seiner langjährigen therapeutischen Praxis mit religiösen, philosophischen und kulturgeschichtlichen Überlegungen. Eindringlich und bilderreich führt er uns vor Augen: Das innere Kind geleitet den erwachsenen Menschen immer wieder an seine Wurzeln zurück und damit an seine eigene innere, lebendige Quelle von Kraft: Kraft zur Selbsterkenntnis, Kraft zum intensiven, bewußten Spüren der wahren Gefühle, Kraft zum Wandel und damit zu Veränderung und Fortentwicklung.

Peter Schellenbaum, geboren 1939, absolvierte nach seinem Theologiestudium eine Ausbildung zum Psychoanalytiker am C.-G.-Jung-Institut in Zürich und gründete 1992 sein Institut für Psychoenergetik. Er ist heute freier Autor, Lehranalytiker und Dozent sowie Psychotherapeut in eigener Praxis. Publikationen u. a.: »Das Nein in der Liebe« (1984), »Abschied von der Selbstzerstörung« (1987), »Die Wunde der Ungeliebten« (1988) und »Aggression zwischen Liebenden« (1994).

Peter Schellenbaum

DIE SPUR DES VERBORGENEN KINDES

Heilung aus dem Ursprung

DEUTSCHER TASCHENBUCH VERLAG

Von Peter Schellenbaum
sind im Deutschen Taschenbuch Verlag erschienen:
Die Wunde der Ungeliebten (35015)
Abschied von der Selbstzerstörung (35016)
Das Nein in der Liebe (35023)
Gottesbilder (35025)
Tanz der Freundschaft (35067)
Nimm deine Couch und geh! (35081)
Aggression zwischen Liebenden (35109)

Ungekürzte Ausgabe
April 1998
2. Auflage August 1999
Deutscher Taschenbuch Verlag GmbH & Co. KG, München
© 1996 Hoffmann und Campe Verlag, Hamburg
ISBN 3-455-08587-3
Umschlagkonzept: Balk & Brumshagen
Umschlagfoto: © Lajos Keresztes
Satz: H & G, Hamburg
Druck und Bindung: C. H. Beck'sche Buchdruckerei Nördlingen
Gedruckt auf säurefreiem, chlorfrei gebleichtem Papier
Printed in Germany · ISBN 3-423-35144-6

INHALT

I

DAS FREUDLOSE SCHATTENDASEIN MIT DEM TOTGEGLAUBTEN KIND

EIN VORWEGNEHMENDER BLICK
AUF DAS VERBORGENE KIND IN SEINER
URSPRÜNGLICHKEIT

Wie traurig mutet eine Existenz an, in der die Spur zur Offenbarung des verborgenen Kindes abgerissen ist: ein freudloses Schattendasein! Wandlung und Wachstum werden einem tristen Wiederholungszwang, wahrhaftige Gebärden den angelernten, vorgestanzten Prägungen geopfert. Den erfreulichen Kontrast dazu bildet ein Erwachsenenleben in Verbindung mit seinem Ursprung, mit dem Kind als innerer Quelle von Neuanfang und Entwicklung. Deshalb werfen wir gleich zu Beginn einen ersten Blick hinter den Vorhang des ordentlichen, zu ordentlich angepaßten Lebens auf die Bühne, wo das Kind sich anschickt, ungeniert ein Stück für Erwachsene zu spielen, das wirkliches Welttheater bedeutet: das einzige Stück, in dem nicht nur einzelne, sondern auch die menschliche Gemeinschaft als Ganzes Sinn und Orientierung finden. Unser vorwegnehmender Blick auf das Kind ist so überraschend und unsystematisch wie eine Liebeserklärung. Was später in unserer Darstellung als sinnvolle Abfolge ausgefaltet sichtbar wird, erscheint hier wie eine erste Erleuchtung, eine verfrühte Offenbarung, eine unverdiente Einsicht, die auch das noch Folgende in den passenden Zusammenhang rückt — und das ist die Tatsache, daß unsere Entwicklung nur dann in der bestmöglichen Weise verläuft, wenn wir wie Kinder werden, doch auch mit erwachsener

Wachheit, Umsicht und Festigkeit, durchlässig und offen für uns entsprechende Lebensimpulse, auch die unerwarteten und unwillkommenen.

Gesunde Kinder haben einen sicheren Instinkt für das, was sie brauchen, selbst für notwendige Grenzsetzungen. Erwachsene dagegen neigen dazu, eine willkürliche Auswahl zu treffen, die auch Lebenswichtiges ausklammert. Dies Lebenswichtige ist nicht unbedingt mit dem identisch, was wir dafür halten; das wird uns besonders am Schluß des Buches beschäftigen. Die uneingeschränkte, für den Erwachsenen so schwer zu erreichende Durchlässigkeit für das Ursprüngliche, für das in uns und der Welt zum Wachstum Angelegte, macht den Kern der menschlichen Faszination durch das Motiv des Kindes aus, auch wenn das reale Kind bereits teilweise die Wundmale der verbildeten Welt übernimmt. Dieser scheinbare Widerspruch wird uns bald beschäftigen.

Ich erinnere mich, wie ich als etwa 16jähriger, vor der Schwelle zum Erwachsenenalter, dem Kind in seinem Wesenskern begegnet bin und aus dieser Begegnung zum ersten Mal in meinem Leben den Impuls und die Energie zu einem eigenen, autonomen Schritt aus innerstem Antrieb, also den Mut, erwachsen zu werden, empfing. Mit meinen Eltern und sechs Geschwistern verbrachte ich den Frühlingsurlaub in unserem Ferienhaus im Tessin. Seit Beginn der Pubertät befand ich mich in einem Zustand ständiger leidenschaftlicher Rebellion gegen meine Eltern. Erst viel später verstand ich, daß diese durch meine Intensität und Heftigkeit schlichtweg überfordert waren. Unnachgiebig in meinen Ansichten und unerbittlich im Erkämpfen eigener Freiheiten, setzte ich ihnen so lange zu, bis sie den Spieß umdrehten und mich durch Drohungen und Strafen zu disziplinieren versuchten.

Als dies wieder einmal geschehen war, lief ich in Wut und Verzweiflung weg in den Garten. Unter einem alten Feigenbaum hielt ich an und brach schluchzend zusammen. Hoffnungslos und verloren schien mir mein Leben: eingesperrt in eine enge Welt, die die einzige war, die ich kannte, und doch nicht meine eigene. Selbst jetzt, da ich mich daran erinnere, steigt immer noch ein Anflug von quälendem Überdruß, angstvoller Langeweile, Ideenlosigkeit und Schuldgefühl in mir hoch. Wieviele bleierne Stunden hatte ich bisher in dieser Stimmung verbracht! Die Erleichterung, die ich mir dann oft verschaffte, brachte keine Lösung. Ich war auf dem Weg, mich mit den widrigen Lebensumständen zu arrangieren, ausgleichende schnelle Kicks statt meinen eigenen Weg zu suchen. Noch focht ich äußere Kämpfe, doch innerlich hatte ich schon fast aufgegeben. Zusammen mit der Kindheit war auch das Kind in mir daran zu sterben.

Doch diesmal war mir, durch meine Verzweiflung aufmerksam geworden, ein Kind gefolgt: mein jüngster, dreijähriger Bruder. In kurzem Abstand steht er vor mir und schaut mich aus klaren Augen unentwegt an. Ich sehe ihn heute genauso deutlich wie damals. Ernst, liebevoll und flehentlich blickt er zu mir hoch und nimmt meine Hand. Da löst sich mir ein ungeheurer Knoten in Hals und Brust. Mein bodenloses Schluchzen wandelt sich in lösendes Weinen. Warm und wärmend fließen die Tränen. Da drückt er meine Hand stärker und lächelt mir sanft und lieb zu. Zum ersten Mal, so scheint es mir, bekomme ich in meiner Familie Trost. Doch dann werde ich wieder von abgründigem Schmerz überwältigt und die Welt verengt sich in ihm. Fast vergesse ich das Kind, das bei mir ist. Doch es zupft mich am Hemdsärmel, um mich an seine Anwesenheit zu erinnern. Und wieder umfängt mich seine dichte und leichte Präsenz, und mit ihm zusammen mache ich eine halbe Drehung, so daß ich außer dem Feigenbaum ein Beet mit Frühlingsblumen sehe: Osterglocken und Hyazinthen. Mein Bruder führt mich zwei Schritte auf eine Osterglocke zu und sagt: »Schau!« Und als ich zusammen mit ihm in den sonnengleichen Kelch blicke, wird es plötzlich hell und weit in mir. Ich spüre den Wind, der um meine nackten Beine spielt, rieche die sinnliche Ausdünstung der Feigenblätter, der See glitzert in der Ferne, Lebenslust durchzittert mich, stolze, freie Entschlossenheit packt mein Gemüt, die Welt und ich, wir sind ein einziges Instrument, ein einziger Klangkörper, und alles, was es zum Schwingen und Klingen bringt, ist herrlich, und was es nicht dazu bringt, verliert an Gewicht. Entlastet bin ich auf einmal von einer Schwere, die nicht meine war. Phantasien durchzucken mich: Beziehungsphantasien mit Freunden und Freundinnen, die ich liebe, Phantasien über mein weiteres Leben. Es ist Frühling: Heiterkeit, Frische, Lebendigkeit, neuer Anfang, Aufbruch, Wandlung, schöpferische Ahnung. Und mit mir ist das Kind: mein kleiner Bruder, der sich etwas von mir entfernt hat und nun mit Steinen spielt.

Auf einmal durchzuckt es mich wie ein Blitz. Etwas, worüber ich mir schon ab und zu Gedanken gemacht habe, doch ohne Klarheit zu bekommen, weiß ich jetzt mit Sicherheit, nämlich, daß ich die letzten Jahre des Gymnasiums bis zum Abitur in der französischen Schweiz, 250 Kilometer weg von meinem Elternhaus, verbringen werde. Nichts wird mich davon abhalten: Ich werde mich selbst anmelden, und meine Eltern werden die Anmeldung schließlich unterschreiben.

Und so geschah es. Es war der erste entscheidende Schritt von vielen späteren Schritten in meinem Leben, die ich, Konventionen und Zwängen zum Trotz, nach Überwindung innerer und äußerer Widerstände, manchmal nach längeren Phasen des Kompromisses und der Anpassung, getan habe. Und jedesmal war das Kind bei mir und leitete mich, zwar nicht von außen wie beim ersten Mal, aber von innen. Stück um Stück wuchs meine Verbundenheit auch mit der äußeren Realität. Wie beim ersten Schritt durchflutete mich auch bei späteren Schritten ein inniges Weltgefühl, das über den Kreis hinaus griff, um den sich mein Leben gerade erweitert hatte. Es bedeutete also keine bloß pubertäre Schwärmerei. Selbst wenn neue Schritte offensichtliche Fehltritte waren — und deren gab es einige, gewichtige und zum Teil folgenschwere —, wandelten sie sich schließlich in vielen Fällen, sofern ich mich wieder auf die instinktsichere Spur des Kindes begab, in heilsame Schritte für mich und andere. Und wenn ein Schritt in die Leere führte und keine sinnvolle Orientierung in Sicht- und Reichweite war, blieb mir fast immer ein unerklärliches Gefühl der Führung aus dem kindlichen Kern, wenn auch noch ohne Wissen um das Warum und Wohin, ein Gefühl, das durch das Wort Urvertrauen nur unvollständig erfaßt wird.

Das reale Kind, wie wir ihm in eigenen und fremden Kindern und auch in Büchern über Entwicklungspsychologie begegnen, ist nicht einfach mit dem Kind identisch, wie es uns aus Träumen, Märchen und Mythen entgegentritt. Wirkliche Kinder sind nie frei von auch unpassenden äußeren Prägungen, die ihre sprudelnde Ursprünglichkeit zum Teil bereits hemmen und fehlleiten. Die verwundete Welt, in die wir hineingeboren werden, besteht nicht aus unglücklichen Einzelfällen. Selbst in der bestmöglichen aller Kindheiten hinterläßt sie Spuren. Deshalb unterstreicht Carl Gustav Jung, daß das mythologische Kindmotiv keine Kopie des empirischen »Kindes«, sondern ein als solches klar erkennbares Symbol, also letztlich nicht ausdeutbar sei.[1]

Und doch ist das seelisch einigermaßen gesunde *Kind*, mehr als die meisten Erwachsenen, ein klarer *Spiegel des Kindsymbols*, also der menschlichen Ursprünglichkeit. Ich idealisiere das wirkliche Kind nicht, wenn ich ihm in besonderem Maße wichtige Eigenschaften des Kindmotivs in Träumen, Märchen und Mythen zuschreibe: Lebendigkeit, Unmittelbarkeit der Gefühlsäußerungen, Kreativität, Freiheit von moralischen Zwängen, Ursprünglichkeit und Echtheit im Ausdruck, Gefährdung und Schutzbedürftigkeit, Durchsetzungsvermögen und Stärke bei aller Schwachheit, Macht und Einfluß trotz Ohnmacht und Beeinflußbarkeit, besondere Fähigkeit zu Wandlung und Entwicklung, Weisheit, unverstellter Zugang zu den Gesetzmäßigkeiten und Grundtatsachen der Psyche und der Welt.

Der letzte Punkt wird uns gleich beschäftigen. Wir dürfen das »göttliche«, »ewige«, »alterslose«, »weise«, »innere«, »symbolische«, »archetypische« Kind nicht vom wirklichen Kind trennen, als hätte es nichts mit ihm zu tun. Die eben geschilderte Begegnung mit meinem dreijährigen Bruder in einem entscheidenden Moment meines Lebens zeigt, daß die Bilder und Symbole des mythologischen Kindes aus dem Stoff der Erfahrungen mit dem wirklichen Kind geschaffen sind. Dieses wandelt sich im Mythos zum lockenden Spiegel des erwachsenen Selbsterneuerungspotentials. *Weder dürfen wir das »innere« vom »äußeren« Kind trennen, noch die entwicklungspsychologische Beschreibung des*

---

[1] C.G. Jung, Zur Psychologie des Kinderarchetypus, GW 9/1, Olten 1971–1981, S. 175, Anm. 20.

Kindes mit dem symbolischen Kindesmotiv verwechseln. Dieser Symbolisierung ist meist eine Unbeirrbarkeit und Fähigkeit zur Überwindung aller Widerstände eigen, die dem realen Kind natürlich nicht zukommen. Diese Fähigkeiten haben mit der Unfehlbarkeit des Entwicklungstriebes zu tun, an der wir jedoch nur in dem Ausmaß teilhaben, als wir uns in bewußt spürender Verbindung mit ihm befinden. Diese jedoch ist bei jedem Menschen mehr oder weniger störbar.

Wo liegt der mit Gefühl, Denken und Intuition faßbare *Berührungspunkt zwischen* beiden, *dem empirischen und dem symbolischen Kind*, der Ort ihrer Identität? Die erwähnten belebenden und erneuernden Eigenschaften entsprechen nur zum Teil den psychologischen Beobachtungen über das Kind. Wie komme ich trotzdem dazu, sie mit dem Wesenskern des Kindes gleichzusetzen? Die größere Durchlässigkeit und daher Schutzbedürftigkeit, der ursprünglichere Ausdruck des im Menschen Angelegten, die besondere Fähigkeit zu Entwicklung und Wandlung beim empirischen Kind stehen außer Frage. Und doch vermischen sich solche dem Kind in besonderem Maße zugehörigen Eigenschaften schon im intrauterinen Leben und von der Geburt an immer einschneidender mit solchen Charaktereigenschaften des Erwachsenen, die durch Anpassung, Unterordnung, Unterdrückung und Verdrängung entstanden sind. So weist zwar die Psychologie die Richtung zum identischen Kern von realem und symbolischem Kind, doch ohne ihn bisher erreicht zu haben.

Wir erreichen diesen Kern nur, indem wir das intrauterine Leben bis hin zur Empfängnis, in der die Samenzelle des Vaters mit der Eizelle der Mutter zu einer neuen Urzelle verschmilzt, zurückverfolgen. Dieser Moment ist

nicht nur biologisch, sondern auch und vor allem existentiell zu begreifen. Und nur unter dem existentiellen Gesichtspunkt, nämlich vom gemeinsamen Ursprung des
realen und symbolischen Kindes her, verstehen wir deren
letztliche Identität: Der Kern beider ist reine Potentialität,
ausschließliche Empfänglichkeit für die Existenz und daher, potentiell, bloße Lebendigkeit und Wandlungsfähig-
keit. Im *existentiellen Moment der Empfängnis* gibt es noch
keine Entwicklung, die ganze Information ist schon vorhanden, doch ohne Ausformung in einer konkreten Geschichte: Die Urzelle ist kein kleiner Mensch, der bloß
wachsen muß, ebensowenig wie der Samen eines Baumes
bereits den ganzen Baum in sich enthält. Deshalb eignen
sich meine Ausführungen über den existentiellen Moment der Empfängnis auch nicht als Argumente für oder
gegen die Schwangerschaftsunterbrechung. (Das will ich
bereits hier anmerken, um Mißverständnissen vorzubeu-
gen und die Aufmerksamkeit nicht in die falsche Richtung zu lenken.)

In diesem existentiellen Moment herrscht reine Empfänglichkeit für das vorhandene Entwicklungs- und
Wandlungspotential. Aus der Perspektive des Ursprungs
fallen das wirkliche und das symbolische Kind noch in
eins. Noch gibt es bei beiden keine Lebens-Geschichten:
weder beim realen Kind, das mit bestimmten Anlagen in
eine bestimmte prägende Umgebung hineingezeugt und
-geboren wird, noch beim archetypischen Kind, das in bestimmten kulturellen Zusammenhängen, in symbolischen Bildern, die deren Stempel tragen, in Erscheinung
tritt. Und doch faßt die *Grundeigenschaft der Empfänglichkeit* alles zusammen, was das empirische Kind in seinem
innersten Wesen und das symbolische Kind in seinen unterschiedlichsten Bildern auszeichnet. Die unerschöpfli-

che Lebendigkeit und geheimnisvolle Macht des symbolischen Kindes zeigen, daß seine Geburt und seine Taten schöpferische Phantasien des Menschen über sein Potential schlechthin bedeuten.

Es ist deshalb nicht zufällig, daß für Hesiod *Zeugung und Geburt* der Göttin Aphrodite *identisch* sind: Sie entsteht aus dem zeugenden Glied des Uranos, das dessen Sohn Kronos mit einer Sichel abgeschnitten und ins Meer geworfen hat. »Der Phallos ist das Kind und das Kind ewiger Anreiz zur Fortsetzung der Urzeugung.«[2] Die Grundeigenschaft der reinen Empfänglichkeit und Potentialität weist die Richtung zur Antwort auf die Frage, inwiefern das Kind den Kern unseres Wesens und die Spur unserer Entwicklung offenbart und imstande ist, eine wirkliche Revolution in der Menschheitsgeschichte auszulösen, falls es nicht kindisch karikiert, sondern mit erwachsener Durchsetzungskraft und Umsicht unterstützt wird. Das Kind ist dem biologischen Moment der Empfängnis und somit der »polymorphen«, für viele Gestaltungen offenen Empfänglichkeit für Lebensimpulse näher als der Erwachsene: unverfälschter als in diesem wirkt er noch in ihm. Das Kind lebt spontaner im existentiellen Moment der Empfängnis — des Sich-selbst-Empfangens — und nimmt somit teil an den Eigenschaften der göttlichen Kinder, wie sie in den Kollektivphantasien des Mythos ausgemalt werden.

Der existentielle Moment der Empfängnis wird daher durch meine ganze Beschreibung des dramatischen Weges auf der Spur des verborgenen Kindes zu dessen schrittweiser Offenbarung Bezugspunkt bleiben. Im er-

---

[2] Vgl. K. Kerényi, Das Kind in seiner Urzeit. In: C.G. Jung — K. Kerényi: Einführung in das Wesen der Mythologie, Zürich 1941.

sten Moment mag diese zentrale Kategorie – der existentielle Moment der Empfängnis – etwas abstrakt anmuten, doch wird sich dieser erste Eindruck bei der Darstellung konkreter Lebenszusammenhänge schnell verflüchtigen; er öffnet das Auge direkt und ungefiltert auf Wesenseigenschaften des Menschen. Je voller wir von Augenblick zu Augenblick aus diesem existentiellen Moment heraus leben, desto mehr gestalten wir die Geschichte – unsere und die der menschlichen Gemeinschaft – aus ihrem innersten und eigensten Impuls heraus: ein Abenteuer, in das uns nur das Kind als zentrale Lebensinstanz locken kann. So entsteht ein »Bewußtsein, das ... an einer weiteren Welt ... teilnimmt« und »das Individuum in eine unbedingte, verpflichtende und unauflösliche Gemeinschaft mit ihr versetzt«[3].

Wie sehr das Kind in einem dem Erwachsenen kaum mehr möglichen Ausmaß weltoffen, weltdurchlässig ist, zeigen Untersuchungen über die *Urformen,* die das Kind in seinen ersten Lebensjahren spontan zeichnet, Urformen, die Ursymbole sowohl für die Strukturen der menschlichen Psyche als auch für die kosmischen Grundstrukturen sind. »Das Kind ist von allem Anfang an ein Weltbaumeister und noch ganz nahe den Ursprüngen, aus denen sich die Welt aufbaut. Es schaut durch die zerstreute Mannigfaltigkeit der Welterscheinungen hindurch auf deren Grundprinzipien. Es ist das Dionysoskind, noch bevor es von den Titanen zerrissen und seine Glieder durch alle Welt zerstreut wurden.«[4]

[3] C.G. Jung, Die Beziehungen zwischen dem Ich und dem Unbewußten, GW 7.
[4] K. Wolff, Das göttliche Kind, in: R. Battegay/U. Rauchfleisch (Hrsg.), Das Kind in seiner Welt, Göttingen 1991, S. 74.

Das zeichnende Kind geht in seinen Erinnerungen bis ins Säuglingsalter und sogar in die fötale Phase zurück. Es zeichnet *Kritzelknäuel*, welche seine frühe Grenz- und Orientierungslosigkeit im Raum und zugleich das kosmische Chaos ausdrücken. Es zeichnet dann, sich bis ins Alter von sechs Monaten zurückerinnernd, *Spiralen*, die je nach ihrer Zielrichtung die Bewegung der Abgrenzung von der Mutter weg oder der komplementären Wiederannäherung an sie und gleichzeitig Urbewegungen des selbstschöpferischen Kosmos zeigen. Es schafft die nächste Urform des *Kreises* und verstärkt dadurch die Erfahrung der als Ganzes zusammenhängenden Innenwelt und auch des Universums in seiner Ganzheitlichkeit und seinem Zusammenhang. Die Darstellung des *Mittelpunkts* spiegelt und intensiviert das Erleben der Zentrierung in sich selbst und der Welt, was für das Kind das gleiche bedeutet. Die Zentrierung im Mittelpunkt führt durch seine Verlängerung im Raum zur nächsten Urform, nämlich der *Mittelachse*, die als Wirbelsäule den aufrechten Gang und als symbolische Vertikale die Verbindung von Himmel und Erde in der Welterfahrung und von Geist und Körper in der Leiberfahrung ausdrückt. Die darauf folgende Darstellung des *Urkreuzes* motiviert und aktiviert zur Orientierung im Raum: das Kind »erfindet« spontan das Urbild der Orientierung und Ausbreitung im Raum. Schließlich zeichnet es den *Kasten*: Bild der klar strukturierten und in sich beheimateten Persönlichkeit und gleichzeitig der strukturierenden und Geborgenheit gebenden Welt. Wiederum fällt der Doppelaspekt eines gleichzeitigen Selbst- und Weltsymbols auf, der in der hinduistischen Philosophie als Atman-Brahma höchste Weisheit bedeutet.[5] Mit

[5] Vgl. ebd., S. 71-75.

drei Jahren hat das sich zurückerinnernde Kind seinen gegenwärtigen Entwicklungsstand in der zeichnerischen Darstellung aufgeholt. Doch weiterhin, bis zum Einsetzen der figurativen Phase im Alter von sechs bis sieben Jahren, wiederholt es zeichnend und spielend diese Urformen: Wachstum braucht Wiederholung. Diese Einsicht hat sich die von mir entwickelte *Psychoenergetik* in der partiellen Wiederholung von *Spontanritualen* — heilender »Leibimprovisationen« in spontaner Abfolge und im Zustand einer leichten, wachen Trance — zunutze gemacht.[6]

Diese Hinweise mögen genügen, um die Brücke vom mythologischen zum empirischen Kind sichtbar werden zu lassen. Die kindlichen Taten der Götter zeigen diese bereits in ihrer Vollkommenheit. Ebenso weist das reale Kind eine *mediale Transparenz für menschliche Urerfahrungen* auf, denen sich der Erwachsene erst wieder durch geduldige Hingabe an seinen kindlichen Kern nach und nach annähern kann. Die *Zeitlosigkeit* der Kindgötter spiegelt die zeitlose *Ursprünglichkeit* solcher Erfahrungen. Deshalb wird das göttliche Kind auch das ewige Kind genannt.

In vorhomerischer Zeit, vor der Verfestigung des Götterhimmels, waren alle Götter in ihrem Wesen noch göttliche Kinder: im ständigen Fluß der Selbsterneuerung. Weder das reale noch das göttliche Kind bedeuten ein bloßes Übergangsstadium zum endgültigen Erwachsenenalter, in dem das Kind nichts mehr zu suchen hat.

---

[6] Vgl. P. Schellenbaum, Nimm deine Couch und geh! München 1992. Im 1992 gegründeten Institut für Psychoenergetik, Orselina-Locarno/Schweiz, finden sowohl einwöchige, für alle Interessenten offene Psychotherapiekurse in Gruppen, in denen ich mit Spontanritualen arbeite, als auch Ausbildungskurse für Psychotherapeuten und Ärzte, die sich über einen Zeitraum von drei Jahren erstrecken, statt. Vgl. Anschrift am Schluß dieses Buches.

Beide leben im ewigen existentiellen Moment der Empfängnis, das heißt, sie signalisieren die Beweglichkeit der Lebensenergie im Loslassen und Aufbrechen, in welchem Lebensalter auch immer. Die Bereitschaft zu Abschied und Wandlung ist der Grund, warum der Tod zum Kindmotiv gehört, der *Wandlungstod* als schwebendes Kreisen zwischen Sein und Nichtsein, wie in einer Spirale jeder neue Kreis Überwindung und Erneuerung des vorigen bedeutet. Die damit verbundene zugleich intensive und gelassene Atmosphäre vermitteln göttliche Knaben auf antiken Grabmonumenten. Ohne Selbstwahrnehmung im existentiellen Moment der Empfängnis, der das Kostbarste im Kind bedeutet, stumpft der erwachsene Mensch ab, manchmal ohne seine resignative Einstellung zu spüren. Ältere Menschen werden oft freudlos-depressiv. Umgekehrt strahlen Greise, die die kindliche Ursprünglichkeit wiedergefunden haben, heitere Weisheit aus. Ein Erlebnis, das sich vielleicht zwei Jahre früher als das eingangs geschilderte abspielte und in dem sich beide Möglichkeiten offenbarten, bleibt mir in nachdrücklicher Erinnerung.

Während der Sommerferien im Tessin spazierte ich mit meinen Eltern und Geschwistern auf der Collina d'Oro oberhalb des Lugancr Sees. Meine Mutter schob den Kinderwagen, in dem der jüngste Bruder lag. Uns entgegen kamen zwei Spaziergänger: ein alter hagerer Mann mit überaus sensiblen, empfänglichen Gesichtszügen und, in kleinem Abstand hinter ihm, die ihn begleitende, um mehrere Jahre jüngere Frau. Der Mann schien mir traurig, heute würde ich sagen: resigniert und etwas depressiv. Als er näher kam, erkannte ich Hermann Hesse, wie ich ihn von Fotos kannte. Vor kurzem hatte ich, nach *Narziß und Goldmund*, seinen *Steppenwolf* zu Ende gelesen, und die unerwartete Begegnung mit dem Dichter bewegte mich sehr. Als sich unsere Wege kreuzten, sprach ich ihn an: »Sie sind Hermann Hesse.« Überrascht blickte er auf, als erwache er aus fernen Gedanken, und blieb stehen. Er nickte mir, leise ironisch lächelnd, freundlich zu. Dann wanderte sein Blick zum Kinderwagen, aus dem mein kleiner Bruder zu ihm hochschaute. Hesse neigte sich lange über ihn, vielleicht eine Minute, und in dieser unerwartet langen Zeitspanne wandelte sich sein Gesichtsausdruck aufs Überraschendste. Ein inniges Leuchten brach aus ihm hervor. Die vorher etwas strengen Züge lösten und lockerten sich und wurden weich und warm. Auf einmal sah ich das gleiche Lächeln auf seinem Gesicht wie auf dem meines Bruders, genau dasselbe freie, unbefangene, kindliche Lächeln. Eine so klare Spiegelung – viel später nannte ich das Spiegelkommunikation[7] – ohne jede Trübung in einem auf diese Art geweckten, verwandten Empfinden habe ich noch nie zuvor und später nie mehr gesehen: Das ewige Kind erwachte und offenbarte sich zwischen Hesse und meinem Bruder. Dann richtete sich der alte Mann plötzlich auf und setzte seinen Spaziergang fort. Ich fragte meinen Vater: »Hast du die Tränen in seinen Augen gesehen?« – »Vielleicht schon«, antwortete er.

[7] Vgl. P. Schellenbaum, Gottesbilder, München 1989, und: Homosexualität im Mann, München 1990.

ABHÄNGIGKEIT — GEFANGENSCHAFT
IM FAMILIENSCHICKSAL

Viele Erwachsene halten das Kind immer noch für ein leeres Wesen, »das der Erwachsene mit etwas anzufüllen berufen ist, ... als ein Wesen ohne innere Führung, das der Führung durch den Erwachsenen bedarf. Schließlich fühlt sich der Erwachsene als Schöpfer des Kindes und beurteilt Gut und Böse der Handlungen des Kindes nach dessen Beziehungen zu ihm selbst.«[1] Was für ein folgenschwerer, verhängnisvoller Irrtum! Die Empfänglichkeit des Kindes wird verwechselt mit innerer Führungs- und Orientierungslosigkeit. Dabei bezieht sich der existentielle Moment der Empfängnis, dem das Kind näher als der Erwachsene ist, ganz im Gegenteil auf *größere Weckbarkeit im Lebenspotential,* auf Verfügbarkeit für Entwicklungssignale aus der eigenen Anlage, die nach liebevoller Spiegelung, Bestätigung und Förderung durch den Erwachsenen rufen. Die dargestellte mediale Durchlässigkeit für die Grundstrukturen der Psyche und der Welt zeigen das Kind bereits als mit einer *eindeutigen inneren Führung* ausgestattet. Das Kind ist sein eigener Führer.

Als innere Führungsinstanz des Erwachsenen bedeutet das Kind daher dessen Selbst: Der Archetyp des Kindes offenbart einen zentralen Aspekt des Selbst im Menschen.

[1] M. Montessori, Kinder sind anders, München 1994, S. 23.

Natürlich bedarf das Kind gerade wegen seiner Empfänglichkeit und geringen Fähigkeit zur Abgrenzung des besonderen Schutzes durch die Erwachsenen, doch darf diese größere Schutzbedürftigkeit nicht mit Mangel an innerer Zielorientierung — an *Entelechie* — verwechselt werden. Heldenkinder in Mythen aller Kulturen sind gefährdet, bedroht, verfolgt, gerade *weil* sie Heldenkinder, das heißt zur Erneuerung und Führung der Menschheit berufen sind. Der Kindermord in Betlehem durch Herodes ist nur *ein* Beispiel für den todbringenden Beharrungszwang einer kindfremden Erwachsenenwelt, die sich gegen die *schöpferische Wandlungspotenz* des Kindes mit äußerster Brutalität wehrt. *Moses, Krischna, Horus, Zeus, Dionysos, Hermes, Herakles* und unzählige andere »göttliche Kinder« zeigen die Verbindung von besonderer Kreativität und besonderer Schutzbedürftigkeit.

Es ist leicht zu durchschauen, daß die vermeintliche innere Führungslosigkeit des Kindes eine Schutzbehauptung von Erwachsenen ist, um sich nicht der *revolutionären Wahrhaftigkeit* des Kindes aussetzen zu müssen, ebenso wie die repressive Erziehungswut von Erwachsenen oder — in unserer Zeit immer verbreiteter — ihre Tendenz, sich dem Bedürfnis der Kinder nach einem klaren, emotional präsenten Gegenüber zu entziehen, Abwehr gegen die lebendige Herausforderung durch diese bedeutet. Uneinfühlsame Erziehung und narzißtischer Selbstentzug sind zwei Formen, mit denen der Erwachsene das Kind — sein äußeres und inneres — gefährdet, verfolgt, verstößt. Die Folge davon ist eine Gesellschaft, die nur den mach- und kaufbaren Dingen huldigt und emotional ein freudloses Schattendasein führt. Das Kind wartet vor der Schwelle, an der es verraten wurde.

Im Leben des Kindes gibt es, wie Maria Montessori ausführt, »sensible Perioden«[2] besonderer Empfänglichkeit — Phasen, in denen sich der existentielle Moment der Empfängnis besonders stark vergegenwärtigt. Sie sind vorübergehend und dienen jedesmal dem Erwerb einer bestimmten Fähigkeit. Die durch die Psychoanalyse hervorgehobenen Entwicklungsphasen des Kindes — aber keineswegs nur diese — können, vor allem bei ihrem Eintreten, als solche sensiblen, durch Fixierung bedrohten Schwellenphasen, in denen die Verwirklichung des inneren Bauplans entweder einen Sprung nach vorne macht oder ins Stocken kommt, verstanden werden. Als Erwachsene haben wir der Frage nachzuspüren, ob sich auch das Kind in uns vor einer solchen frühen Schwelle verbirgt, und wenn ja, vor welcher. Zu ihr führt die Spur des verborgenen Kindes. Hier liegt die Verheißung unserer ganzen Lebendigkeit. Ich nenne solche Schwellen *Energieklippen*, weil die Lebensenergie an ihrem Ort entweder sich beschleunigend, nach vorne in die Strukturierung einer neuen Selbstgestalt schießt oder ohne Ausweg gestaut wird.

Wenn wir im Laufe einer sensiblen Periode — vor einer Energieklippe — das Kind aus dem Gefühl verloren haben, entsteht *Abhängigkeit*. Die Wahrnehmung von Lebensimpulsen verflüchtigt sich. An die Stelle tritt *Instinktlosigkeit für den eigenen Lebensplan*, für das jetzt Angezeigte und von innen her Geforderte. Dann fühlen wir uns auf äußere Wegweiser angewiesen und verlieren uns in übermäßiger Anpassung an sie. Von nun an setzt auf unserem Lebensweg Abhängigkeit ein. Statt kindlich zu bleiben, werden wir kindisch: unselbständig und bedürftig. Da wir unsere Beziehungspersonen unbedingt brauchen,

[2] Ebd., S. 47.

müssen wir sie manipulieren und kontrollieren. Um jeden Preis sollen sie uns erhalten bleiben. Zur Manipulation und Kontrolle der anderen sind uns viele Mittel recht: Wut, Vorwürfe, Anklagen, Schmollen, appellative Resignation, Moralpredigten, Rechtfertigungsversuche, Umsorgen, Anpassungsbereitschaft, Verleugnung, Selbsterniedrigung.[3] Unser Abhängigkeitsspiel funktioniert nur, wenn die anderen mitspielen, das heißt sich ebenfalls von uns abhängig machen, etwa von unserer Bedürftigkeit und Ohnmacht, um sich selbst stark und mächtig zu fühlen. Wohlverstanden: Es ist nicht das Kind in uns, das abhängig ist und die Ko-Abhängigkeit der Bezugspersonen braucht, sondern der Erwachsene in seiner Verlorenheit ohne das Kind: ohne das differenzierte Gespür für die »wahre« Empfindung, ohne Instinkt für das, was ihm not und wohl tut, also ohne das, was uns im Kontakt mit gesunden Kindern so befreiend zum Gefühl und zum tieferen Wissen über uns selbst bringt.

Statt dessen, befangen in Ko-Abhängigkeit − »Co-Dependency«, wie der Fachausdruck in der amerikanischen Literatur über Suchtbeziehungen lautet −, gleichen wir Marionetten, die mit anderen Marionetten spielen, eingesperrt ins gleiche Kollektivschicksal wie in unserer Ursprungsfamilie. Jede tiefergehende Abhängigkeit von wem oder was auch immer ist auch Gefangenschaft im *Familienschicksal.* Angefangen hat alles in dem Augenblick, als wir, strotzend vor Lebendigkeit und bereit, eine neue Schwelle zu überschreiten, empfänglich und verletzlich zugleich, von einer fremden Macht überfallen wurden, die das wissende und fühlende Kind zurückstieß und uns zu einem Weg versklavte, der nicht unserer war.

[3] Vgl. E. Chopich und M. Paul, Aussöhnung mit dem inneren Kind, Freiburg i.Br. 1993, S. 70.

Natürlich war dies nicht ein einziger traumatischer Augenblick, sondern einer, der sich viele Male mit verschiedenen Schattierungen wiederholte und unseren Charakter und unser Schicksal immer einschneidender prägte. So vergaßen wir nach und nach den Keim des Kindes in uns und lernten, Macht in Situationen zu erleben, in denen wir eigentlich ohnmächtig waren, und andere Menschen, allen voran unsere eigenen Kinder, durch starre Erziehung oder laschen Selbstentzug in die gleiche Entfremdung zu schicken. Wir haben die Tatsache vergessen, daß wir das Kind zurückgelassen haben und somit auch die Umstände, unter denen dies geschah. Auch das Wissen ging uns verloren, daß das verborgene Kind, das wir tot glauben, heil und unversehrt ist: Zu seinem eigenen Schutz mußte es zurückbleiben und erweist sich gerade in seiner notwendigen Verborgenheit als das ewige, mächtige, göttliche Kind, als intakte, wenn auch im Moment nicht verfügbare Entwicklungsinstanz.

Ich schildere nun — ohne Anspruch auf Vollständigkeit — *fünf mögliche Auswirkungen früher, nicht aufgelöster Abhängigkeit.* Ihre Eigenarten ergeben sich aus den verschiedenen Entwicklungsstadien, in denen die Abhängigkeit und somit der Verlust des existentiellen Moments der Empfänglichkeit eingesetzt haben, sowie aus den Besonderheiten des Familiensystems.

Die erste Auswirkung von Abhängigkeit bezieht sich auf das Gefühl völliger *Bedürftigkeit, Hilflosigkeit* und *Ohnmacht* auch in Situationen, in denen die Fähigkeit zu deren Bewältigung durchaus vorhanden und Eigenverantwortung und Tatkraft gefordert wären. Diese Abhängigkeit entsteht im Säuglingsalter — in der von der Psychoanalyse als orale Phase bezeichneten Entwicklungsperiode (ich werde Freuds Phasentheorie später in bezug auf die ödipale Phase kritisieren und insgesamt in ihrer Bedeutsamkeit relativieren) – vor allem durch den Mangel an emotionalem Austausch, an Wärme und bejahender Spiegelung. An dieser Schwelle muß das »göttliche«, das heißt das von Entfremdung unversehrte Kind, die Offenbarungsinstanz des Menschen über sich selbst, zu seinem Schutz zurückbleiben. Die Verbannung bewahrt es vor dem Untergang. Soweit wie nötig muß es sich dem Kontakt mit der Mutter und der Umwelt überhaupt entziehen. So lassen selbst die autistische Selbstverschließung oder der symbiotische Selbstverlust – die beiden Extremfälle kindlicher Selbstentfremdung, auf die ich noch eingehen werde – das verlassene reale Kind nicht ganz ohne Hoffnung auf Heilung. Um als weises Kind, als innere Führungsinstanz, mit dem existentiellen Moment der Empfängnis identisch zu bleiben, muß es sich verbergen. Die Trennung vom realen Kind ist nicht total, auch in den späteren Entwicklungsstadien nicht, aber sie muß soweit gehen, wie es die Entfremdung durch ungünstige Lebensumstände erfordert. Was dies heißen kann, zeigt der Traum einer 50jährigen Frau.

»Ich befinde mich im Garten, in dem mein Elternhaus stand, und habe gerade Blumen gepflanzt. Das Hausmeisterehepaar rupft die Blumen wieder aus und pflanzt an deren Stelle Gemüse. Ich schimpfe mit ihnen und will wissen, was mit meinen Blumen geschehen ist. Dann sehe ich eine Sandkiste. Sie befindet sich dort, wo ich früher als Kind tatsächlich ein Blumenbeet hatte. In der Sandkiste sitzt mein jetzt erwachsener Sohn im Alter von eineinhalb Jahren und trägt eine von meiner Mutter gestrickte hellblaue Wolljacke. Mittlerweile stehe ich vor der Sandkiste und fordere ihn auf, mit mir ins Haus zu kommen. Er spielt ganz vergnügt und ist dazu nicht bereit. Er bleibt in der Sandkiste.«

Der erwachsene Sohn der Träumerin leidet an Neuro-
dermitis, deretwegen sie sich mit Sorgen und Schuldgefühlen plagt. Diese machen es dem jungen Mann nicht
leicht, sich von der Mutter abzugrenzen und in Freiheit
seinen Weg zu gehen. Die Träumerin selbst ist mit emo-
tionsarmen Eltern — symbolisch gesehen mit einem ein-
fachen Hausmeisterehepaar — als Kriegskind aufgewachsen. Gepflanzt wurde nur das Notwendige, nicht das
heilsame Überflüssige: Gemüse statt auch Blumen, Be-
treuung statt auch Liebe. Was das Kind aus innerem Antrieb hegte: Blumen, eine innere lebendige Welt mit
Phantasie und Schönheit, zog die Aufmerksamkeit der Eltern nicht auf sich. So war die eigenständige Lebendigkeit
des kleinen Mädchens stets von Zerstörung bedroht. Daher die Ohnmacht und Bedürftigkeit — und übermäßige
Abhängigkeit, eine Abhängigkeit von Autoritätspersonen,
an der sie als erwachsene Frau immer noch leidet. Gleichzeitig bedeutet das Blumenbeet den zwar bedrohten, doch
unversehrten, eigenen heilen Bezirk, ähnlich dem abgegrenzten Tempelbezirk — Témenos — in vielen Religionen, der das »Allerheiligste«, das heißt das Eigene, Eigentliche, eben das göttliche Kind, birgt. Nur hier lebte und
lebt sie ab und zu, in seltenen, unerwarteten Augenblik-
ken, aus dem existentiellen Moment der Empfängnis,
des Sich-selbst-schöpferischen-Empfangens. Der Sandkasten, der im Traum die Stelle des Blumenbeets einnimmt
und dessen Sinn noch klarer herausstellt, unterstreicht
den Aspekt kreativen Spielens, ins eigene Leben hinein, in
einem abgegrenzten Persönlichkeitsbereich. Die Träumerin kennt die Therapieform des Sandspiels -»Sandplay«-[4],
was diese Bedeutung des Sandkastens noch unterstreicht.

[4] Das »Sandplay« wurde von Dora Kalw, Küsnacht, Schweiz, unter dem
Einfluß der Archetypenlehre C.G. Jungs entwickelt.

Wie sie im Gespräch über den Traum sagt, projiziert sie auf ihren Sohn nur den ersten Aspekt des Blumenbeets, nämlich dessen Zerstörung durch lieblose Eltern, in denen sie sich heute in bezug auf ihren Sohn selbst wiederzuerkennen meint, das heißt ihre eigene frühe Bedürftigkeit und Hilflosigkeit: Wie unter Zwang – ein Kennzeichen aller Projektionen – sorgt sie sich um ihn, bedrängt ihn mit Hilfsangeboten, die ihn nur noch weiter von seinem eigenen Lebensschwung entfernen. Im Traum selber passiert eine deutliche Verschiebung vom ersten zum zweiten Aspekt des Blumenbeets: Ihr eineinhalbjähriger Sohn sitzt vergnügt im Sandkasten. Hier ist er heil, aus sich selbst heraus und zu sich selbst hin frei. Dadurch gerät er in einen Konflikt mit der Träumerin, die ihn bedürftig meint und ins Haus beordert.

Indem das Kind im Traum dazu nicht bereit ist, erweist es sich als identisch mit dem weisen, inneren Kind, dem Selbst, das im Leben der Träumerin die Führung übernehmen will, sowohl in bezug auf sie selbst – es trägt ja im Traum die hellblaue Wolljacke, die ihr die Mutter gestrickt hat (diese ist also nicht ausschließlich kalt und abweisend, zumindest als innere Instanz in der Träumerin selbst) – als auch in Beziehung auf ihren erwachsenen Sohn. Das friedlich und heiter spielende Kind im Sandkasten ist dazu bestimmt, strahlender Lebensquell der Träumerin zu werden, zu dessen Eigenschaften Spontaneität und Freiheit von Abhängigkeit gehören.

Im *Spontanritual*, das im Anschluß an den Traum stattfindet – so bezeichne ich, wie schon kurz angedeutet, die im Zustand innerer Zentrierung und Wachheit von Vorgaben des Therapeuten frei entstehende Inszenierung des jetzt fälligen, entscheidenden, bis dahin unbewußten Lebensschrittes –, spielen denn auch die Sätze »Ich lasse

meinen Sohn seinen Weg in Freiheit gehen« und »Ich gehe
meinen Weg und bin frei« die wichtigste Rolle. Das Loslassen des Sohnes gleichzeitig mit dem eigenen Schritt
in die Freiheit kerbt sich in der Frau durch spontane,
authentische, jetzt und auch im Anschluß an das Spontanritual über einen längeren Zeitraum regelmäßig
wiederholte Gebärden ein, wie dies zur Therapie mit
Spontanritualen gehört. Sie werden von der begleitenden
Therapeutin, die ihre Ausbildung im Institut für Psychoenergetik absolviert hat, im Blickkontakt mitvollzogen:
Die »Mit-Gebärde« erwartet nicht nur das Kleinkind von
der Mutter; jeder Mensch, da von Natur aus ein Gemeinschaftswesen, braucht sie, wenn auch nicht jederzeit von
allen und unter allen Umständen. Dank der Verbindung
anderer in der gleichen Mit-Gebärde beginnt sich eine
Abhängigkeit zu lösen, die ihre Ursachen in früher Bedürftigkeit und Ohnmacht hat.

Die zweite Auswirkung von Abhängigkeit hat ihren Ursprung in der nächsten Entwicklungsperiode, nämlich in
der analen Phase, wie die Psychoanalyse sie bezeichnet. Sie
besteht in der ausschließlich *defensiven Abgrenzung* gegen
andere, in der *Trotzreaktion*, wie sie zur gesunden Entwicklung des Kindes als vorübergehende Erscheinung gehört. Bleiben wir jedoch in dieser Reaktionsweise stecken,
dann machen wir uns von den Menschen abhängig, gegen
die wir uns wehren: Unser ganzes Fühlen, Denken, Planen
ist auf sie fixiert. In der Abwehr sind wir im gleichen System gefangen wie sie. Viele als Kinder Zukurzgekom-
mene überschreiten diese Schwelle nie. Sie demonstrieren
ihre scheinbare Unabhängigkeit, indem sie den noch le-
benden oder schon toten Eltern mit zwanghafter Hart-
näckigkeit Vorwürfe machen, dies allerdings ohne klare,
erwachsene, vor allem innere Auseinandersetzung, dank

der sich die infantile Anspruchshaltung schließlich in innere Bereitschaft zu Abschied, Freiheit und Versöhnung wandeln könnte. Solche Menschen geben sich auch in allen späteren Beziehungen, besonders in der eigenen Partnerschaft mal verstockt, trotzig, gleichgültig, resigniert, unterschwellig aggressiv, zynisch, sarkastisch oder bitter, mal sogar sadistisch oder masochistisch.

Eine 30jährige Frau erzählte, sie habe bis zu ihrem vierten Lebensjahr kaum gesprochen. Nur im Schweigen habe sie sich ihren Eltern, die sie mit »Schwarzer Pädagogik« (A. Miller) zurechtbiegen wollten, einigermaßen gewachsen gefühlt. Ihre Verstockung äußerte sich seit der Kindheit auch in Darmverstopfung. In ihrem verstockten Zustand habe sie oft ein gutes, festes, kompaktes Gefühl gehabt: Die können mir nichts anhaben. Dieses Gefühl sei mit der Zeit richtig lustvoll geworden. Schimpfte der Lehrer mit ihr, habe sie den Atem angehalten und sich dabei unverletzlich und wie ausgestopft gefühlt. Später habe sie auch gelernt, zynische Bemerkungen zu machen, wenn eine bestimmte Situation sie unter Druck setzte. Durch ihre zur Schau getragene Gleichgültigkeit bringe sie ihre Umgebung oft heute noch zur Weißglut.

Ich fragte sie, wo sie zur Zeit ihren Körper am stärksten empfinde. »Im Bauch«, antwortete sie. »Es ist, als hätte ich einen *Stein im Bauch*« — ein deutliches Bild für ihren als Verstocktheit geschilderten Seelenzustand. Als sie ihre Hände auf den Bauch legte, regte ich an, daß sie ihre ganze spürende Aufmerksamkeit, ihr *Spürbewußtsein* — ich werde mich diesem zentralen Begriff zur Bezeichnung der Wahrnehmung in der Psychoenergetik ausführlich und wiederholt zuwenden —, in diese Berührung lenke und den Stein auf diese Weise so intensiv als möglich umfasse. Um ihr dies zu erleichtern, legte ich eine Zeitlang meine Hände auf ihre. Nach einer Weile äußerte sie sich erstaunt: »Ich merke, wie mein Bauch weich wird, ein komisches, unbekanntes Gefühl: weich, lebendig, rund.« Dann schwieg sie wieder und fuhr im wachen Spüren fort. Nun begann ihr Bauch heftig zu zucken, auf meine Ermutigung hin ließ sie jedoch in der spürbewußten Berührung nicht nach. Das Zucken verebbte nach und nach und machte einer tiefen, ruhigen Wellenbewegung Platz. »Ich fühle mich *schwanger*«, sagte sie und lachte.

Auf einmal weinte sie. Sie schluchzte immer lauter, bis sie vor Trauer, Schmerz und Verzweiflung durchdringend schrie, etwas Totes herausschrie und dem Fluß des Lebens anschloß. Nachdem sie sich etwas beruhigt hatte, sagte sie: »Jetzt muß es raus, ganz raus«, und erzählte von schmerzlichen Situationen, in denen sie unwillkürlich ihren Bauch im sexuellen Kontakt hart und gefühllos gemacht hatte. Und sie fuhr fort, ihren jetzt weichen, lebendig pulsierenden, schwingenden Bauch mit den Händen zu betasten und befühlen. In dieser selbstvergessenen Berührung begann sie, hingabe- und liebesfähig zu werden: der erste richtungweisende Schritt auf der Spur des verborgenen Kindes, auf den natürlich noch viele andere folgen mußten. Der Stein im Bauch wandelte sich in das empfängliche, durch Lebenszeichen ansprechbare, sich der Welt hingebende Kind, und sie selber war das Kind, das sie geboren hatte: Sie fand sich wieder im existentiellen Moment der Empfängnis vor. Diesen hatte sie in der kindlichen Trotzphase aus dem Gespür verloren, weil ihre ersten Impulse zu Eigenständigkeit durch die Eltern nicht begrüßt, aufgenommen und gefördert, sondern im Gegenteil unterdrückt und durch Liebesentzug verteufelt wurden. In dieser kritischen, sensiblen Phase bleibt das innere Kind, die schöpferische Entwicklungsinstanz, auf der

Strecke. Es verbarg sich solange vor der Schwelle zu weiterem seelischem Wachstum, bis die erwachsene Frau mit ihm Kontakt aufnahm, indem sie die schmerzlichen Gefühle über die fast lebenslange Trennung von ihm zuließ: ihre Trauer und Verzweiflung, die sie hinter Trotz, negativer Kritik und Zynismus versteckt hatte, herausschrie, und sich somit wieder im existentiellen Moment der Empfängnis vorfand, das heißt emotional durchlässig wurde. Dabei erwies sich der Stein im Bauch als unerläßliche, kompakte, bergende Hülle, als Schutz für das ewige Kind. Die Versteinerung wurde nun durch die starken Emotionen der Frau von innen her gesprengt, und das ewige Kind kam neu zur Welt. An seiner Hand konnte sie den Schritt zum Du wagen: in eine vertrauensvolle, lebendige, auch sexuelle Beziehung. Der in der frühen, bloß defensiven Selbstbehauptung steckengebliebene Fuß konnte voranschreiten. Vorher, vor der erneuten Geburt des inneren Kindes, blieb ihr nichts anderes übrig, als mit den ihr zur Verfügung stehenden, auch primitiven, sogar pathologischen Mitteln an die notwendige Selbstbehauptung zu erinnern.

In diesem Zusammenhang ist eine Kritik an der Theorie Melanie Kleins über den sogenannten »grausamen Säugling« oder an Otto Kernberg, wenn er über den angeblich »angeborenen pathologischen Narzißmus« schreibt, angebracht. Alice Miller bemerkt dazu: Melanie Klein und Kernberg »scheinen mir den sehr frühen reaktiven Charakter der kindlichen emotionalen Entwicklung zu verkennen und wenig der Tatsache Rechnung zu tragen, daß die Bedürftigkeit und Einstellung der Eltern zu ihrem jeweiligen Kind die Formen seiner Aggressivität, Sexualität und seines sogenannten Narzißmus konstituieren«. Die »Entwicklung einer Perversion oder Zwangs-

neurose in ihren befremdenden Symptomen« spiegeln
»die Verständnislosigkeit und das Befremden der ersten
Bezugsperson den natürlichsten Regungen des Kindes gegenüber«[5]. Pathologische Symptome sind wie Zerrspiegel, durch die das unversehrte ewige Kind — Exponent des
Triebes zur Selbstgestaltung — gegenüber der Umwelt ein
authentisches Anliegen der natürlichen menschlichen
Entwicklung offenbart. Die Zerrspiegel sind nicht sein
Werk, wie auch das Licht nicht Ursache seiner Brechun-
gen in der Atmosphäre ist.

Die *dritte Auswirkung von Abhängigkeit* tritt oft in einer
Lebensphase auf, in der das Kind, möglichst ungestört
durch innere und äußere Konflikte, die Welt lernend in
sich aufnehmen sollte: in der Latenzzeit im Alter von
etwa fünf bis elf Jahren. Ihre heimlichen Wurzeln reichen aber meist bis in die Säuglingszeit und Schwangerschaft zurück, wenn das Stimmungswesen Kind der
mütterlichen Angst ausgeliefert war. Sie besteht im
*zwanghaften Gefühl, das Leben der bedürftigen Eltern stützen
zu müssen.* Ich erinnere mich, daß mir meine Mutter im
Alter von etwa elf Jahren verschleiert und gleichwohl
unmißverständlich anvertraute, wie unglücklich sie mit
meinem Vater sei. An die quälende Verwirrung des Gefühls, die sich darauf bei mir einstellte, erinnere ich mich
noch heute. Einesteils fühlte ich mich hochstaplerisch in
eine Rolle versetzt, die nicht meine war, nämlich emotionaler Ersatz für meinen Vater zu sein, und dieses Gefühl verursachte in mir eine unangenehme, schwindlige,
morbid lustvolle, gleichzeitig grandiose und ohnmächtige Übererregung, einen Kitzel, dem ich nicht gewachsen war. Andernteils empfand ich auch so etwas wie Wut,

[5] A. Miller, Du sollst nicht merken, Frankfurt/M. 1981, S. 57.

im Eigenen gestört zu werden, und gleichzeitig auch Schuldgefühle darüber und Mitleid mit meiner Mutter. In mir heute noch peinlicher Weise versuchte ich dann, es dieser recht zu machen, ihr zu Diensten zu sein, ihre Vorlieben und Sehnsüchte zu teilen. So wurde ich, teils wider meinen Willen, zum »Trabanten der Großen Mutter«, wie wir ihn aus der Geschichte des Matriarchats kennen. Doch erleichterte mich auch ab und zu ein Wutanfall meines Vaters gegen die Mutter, und ich erinnere mich genau, wie stolz ich war, als der Vater nach einem solchen (es ging, wie ich später begriff, um verweigerte Sexualität) meine ältere Schwester und mich in ein nahes Gasthaus zum Essen einlud — ohne die Mutter.

Das Thema des *Mißbrauchs* von Kindern durch bedürftige Eltern wird heute viel in öffentlichen Auseinandersetzungen diskutiert. Es wird auch in diesem Buch noch mehrmals in verschiedenen Zusammenhängen zur Sprache kommen. Der Fötus und Säugling, der von der narzißtischen Mutter als eigenes Organ, dank dem sie sich, vielleicht zum ersten Mal in ihrem Erwachsenendasein, lebendig fühlt, erfahren und behandelt wird; das heranwachsende Kind, dem die Eltern immer dann die Liebe entziehen, wenn es nicht »gut tut«, das heißt sich den Vorstellungen der Eltern nicht anpaßt; das inzestuös — körperlich und seelisch — mißbrauchte Kind, das sich dem inneren Konflikt zwischen seiner Liebe zu Vater oder Mutter und seinem Bedürfnis nach Schutz der eigenen Entwicklung gegen Übergriffe durch diese nicht gewachsen fühlt; das zwischen Vater und Mutter in schwieriger Beziehung hin und her gerissene Kind, das entgegen seinem Verlangen nach Liebe zu beiden zur Parteinahme für den einen gegen den anderen gezwungen wird; das Kind einer einsamen alleinerziehenden

Mutter als deren einziges emotionales Gegenüber; das Kind als Krankenpfleger seiner nächsten körperlich oder seelisch kranken Bezugsperson; das Kind, das die Umstände zwingen, die Spannungen seiner ständig überforderten, nervösen, hektischen Eltern zu ertragen ... Die Liste der Möglichkeiten, wie Kinder durch bedürftige Eltern mißbraucht werden, könnte lang fortgesetzt werden.

Jedesmal, wenn ein Kind schuldlos sein Leben verrät, um seine bedürftigen Eltern zu stützen, bleibt das empfängliche, entwicklungsbereite, unverbrauchte, zeitlos lebensfrohe und lebensneugierige göttliche Kind — der heile Kern eines jeden Menschen — vor einer Schwelle zurück, die diesmal den Namen der bedürftigen Eltern trägt. Von diesem Moment an führt das reale Kind ein freudloses Schattendasein, auch wenn dieses durch *Sternmomente der Ursprünglichkeit* ab und zu aufgehellt wird. Erwachsen geworden wird dieser Mensch seine eigene Bedürftigkeit auf die Schultern anderer, vielleicht der eigenen Kinder, laden — eine Kettenreaktion der Bedürftigkeit und gegenseitigen Abhängigkeit durch Generationen —, es sei denn, er kehrt zur Schwelle zurück, hinter der das verborgene Kind wartet.

Eine *vierte Folge früher Abhängigkeit* ist die *Verachtung* als Deckgefühl für eine tieferliegende, verdrängte Empfindung. Abhängigkeit beim Erwachsenen bedeutet immer: Wir hängen etwas nach, von dem wir in der Kindheit nicht genügend bekommen haben. Sind wir als Säuglinge nicht genug gehätschelt worden, so machen wir uns später von Menschen abhängig, von denen wir uns Zärtlichkeit erhoffen — und meistens nicht bekommen, jedenfalls nicht in dem Ausmaß, wie unsere Bedürftigkeit es möchte. Durften wir damals nicht Pascha sein und die Aufmerksamkeit und

Fürsorge der Mutter ganz für uns beanspruchen, so machen wir uns später abhängig von solchen Menschen, die wir mal brutal, mal schlau tyrannisieren oder manipulieren können, oder wir lassen uns von anderen tyrannisieren oder manipulieren usw.

Wir müssen noch einen Schritt weitergehen: Da, wo wir zu kurz gekommen sind, verachten wir uns selbst und geben indirekt den Eltern recht, die sich uns verweigert haben. Doch verdrängen wir unsere Selbstverachtung; daher bleibt uns nichts anderes übrig, als diese zu projizieren und andere zu verachten: Wir verachten sie wegen Eigenschaften, die wir, ohne es zu wissen, selbst haben möchten. Für die genannten Beispiele heißt dies: zwar wünschen wir Zärtlichkeit von dem uns nahen Menschen, aber wir verachten ihn, wenn er sie uns gibt. Und wir verachten auch den Menschen, den zu manipulieren oder zu tyrannisieren uns gelungen ist, oder von dem wir uns manipulieren oder tyrannisieren lassen. Bei narzißtischen Persönlichkeiten ist dieser Zusammenhang besonders auffällig; Kernberg hat auf deren Grundgefühl der Verachtung hingewiesen: Sie haben den erfahrenen Mangel so sehr verinnerlicht, daß sie die Zerstörungsarbeit ihrer Eltern nun in eigener Regie fortsetzen. Solche Menschen führen ein einsames Schattendasein. Das Kind mit seiner emotionalen Frische und Direktheit wartet in der Verbannung.

Verachtung dient der »*Abwehr der unerwünschten Gefühle*. Die Verachtung für die kleinen Geschwister verbirgt oft den *Neid* auf sie, wie die Verachtung für die Eltern manchmal hilft, den *Schmerz*, daß man sie nicht idealisieren konnte, von sich fernzuhalten.« Oder die Verachtung überdeckt die *Scham* »über die unbeantwortete Werbung um den gegengeschlechtlichen wie die Insuffizienzgefühle in der *Rivalität* mit dem gleichgeschlechtlichen Elternteil und vor allem die *narzißtische Wut* über die *Nichtverfügbarkeit* des Objektes«[6]. Erleben wir später, in welcher Begegnung auch immer, das gleiche quälende, zersetzende Gefühl von Verachtung, so können wir davon ausgehen, daß wir eigentlich gerade von dem Menschen geliebt werden möchten, den wir verachten. Allerdings merken wir es nicht, weil wir uns dieser Bedürftigkeit wegen selbst verachten und auch diese Selbstverachtung verdrängen.

Die Kenntnis dieser Zusammenhänge reicht nicht aus, um wieder in Kontakt mit dem heilen Kind in uns zu treten. Diesem ist die Verachtung fremd, weil sie kein ursprüngliches Gefühl bedeutet, sondern der Abwehr der momentan stärksten wahren Empfindung dient. Taucht die narzißtische Verachtung in einem Spontanritual auf, macht sie früher oder später dem Gefühl der Ohnmacht und Schwäche Platz. Es äußert sich vielleicht in Sätzen wie »Ich habe es mit meinem Vater, meiner Mutter, meiner Schwester, meinem Bruder nicht geschafft. Dabei habe ich mich so angestrengt. Alle Leistung, um Liebe zu bekommen war umsonst und das ist heute noch so. Ich mag nicht mehr. Mir reicht's.«

Nachdem sich ein Mann auf ähnliche Weise in bezug auf die Beziehung zu seiner Mutter, mit der er nicht zu Rande kam, geäußert hatte, schwieg er lange. Dann fing er an, mit dem ganzen Leib hin und her zu schaukeln, als würde er sich wiegen, ohne es selbst zu merken. Ich wies ihn darauf hin, worauf sich das Schaukeln intensivierte und er nach und nach in einen leichten, spürbewußten Trancezustand fiel. Aus diesem heraus kann sich ein Spontanritual entwickeln; Spürbewußtsein ist dessen ständige Quelle. Nun tauchte in ihm eine Erinnerung auf.

[6] A. Miller, Das Drama des begabten Kindes, Frankfurt/M. 1979, S. 164.

Diese wirkte als das, was ich *Energiesignal* nenne: In der Tat orientierte sie den Fluß seiner Lebensenergie eine Zeitlang, indem sie seine Aufmerksamkeit zentrierte. Er beschrieb das Bild, das ihn ganz in seinen Bann zog: »Gestern abend sah ich im Fernsehen einen kurdischen Säugling, den die Mutter auf der Flucht vor den irakischen Regierungstruppen wenige Stunden zuvor geboren hatte. Das Baby lag im Schoß der Mutter, die erschöpft und ergeben auf einem Pferd saß, von hinten gestützt durch ihren Mann, der auf dem gleichen Pferd ritt: das Bild der heiligen Familie auf der Flucht. Vor meinem inneren Auge sehe ich jetzt nur den Säugling. Er schläft und ist schwach und hilflos. Trotzdem, ich kann nicht erklären, warum, ist er stark und wie unverletzlich. Vielleicht hängt es mit der intensiven Selbstverständlichkeit zusammen, mit der er da ist. Das Bild bewegt mich total.«

Der Erzähler begann zu weinen. Es war das erste authentische Gefühl, das ich bei ihm erlebte. Ich sagte ihm nur: »Das Kind bist du«. Da ließ er seinem Schluchzen freien Lauf. Jetzt war er wirklich das ohnmächtige, schwache, hilflose Kind, »kleiner als klein«, und doch, weil er endlich mit seiner wahren Empfindung identisch wurde, in seinem Dasein stark und unverletzlich: »größer als groß« (Laotse). Er verkörperte also das Paradox des göttlichen Kindes in vielen Geburtsgeschichten, etwa in denen von Jesus und Krischna. Nun war die Tür auch zu anderen Empfindungen offen, die er durch Verachtung zugedeckt hatte: für Verlassenheitsgefühle und später auch Wut seiner Mutter gegenüber, Eifersucht auf seinen von ihr bevorzugten Bruder, Verzweiflung und Zorn auf seine Frau, die sich seit einem Jahr zunehmend von ihm entfernte und schließlich auch Liebe zu allen dreien. Das tragische Getrenntsein vom Gefühlsfluß des Kindes war aufgelöst.

Er befand sich wieder im existentiellen Moment der Empfängnis: im Zeichen des göttlichen Kindes.

Die *letzte Auswirkung von Abhängigkeit,* auf die ich hier
eingehe, ist *Sucht.* In der neueren Literatur über Abhängigkeit steht sie im Vordergrund. Ich selber bin dem
Thema Sucht in meinem letzten Buch nachgegangen.[7] So
lasse ich es hier bei einigen Bemerkungen bewenden. Der
süchtige Mensch sucht die Flußqualität kindlicher Existenz nicht auf dem geduldigen inneren Weg kontinuierlichen Spürbewußtseins, sondern durch die Übersprungs-
handlung eines Raubes. Er versucht, des heilen Kindes
und seines natürlichen Flusses habhaft zu werden, indem
er durch künstliche, zum Beispiel chemische Mittel die
Entfremdungen, Erstarrungen, Verkrampfungen, zwanghaften Verstrickungen der Erwachsenenwelt vorübergehend auflöst. Eben darin zeigt er seine übermächtige
Abhängigkeit von dieser. Je mehr er die künstliche Ver-
flüssigung sucht, desto mehr macht er sich zum abhängi-
gen Opfer nicht nur vom süchtigen Raub, sondern auch
von der Welt, die das Kind verstoßen hat. Bei Drogen-
süchtigen zeigt sich dieser Widerspruch augenfällig darin,
daß sie von eben jener Welt Sozialhilfe in Anspruch nehmen, vor der sie flüchten.

Das Wort »Sucht« wird irrtümlich volksetymologisch
mit dem Wort »suchen« in Verbindung gebracht. Sucht bedeutet aber kein Suchen, sondern einen Raub, der die
Krankheit der Abhängigkeit offenbart. Es hat den gleichen
Wortstamm wie das Wort »*siech*« und bedeutet »*krank sein*«[8].

---

[7] P. Schellenbaum, Aggression zwischen Liebenden, Hamburg 1994, u. a.
S. 142-149, 178-187.
[8] F. Kluge, Etymologisches Wörterbuch der deutschen Sprache, Berlin/
New York 1975, S. 762.

Es ist wichtig, die Dinge beim Namen zu nennen — mit ihrer korrekten Bedeutung.

Bei süchtigen Menschen ist das heile Kind oft schon vor der Schwelle der Geburt zurückgeblieben. Erstaunlich häufig höre ich von ihnen, sofern sie sich nicht gerade unter der Wirkung ihres Suchtmittels, sondern im Zustand gelassener Sammlung, wie er sich in Spontanritualen einzustellen pflegt, befinden, Sätze wie: »Am liebsten wäre ich nicht geboren worden. Der einzige glückliche Zustand, den ich mir vorstellen kann, ist der vor der Geburt im Mutterleib.« Unter Drogeneinfluß wird der schwebende, flüssige, geschützte, frustrationsfreie, gehaltene und geborgene Zustand, in dem alle vitalen Bedürfnisse gestillt sind, manchmal erreicht, auch wenn die reale intrauterine Phase keineswegs immer diesem Idealzustand entspricht. Immerhin scheinen solche süchtigen Menschen in der vorgeburtlichen Zeit genügend identisch mit dem heilen, göttlichen Kind gewesen zu sein. Schon während oder kurz nach der Geburt müssen sie dann wohl die Verbindung zu diesem verloren haben. Nun gilt es, das verlorene Kind in seinem heilen intrauterinen Dasein vor der Geburtsschwelle aufzuspüren und diese mit ihm zu überschreiten. Zum Schluß des Buches werde ich dazu eine erstaunliche Geschichte erzählen.

Auf der Suche nach dem verborgenen Kind stoßen wir nicht nur auf eine einzige Schwelle, hinter der es auf uns wartet. Dieses Mißverständnis, das sich aus meinen bisherigen Schilderungen ergeben könnte, gilt es aufzuklären. Meistens lockt uns das Kind, das sich uns hinter einer bestimmten Schwelle zum ersten Mal offenbart, gleich weiter zu einer anderen. In jeder Psychotherapie, die diesen Namen verdient, will das »göttliche Kind« — ich übernehme auch diesmal einen Ausdruck aus der mythologischen Sprache, weil abstrakte Begriffe den Sachverhalt nicht genügend zu umfassen vermögen — immer vollständiger geboren werden, und jede Schwelle ist eine neue Offenbarung des Kindes, eine neue Geburtsschwelle. Nicht nur in psychotherapeutischer Begleitung, sondern auch ohne sie ist unser Leben, sofern wir es aus dem existentiellen Moment der Empfängnis heraus gestalten, eine lebenslängliche Geburt.

Solange jedoch das »heilige« — heile — Kind verborgen bleibt, ist der süchtige Mensch anlehnungsbedürftig statt bezogen, lenkbar statt verbunden, ungeduldig statt kreativ, gereizt und mißgelaunt statt in der wahren Empfindung.

Woraus besteht diese? Zunächst die Empfindung unerträglicher *Leere*. Die innere Leere auf welche Weise auch immer zu füllen, ist ja das Ziel jeder Sucht. Um Leere zu vermeiden, tun die Menschen viel: »Nicht hinsehen, nicht fühlen — sie arbeiten zuviel, sie essen zuviel, sie trinken zuviel, sie greifen zur Tablette, sie rauchen, sie werden abhängig von stimmungsverändernden Substanzen, Gewohnheiten oder Gegenständen.«[9] Das Wichtigste an dieser Aufzählung sind die beiden Worte »nicht fühlen«. Wer die innere Leere lange genug spürend aushält, begegnet schließlich dem Kind vor der Schwelle zu seiner Geburt. Daraus folgt ein Geburtsimpuls in allen Lebensbereichen. Der Weg dorthin ist lang, geduldig zu ertragen und oft von Rückfällen und Zusammenbrüchen bedroht. Doch solange wir auf den süchtigen Raub nicht verzichten, können unsere Träume nicht wahr werden.

Abhängigkeit ist Gefangenschaft im Familienschicksal.

[9] A. Samuels/E. Lukan, Im Einklang mit dem inneren Kind, Freiburg i.Br. 1993, S.25.

Sie verhindert das, was Leopold Szondi Wahlschicksal[10] genannt hat. Ich glaube allerdings nicht, daß wir unser Schicksal ganz wählen können. Und doch wird unser Leben eine völlig neue Richtung einschlagen, wenn wir hinter jene Schwelle zurückkehren, von der aus wir die Fortsetzungsgeschichte unseres Familienschicksals in der individuellen Biographie weitergesponnen haben. Der Verzicht, jene Schwelle in verkehrter Richtung zu überschreiten, offenbart das göttliche Kind als unverbildete, unbestechliche, wahrhaftige Entwicklungsinstanz, deren wichtigste Eigenschaft das existentielle Moment der Empfängnis, also die Fähigkeit, sich selbst zu empfangen und zu zeugen ist.

Das existentielle Moment der Empfängnis ergibt sich aus unserer momentanen Verfügbarkeit im Geist des Kindes, also daraus, daß dieser Augenblick in uns *der* existentielle Moment der Empfängnis ist. Das göttliche Kind ist zu seinem Schutz, zu unserem Schutz zurückgeblieben.

[10] Vgl. L. Szondi, Freiheit und Zwang im Schicksal des Einzelnen, Bern 1958.

Flucht ins Vergessen des Ursprungs

Im Talmud, der Sammlung der Gesetze und religiösen Überlieferungen des nachbiblischen Judentums, lesen wir eine Geschichte, die wir als symbolische Aussage darüber verstehen können, daß im biologischen Moment der Empfängnis die ganze Anlage des Menschen grundgelegt wird. Diesem biologischen Moment entspricht der existentielle Moment in der über die ganze Lebensgeschichte hinweg möglichen Erfahrung, daß wir uns in jeder Hinsicht, auch in der persönlichsten Tätigkeit, ganz und gar »empfangen«, daß unser Leben also nicht nur in seinem Anfang, sondern jederzeit »gegeben« ist. Ich vermeide das Wort »Geschenk«, weil es eine positive Wertung dieser Gabe beinhaltet. Die Erfahrung selbst ist jedoch nicht ohne weiteres und nicht jederzeit »gegeben«. Sie hängt davon ab, ob und wie weit wir in einem bestimmten Augenblick offen für gerade jenen Lebensschritt sind, der jetzt unserem inneren Wachstumsgesetz entspricht. Kinder, vor allem Kleinkinder, sind in besonderer Weise durchlässig für Entwicklungsimpulse aus ihrem Lebenspotential: Sie tun alles, um sich zu holen, was sie brauchen. Der Talmud sagt allerdings, daß die Transparenz des Kindes für die in seinem Keim grundgelegte Lebensgeschichte bereits mit der Geburt zu Ende sei.

»In der Stunde, da der Mann seinem Weibe naht‹,

bringt ein Engel, ›der da ist Verweser über die Schwanger-schaft‹, Gott den Keim, daß er über seine gesamte Gestaltung beschließe, außer über das, was der späteren freien moralischen Entscheidung überlassen ist: ›Alles ist in der Hand des Himmels, außer der Fürchtung des Himmels‹. Die Seele möchte jedoch nicht in den Keim eingehen. Sie spricht: ›Laß mich nicht eingehen in diesen Keim, denn heilig bin ich und rein‹. – Gott antwortet ihr: ›Die Welt, in die ich dich eingehen lasse, sie ist besser als die Welt, wo du warst; und als ich dich gestaltet habe – für diesen Keim habe ich dich gestaltet‹. Nun kehrt der Bote um und läßt die Seele ins Eingeweid der Mutter einkehren‹.«

Am Morgen nimmt der Bote das soeben entstandene Wesen und »wandert mit ihm vom Morgen zum Abend und läßt es jeden Ort sehen, den seine Fußsohle betreten wird, und den Ort, in dem es einst begraben sein wird. Und hernach läßt er es die Welt der Guten und der Bösen sehen. Am Abend bringt er es ins Eingeweid seiner Mutter zurück ... So liegt das Kind im Eingeweid seiner Mutter neun Monate.« Vor der Geburt weint es. »Und warum weint es? Um die Welt, in der es war, daß es sie lassen muß. Und da es hervorgeht, schlägt es der Bote unter die Nase und verlöscht das Licht, das über seinem Haupte war, und läßt es, ein Gezwungenes, hervorgehen; *da vergißt es alles, was es gesehen hat.*«[1]

Mit dem Vergessen, das in diesem Text des Talmud dichterisch evoziert wird, ist eine Art *Urverdrängung* dessen gemeint, was für einen Menschen als Lebensweg vorgesehen ist. Der reale Mensch in seiner Begrenztheit braucht sie, um überhaupt leben zu können. Die Ge-

---

[1] ***, Texte zum Nachdenken, Weisung in Freude, S. 105-109 (Kursivierung durch mich, P.S.).

schichte aus dem Talmud zeigt auch, daß die ungestörte Entfaltung des im Keim Angelegten nicht realistisch ist, weil in der wirklichen Welt Verletzungen, Narben, Risse, Sprünge, Brüche unvermeidbar sind. Vielleicht ist eben diese Kluft zwischen Sehnsucht und Realität eine — nicht die einzige! — psychologische Quelle für das Bedürfnis vieler Menschen nach einem Jenseits: die existentiell unüberbrückbare Differenz zwischen dem zur Verwirklichung Angelegten und der innerhalb unserer Grenzen möglichen Verwirklichung.

Dem Nicht-geboren-werden-Wollen sind wir im Zusammenhang mit der Sucht bereits begegnet. Auch nicht älter werden zu wollen hat damit zu tun. Die Angst vor der progressiven Entfernung vom existentiellen Moment des Ursprungs und die Entmutigung, die daraus entstehen kann, verleitet zur Vermeidung der real möglichen Annäherung, einer Vermeidung, die aus der Zögerlichkeit der Seele stammt, die lebenslängliche Geburt in einer zwiespältigen und widerständigen Welt mit dem Wissen zu riskieren, daß sie, die Geburt, nie vollkommen sein wird. Das mangelnde Einverständnis in die eigene Geburt bedeutet auch, sich der Mit- und Umgestaltung der Welt zu verweigern. Beides, die Zurückweisung der Selbstwerdung und die der Weltgestaltung, kommt in der Talmudgeschichte als Versuchung plastisch zum Ausdruck.

Die Flucht vor diesen beiden beschäftigt uns nun in verschiedenen Erscheinungsformen. Die Basis aller ist die im Talmud erläuterte »*Vergeßlichkeit für den allwissenden Keim*«, also die Urverdrängung der Grundstrukturen des eigenen Wachstums und der Welt. Sie geschieht nicht plötzlich durch symbolisches Auslöschen des Lichts (bei gleichzeitigem »Freischlagen« des Atems, des atmenden Austausches mit der Welt) wie im Talmud ausgemalt —

die Plötzlichkeit unterstreicht hier wohl die Radikalität der Geburtsschwelle —, sondern nach und nach, je stärker sich erst das Kind, dann der Heranwachsende und schließlich der Erwachsene auf die reale Welt einläßt und sich selbst, vor deren Übermacht in mancherlei Hinsicht kapitulierend, verläßt. Die »Vergeßlichkeit für den allwissenden Keim« verleitet also leicht zur Flucht, ist aber selbst noch keine Flucht.

C.G. Jung führt aus, daß der Mensch in der ersten Lebenshälfte lernen muß, sich in der realen Welt zurechtzufinden: etwa durch Gründung einer Familie, Erlernen eines Berufs, Übernahme von Verantwortung im Kollektiv. Er vertritt also die Ansicht, daß der teilweise Selbstverlust infolge von notwendigen Anpassungsleistungen unvermeidlich und gefordert ist. In der zweiten Lebenshälfte sei dann die Wendung nach innen zum Selbst, das unter anderem im Bild des göttlichen Kindes aus dem kollektiven, also allen Menschen gemeinsamen Unbewußten auftaucht, vorgesehen.

In der therapeutischen Arbeit mit vielen jüngeren Menschen habe ich jedoch festgestellt, daß sich in den letzten Jahrzehnten auch in dieser Hinsicht eine Wandlung vollzogen hat: Die Suche nach dem verborgenen Kind — das heißt nach der inneren Instanz, die mit der ungebrochenen Aufmerksamkeit eines Kindes die eigene Wahrheit und die der anderen erfassen und das Leben danach gestalten will — macht für viele junge Menschen den Einsatz »nach außen« in einer immer sinnentleerteren Welt erst möglich und anziehend. Die Welt, wie sie in ökologischer Gefährdung, Kultur- und Wertezerfall, Diktat von Wirtschaft und Konsum in Erscheinung tritt, kann aus sich heraus die Begabtesten und Nachdenklichsten nicht mehr zu Anpassungsleistungen motivieren. Ich meine nicht junge Menschen, die sich bereits so glatt in die Gesellschaft einpassen, daß sie zu Rädchen in einem seelenlosen Getriebe werden; ihre Flucht vor dem wissenden, zu Selbstwahrnehmung und -verantwortlichkeit rufenden Keim ist bereits vollständig. Zumindest scheint es so; bei näherem Zusehen und Hinspüren bin ich nämlich noch niemandem begegnet, der gegen die heilsamen Beunruhigungen aus dem lebensstrotzenden und weltoffenen Kind in seinem eigenen Inneren ganz gefeit war. Den anderen jedoch, in denen die Ahnung eines anderen Lebens nie aufgehört hat, vernehmbar zu rumoren, fehlt die Lust, die Welt in ihrer jetzigen Gestalt zu verewigen. Sie brauchen den inneren Bezugspunkt, das Ergriffensein im existentiellen Moment der Empfängnis, um anpacken zu können.

In unserer Zeit wird deutlich, daß jedes Vergessen des noch unversehrten Kerns, des Kindes in uns, das wir unter dem Gesichtspunkt der Alloffenheit und Allmöglichkeit betrachten, eine *Flucht* mit unheilvollen Wirkungen bedeutet. Die Grundeigenschaft des Sich-selbst-Empfangens, die im Ursprung jedes Menschen rein da war, ist die einzige, die eine Welt bloß blinden Funktionierens zu sich selbst erhellen kann. Eine *im Zeichen des Kindes wirklich erwachsene Welt* tut not.

Betrachten wir einige *Kennzeichen dieser Flucht.* Eines ist der *Wahn der völligen Machbarkeit:* Wir können die Welt so in den Griff bekommen, wie wir es wollen; der Mensch ist, wie Wachs, unbeschränkt bieg- und modulierbar; wichtig ist vor allem, sich mit Verstand und Willen klare Ziele und Zielstrategien festzulegen. Selbst von Psychotherapeuten hört man manchmal Sätze wie: »Ich helfe Ihnen bloß, wenn Sie mir genau sagen, was Sie wollen.«

Natürlich ist es zu Beginn einer Therapie notwendig,

mit einem möglichst festen Realitätsbezug, zu dem auch realistische Zielvorstellungen gehören, einzusteigen, auch wenn diese im nachhinein, wie dies oft der Fall ist, völlig umgekrempelt werden. Und doch: Viele Menschen sind dazu anfänglich einfach nicht in der Lage. Solche Therapeuten machen sich zu Handlangern einer Leistungsgesellschaft, in der die Untüchtigen unter die Räder kommen. Sicher: Sätze wie der eben zitierte sind als Ermutigung und Ansporn gemeint. Und doch verraten sie die Hybris der Erfolgreichen und, tiefer gesehen, deren Blindheit und Spürunbewußtheit in bezug auf den unscheinbaren Keim, aus dem alle schöpferischen Lebensimpulse und Sinnerfahrungen stammen.

Außerdem ist bei allem Realitätssinn der Zweifel über die eigenen Zielsetzungen auch tatsächlich angebracht, weil er indirekt auf ein tieferes, Verstand und Willen noch nicht zugängliches Wissen verweist. Therapieformen — sie nehmen heute zu —, die von der praktisch unerschöpflichen Manipulationsfähigkeit des Menschen ausgehen, stützen die instinktlose und somit destruktive Entwicklung der Welt. Jeder Mensch birgt in sich ein entscheidendes Geheimnis — das Geheimnis seiner durch das ganze Leben fortdauernden Schöpfung —, das nicht aus der Vermeidung einer verdrängten Peinlichkeit, sondern aus seinem noch unentfalteten Keim stammt. Macher-Ideologen respektieren dieses Geheimnis nicht, sondern ersetzen es durch vorgefertigte, im Wertrahmen dieser Gesellschaft erfolgreiche Entwicklungsmodelle.

Die Flucht vor der Selbst- und Weltgestaltung besitzt als weiteres Kennzeichen eine *Vielzahl kindischer Impulse*. Wir halten uns das Kind als Quelle einer reichen, ungebrochenen Emotionalität vom Leibe: es darf nicht einheitliches Zentrum unseres Lebens sein. So leben wir

spürunbewußt in vielen Zwängen. Da wir das Kind an allen Grenzposten unseres gepanzerten und verfestigten
Charakters daran hindern, in unseren Alltag einzudringen und ihn zu verändern — da es uns an Spürbewußtsein
fehlt, um seine spontanen Initiativen wahr- und ernstzu-
nehmen —, werden wir an den Orten unseres verhinderten Lebens zu kindischen Karikaturen kindlicher Ursprünglichkeit. Diese steigern sich manchmal bis hin zu
tragikomischen Auswüchsen, wie sie die Bildhauerphan-
tasie in den skurrilen Zwergplastiken der Renaissance geschaffen hat.

Wie stellen sich kindische Karikaturen kindlicher Ursprünglichkeit dar? Wir sind launisch statt gefühlsstark,
zerstreuen uns mit Banalitäten statt uns in dem zu sam-
meln, was fasziniert und anspornt, sind wehleidig statt lei-
densfähig, albern öde und gelangweilt herum, statt aus
vollem Herzen zu lachen oder zu weinen, bleiben als
»neurasthenische Subjekte« in unser »verstimmtes Leben
wie in ein unaufhörliches, unentschiedenes Gefecht ver-
strickt«[2], flüchten in »Schlaf und Ohnmacht, Tagtraum
und Nachttraum, Rausch und Droguierung, Unaufmerk-
samkeit und Geistesabwesenheit, Selbstverhärtung und
Spezialisierung«, sogar, im pathologischen Extrem, in
»Wahn und Schwachsinn«[3]. Das betäubte »Maschinen-
denken«[4] ist in unserer Zeit so verbreitet, daß es mit Intelligenz verwechselt wird. An dieser Stelle sei daran erinnert, daß das lateinische Wort »Intelligenz« wörtlich
»zwischen den Zeilen lesen«, also »unterscheidend wahrnehmen« bedeutet. Ob Intelligenztests in die Leerräume

---

[2] P. Sloterdijk, Weltfremdheit, Frankfurt/M. 1993, S. 24 und 25.
[3] Ebd., S. 265.
[4] Ebd.

zwischen dem Ausgedrückten und Ausgedruckten einzudringen vermögen, also in solche Räume, die Geburtsstätten des Kindes, des noch nicht Vorgestalteten und Schöpferischen sind?

Was ist das Anliegen des göttlichen Kindes? Fortsein von der Welt in ihrer zum Teil verwachsenen Gestalt, Rückbezug zum Ursprung, das heißt zum noch unverfälschten Keim, Sehnsucht und Suche nach dem existentiellen Moment der Empfängnis, Dasein in der offenen, verfügbaren Leere, Freiheit von unpassenden Verstrickungen, Flußexistenz. Die *Äußerungen eines unschöpferischen Lebens* verzerren dieses Anliegen. Sie stammen nicht aus dem spürbewußten Bezug zum göttlichen Kind, sondern aus der Flucht vor ihm, sind also uneigentlich und kindisch. Sie kranken an *seelischer Zersplitterung*. Deshalb erscheint das *Kindmotiv im unbewußten Stadium* auch in Märchen und Mythen *aufgesplittert*: als Menschlein (homunculi), Zwerge, Gnomen, Knaben, die sich alle gleich sehen, also keine eigene Individualität haben.[5] Das Kind ist noch nicht die treibende Kraft der individuellen Entwicklung (Individuation), sondern macht sich in stereotypen kindischen Impulsen Luft. Statt im einheitlichen Spiegel zentrierter Aufmerksamkeit tritt es uns wie in einem zersplitterten Spiegel durch tausendfältige Reproduktion undifferenziert entgegen.

Ich kann nicht umhin, den Leserinnen und Lesern an dieser Stelle zu berichten, was sich soeben auf dem Bildschirm meines Computers abgespielt hat: Ohne eine bewußte Fehlhandlung meinerseits füllte mein letzter Satz über die tausendfältige Reproduktion des Kindmotivs in

---

[5] C.G. Jung, Zur Psychologie des Kinderarchetypus, in: GW 9/1, a.a.O., S. 179.

einem zersplitterten Spiegel auf einmal in mehrfacher Wiederholung den ganzen Bildschirm aus ... Eine offensichtliche *Synchronizität*, das heißt sinnvolle Entsprechung gleichzeitiger innerer und äußerer Tatsachen und Ereignisse mit Hinweischarakter. Synchronistische Phänomene treten im Zusammenhang mit dem Kindmotiv besonders häufig auf, vermutlich, weil dieses ein Bild für den Ursprung sowohl des einzelnen als auch der äußeren Wirklichkeit ist: Auch das reale Kind hat, wie im ersten Kapitel ausgeführt, Zugang zu den Urformen der inneren und äußeren Welt. In der Aufzählung der Erscheinungsformen des aufgesplitterten Kindmotivs habe ich, das bemerke ich erst jetzt, eine vergessen, nämlich die der Kobolde, und eben diese haben sich mir auf dem Bildschirm in Erinnerung gebracht. Vielleicht geben sie mir zu verstehen, daß ihre Vielzahl nicht einseitig regressiv gedeutet werden darf, wie ich es getan habe, bedeutet sie doch auch die anfängliche Unbestimmtheit all unserer kreativen Impulse, ohne die es keine spätere Sammlung und Zielorientierung geben kann.

In Träumen tritt das Kindmotiv oft in der gleichen Vervielfältigung auf. Auch dann weist es oft darauf hin, daß sich das träumende Individuum vervielfältigt in den Menschen einer Gemeinschaft — Familie, Sippe, Gruppe — erlebt. »Es ist noch im Zustand der unbewußten Identität mit der Gruppe.«[6] Das Kind verkörpert noch nicht den zentralen Wachstumsimpuls im Einzelnen. Die Persönlichkeitssynthese ist noch nicht vollzogen. Was in der Ontogenese des einzelnen und in der Phylogenese der Menschheit Ausdruck einer Entwicklungsphase ist, nämlich das Auftauchen des vervielfältigten Kindmotivs, äu-

[6] Ebd.

ßert sich in den schizophrenen Erkrankungen als Dissoziation und Fragmentierung der Persönlichkeit.

Solange wir das unbändige, mächtige Kind in uns vergessen, ist unser Lebensgefühl das der *Entfremdung*. Im Prolog des Johannes-Evangeliums ist nachzulesen: der göttliche Knabe kam in die Welt, »aber die Seinen nahmen ihn nicht auf« (Johannes-Evangelium 1,11). Das Gefühl: »Die Meinen nehmen mich nicht wahr. Ich bin bei ihnen nicht aufgehoben. Meine nächsten Bezugspersonen lieben und verstehen mich nicht so, wie ich in meinem Wesen wirklich bin. Es gelingt mir einfach nicht, dieses ›rüberzubringen‹«, dieses Gefühl führt zu seelischer Heimatlosigkeit. Das Sich-selbst-fremd-Sein ist zum Teil eine Folge davon. Wir leben nicht im existentiellen Moment der Empfängnis, sondern stellen uns emotionslos im Klima der Fremde Fragen wie: »Was soll das alles? – Ist das alles? Und wir sagen vielleicht: »Ich sehe keinen Sinn. – Ich könnte genauso gut nicht leben. – Ob ich das oder jenes tue, ändert nichts.«

Sicher: Es gibt die Realität eines Abgrunds der Fremdheit zwischen dem einzelnen und der Welt, in die hinein er geboren ist. Die von mir angesprochene zusätzliche Entfremdung aus Spürunbewußtheit pfropft sich auf sie auf und doch ist sie nicht mit ihr identisch. Sie stammt aus der Flucht vor dem Ursprung, vor dem Kind, dem die Führungsrolle in unserem Leben zu überlassen wir Angst haben und »aus Sicherheitsgründen« verweigern, vor dem Aufwachen im existentiellen Moment des sich selbst durchlässig Empfangens.

TODESZWANG IN ALTEN TEUFELSKREISEN

Wir haben es gesehen: Hinter einem halbherzigen, zöger-
lichen, unentschlossenen Leben verbirgt sich Doppeltes,
Widersprüchliches: erstens der Mangel an Einverständnis
in die eigene Geburt und in deren Fortsetzung bei jedem
Entwicklungsschritt und zweitens die Sehnsucht, zum
eigenen »wahren Kern«, zum Urkeim aller späteren
Entwicklungen und Verwicklungen, zum Moment der
Empfängnis zurückzukehren. In diesem ist noch nichts
verhärtet und fehlgeleitet, sondern alles offen. Der ver-
hängnisvolle Irrtum besteht darin, zu übersehen — »über-
spüren« —, daß sich die Sehnsucht nach dem Ursprung
nur in einer lebenslänglichen Geburt erfüllen kann.

In einem solchen halbherzigen Leben wirkt überall der
Todeszwang. Darunter verstehe ich den reflexartig ständig
wiederholten Versuch, aufblitzende Lichter sofort zu lö-
schen, aufbrechendes Leben jedesmal zu unterbrechen.
Darin ist der Todeszwang dem Bemühen vieler Religionen verwandt, die reale Welt zu verneinen, um auf diese
Weise zum »Wesentlichen« vorzustoßen. Der natürliche
Hang zum Ursprung führt oft auch in den Religionen, je
dogmatischer und institutionalisierter sie sind, umso aus-
geprägter, zur Verweigerung der Schöpfung in der sich
von Tag zu Tag entwickelnden Wirklichkeit. Daraus ergibt sich eine lähmende Mischung von Wahrheit und

Lüge. Nur wer wie ein Kind durchlässig offen in der Welt lebt, kann die Liebe zu ihr mit der Freiheit von ihr verbinden. Deshalb sterben Kinder leichter als Erwachsene. Die tatsächlich notwendige Verneinung der Welt bedeutet dann nicht Weltflucht, sondern Unabhängigkeit von der Welt, Verzicht, den Fluß der Dinge festzuhalten und dingfest zu machen, Vergänglichkeit als einzige Lebensform.

Von der *unbewußten Vermischung* der archetypischen Sehnsucht nach dem Ursprung mit dem lebensgeschichtlich bedingten ängstlichen, resignierten oder zornigen Rückzug aus der Welt handelt nun der Schluß dieses ersten Kapitels. Letztlich geht es um die Vermischung zwischen dem göttlichen Kind, dessen Realität in den menschlichen Phantasien über die unerschöpflichen Möglichkeiten des noch gänzlich unentfalteten Keims, also in der Mächtigkeit eines bloßen Potentials liegt — die Kindheitsgeschichten der Götter und Helden in allen Kulturen mit ihrem Einfallsreichtum zeugen davon —, mit dem empirischen Kind, das aufgrund fremder Überwältigung an einer oder mehreren Klippen seiner Entwicklung das göttliche Kind — die Verfügbarkeit für innere Wachstumsimpulse — und damit auch die Lust verloren hat, erwachsen zu werden.

Wir betrachten diese Vermischung aus dem Blickwinkel folgender *vier Themen: Wiederholungszwang, unterbrochene Regression, unbewußte Identität mit dem ewigen Kind* und *Schattendasein durch Projektionen.* In all diesen Aspekten ist der entmutigende Zweifel in bezug auf die Existenz des Kindes als innerer Führungsinstanz spürbar: Solange wir das Kind tot glauben, führen wir ein freudloses Schattendasein.

Der *Wiederholungszwang* ist der untaugliche Versuch,

durch unbewußte Wiederholung des Kindheitsschicksals von diesem befreit zu werden und den Anschluß an das gesunde Kind in uns wiederzufinden. In einer deutschen Fernsehsendung wurde ich kürzlich als Experte zum Thema »Hörigkeit in Beziehungen« befragt. Einmal mehr war ich erschüttert, wie, entgegen allem besseren Wissen, Menschen ein ums andere Mal im Partner die Mutter oder den Vater lieben, sich bis zur Selbstaufgabe von ihm abhängig machen, um per impossibile endlich doch noch die selbstlose Liebe zu bekommen, die ihnen als Kind gefehlt hat. Dabei kommen auch unbewußte Tricks zur Anwendung, die bereits in der Kindheit mit nur scheinbarem, weil vorläufigem Erfolg und schließlichem Mißerfolg angewendet wurden. Einer der häufigsten sieht so aus: Der Partner wird bemuttert oder bevatert in der falschen Hoffnung, daß er eines Tages die Rolle wechseln, sich nun selber als liebende Mutter oder liebender Vater entpuppen und uns auf diese Weise endlich von einem lieblosen Kindheitsschicksal erlösen würde. Dazu ist keine Hörigkeit zu erniedrigend. Diese kann so weit gehen, daß Menschen sich für einen Partner aufopfern und aufgeben, der sie schlägt und betrügt. Eine Frau, die in dieser Sendung ihre frühere Hörigkeit schilderte, hatte über längere Zeit aus dem gleichen Teller wie der vom Ehemann vergötterte Hund gegessen. (Ich habe solche Spiele, mit der die Liebe bewußt gesucht und unbewußt verunmöglicht wird, als sogenannte »*Unliebesspiele*« ausführlich an anderer Stelle beschrieben.[1])

Daß es im Wiederholungszwang letztlich immer um die Erlösung des Kindes in uns, also um die Verknüpfung

---

[1] Vgl. Peter Schellenbaum, Die Wunde der Ungeliebten, München 1988, S. 20–34.

mit dem noch heilen Wachstumsimpuls geht, zeigt sich am deutlichsten in der Verbindung mit dem *Wunsch nach einem eigenen Kind.* Ein Kind zu bekommen, hat eine intensive Belebung des eigenen inneren Kindes zur Folge: Spontane Empfindungen und Gefühle werden wach wie nie zuvor. Oft sagen Menschen – Frauen und Männer –, daß sie selbst in ihrer Kindheit nie so intensive und tiefe Gefühle empfunden haben wie jetzt, da sie ein Kind erwarten. Manch schwangere Frau spürt dank dem in ihr wachsenden neuen Leben ihren eigenen Körper zum ersten Mal. Das innere Kind soll geboren, aber »an einem *anderen Wesen* realisiert werden«[2].

Diese Erfahrung und die Einsicht in deren psychologische Zusammenhänge werden manchmal zum Ausgangspunkt für die Entscheidung, das Leben nicht mehr auf den alten traumatischen Spuren in ständiger Wiederholung des Kindheitsschicksals weiterzuführen, sondern in eigene Verantwortung und Regie zu nehmen. Das im Mutterleib heranwachsende Kind soll nicht mit der Kindheitsgeschichte der Mutter oder des Vaters belastet, das innere Kind, also die eigenen Wachstumsimpulse nicht mehr verraten werden. Im günstigsten Falle übernimmt nach der Geburt das Kind die Regie im Heilungsprozeß der Eltern, indem diese in seinem Spiegel jenes Kind entdecken, das sie selbst einmal waren: vor der Traumatisierung und dem Selbstverrat.

Der Wiederholungszwang, von dem soeben die Rede war, ist ein Aspekt des seelischen Prozesses, den ich *unterbrochene Regression* nenne: Wir gehen immer wieder nur soweit in unserer Lebensgeschichte zurück wie die traumatischen Erfahrungen. Unter dieser Voraussetzung kön-

---

[2] A. Miller, Das Drama des begabten Kindes, Frankfurt/M. 1974, S. 132.

nen wir nicht anders als diese zu wiederholen. Ein modriges Gefühl von Stagnation und Sterben breitet sich mehr und mehr in uns aus. Wiederholungszwang ist Todeszwang.

Ein Mann berichtete in einer Therapie, daß er als Kind von seinem alkoholisierten Vater manchmal wie aus heiterem Himmel grundlos geschlagen wurde. Seine Biographie wurde dann zur Geschichte der immer perfekteren prophylaktischen Abwehr gegen befürchtete etwaige Schläge, einer Existenz in der Defensive gegen Verletzungen, die ihm in der Kindheit zugefügt worden waren und die er nun als Erwachsener mit all seinen Kräften zu vermeiden suchte. Über längere Perioden gelang ihm das jeweils auch, beging er trotzdem einmal einen kleinen Fehler, so fielen die Menschen seiner Umgebung über ihn her, um sich mit der Feststellung zu entlasten, daß auch dieser Mann von nun an kein wandelnder Vorwurf gegen ihre eigenen Unvollkommenheiten mehr sein würde. Und einmal mehr fühlte sich mein Gesprächspartner im Wiederholungszwang eines Lebens der Verletzungsprophylaxe bestätigt.

Er war im Teufelskreis seiner Kindheitstraumen gefangen: Kennzeichen einer Regression die nicht von der hellen Aufmerksamkeit des Spürbewußtseins genährt und deshalb vor der möglichen, nach vorne, in eine neue Entwicklung weisenden Begegnung mit dem unversehrten göttlichen Kind unterbrochen wird. Im archetypischen Motiv der *Nachtmeerfahrt* läßt sich der Held vom Meeresungeheuer zwar verschlingen — er regrediert in einen symbolischen naturhaften Mutterleib —, aber er ist dabei aufmerksam und aktiv: Er zündet beispielsweise ein Lichtlein an, um im Bauch, der ihn gefangenhält, wenigstens ein bißchen sehen zu können. Spürend hält er die

Hitze der riesigen Tierhöhle aus, die ihm alle Haare weg-
sengt. Vielleicht schneidet er mit seinem Messer ein Stück
aus den Eingeweiden des Tieres heraus und ißt es: die
»Kommunion« mit den schöpferischen Kräften des eigenen Lebensgrundes. Dann erst wird er beim Aufgang der
Sonne vom Meerestier nackt und haarlos wie ein Neugeborenes ausgespien oder mit Vogelhilfe — dem geistigen
Prinzip der Transformation — befreit. Ohne kontinuierliches Spürbewußtsein hätte er keinen Wandlungstod, sondern seinen letzten Tod erfahren. Nicht das göttliche
Kind mit seinem Willen zur Geburt, sondern Ermattung
und Verwesung hätten triumphiert.

Freud schließt aus dem Wiederholungszwang auf die
Existenz eines Todestriebes, der im Menschen ebenso
mächtig wie der Lebenstrieb ist. Da aber der Wiederholungszwang der unbewußten Selbstunterbrechung am
traumatischen Punkt der Regression entstammt, darf er
nicht als autonomer Trieb, als vermeintlicher Todestrieb,
verstanden werden. Die Todessehnsucht setzt in dem Moment ein, da wir eine Regression verfrüht unterbrechen
und somit ihren Umschlag in eine neue Geburt vereiteln.
Um diesen seelischen Prozeß besser zu verstehen, kehren
wir zum Fall des Mannes zurück, dessen Wiederholungszwang in einer zum Charakterzug erstarrten Abwehrpose
bestand. Aufgerieben durch die übermäßige Anstrengung, die deren Aufrechterhaltung von ihm verlangte,
wuchs in ihm das Bedürfnis nach totaler Ruhe. Der Tod
erschien ihm manchmal als deren einziger Garant. Zwar
hatte er kaum suizidale Impulse; diese wehrte er ebenso
wirksam ab wie alle anderen Regungen von Eigenaktivität. Aber seine Grundstimmung war die eines lebenslang
passiv Sterbenden.

Wie nun kann eine Regression — weiter zurück als zum

Trauma — bis zum Punkt gehen, an dem Kräfte der Neugestaltung wach werden? Viele Körpertherapeuten würden antworten, daß es für den Mann aus meinem Beispiel darum gehen würde, endlich doch noch die verdrängte Aggression gegen seinen gewalttätigen, willkürlichen Vater loszuwerden. Sie würden ihn dazu anregen, zu schlagen und zu schreien, um auf dem Weg der Katharsis, der befreienden Triebabfuhr, das festgefahrene Aggressionspotential zu lösen und die Lebensenergie wieder ins Fließen zu bringen.

Diese Vorgehensweise, die ich am eigenen Leibe mehrmals erfahren habe, hat zwei Haken. Erstens hat sie in allen mir bekannten Fällen nicht zu einer dauerhaften Lösung von kindlichen Wiederholungszwängen geführt, selbst wenn sie analytisch begleitet und dabei der Widerstand gegen die Auflösung des Zwangs bewußt gemacht wurde. Oft wird nämlich das Scheitern eines ausschließlich körpertherapeutischen Vorgehens fälschlicherweise einzig auf das Fehlen der Widerstandsanalyse zurückgeführt. Zweitens führt diese Art von kathartischer Regression bei näherer Betrachtung nicht hinter die traumatische Erfahrung zurück, sondern ist bloße Reaktion auf den ungeheuren Leidensdruck, den diese verursacht. Diese Form der Therapie bleibt also letztlich systemimmanent und verteilt lediglich die Rollen neu: Schlug in der Vergangenheit der Vater, so schlägt nun der Sohn. Selbst die Versöhnung, für die wir uns nach einer solchen Erfahrung vielleicht öffnen, dauert nicht an, ist sie doch, wenigstens zum Teil, das Produkt des durch die Katharsis verursachten psychischen Druckabfalls.

Regression ohne Spürbewußtsein führt entweder ins Chaos, das heißt in die kaum mehr rückgängig zu machende Auflösung einer vielleicht notwendigen Abwehr und somit in eine manchmal gefährliche Schwächung der Persönlichkeit, oder in die erwähnte Neuverteilung der alten Rollen. Spürbewußtsein – das Licht und die Wärme spürender Aufmerksamkeit für spontan sich meldende Lebensimpulse – ist das Unterscheidungsmerkmal einer therapeutisch fruchtbaren Regression. Es leitet von alleine zurück zu dem Punkt, wo das Kind auf uns wartet, das heißt dahin, wo wir für den jetzt erforderlichen Wachstumsimpuls empfänglich werden und die Regression in Progression umschlägt. Dieser Punkt wird im Klima einer neuen Freiheit wahrgenommen: Energiesignale melden sich autonom. Wir *wissen* dann nicht nur, was zu tun ist, sondern wir *spüren* es mit wachsender Eindeutigkeit. In körpertherapeutischen Übungsanweisungen fehlt die entscheidende Eigenschaft von Freiheit und Spontaneität. Selbst wenn eine Übung mit der Zeit zum Selbstläufer und als spontaner eigener Bewegungsablauf erfahren wird – auch dank der auf die individuellen Bedürfnisse zugeschnittenen Variationen –, *anfänglich* war dies eben nicht der Fall. Nun liegt aber das Geheimnis seelischen Wachstums gerade in dem, was *anfänglich* ist. Das göttliche Kind verbirgt sich im spontanen Anfang. Es offenbart sich im unwillkürlichen, von der Vernunft nicht gesteuerten, doch spürbewußt wahrgenommenen Energiesignal als Anstoß zum jetzt fälligen Wachstumsschritt.

Möglicherweise geht das sich spontan meldende Energiesignal in eine ähnliche Richtung wie eine bestimmte körpertherapeutische Anweisung. Doch die Atmosphäre, in der die Erfahrung jetzt stattfindet, ist eine völlig andere. Sie ist von leiblicher Zentrierung, Sammlung, Innerlichkeit und Autonomie geprägt, selbst in den heftigsten Ausdrucksbewegungen und lautesten Äußerungen. Nie geht das Gespür verloren, daß ich mir selbst gehöre und frei bin. Treten *Widerstände* auf – sie fehlen in keinem Spontanritual –, so werden sie in der gleichen Weise wie alle anderen Teile des Prozesses mit Spürbewußtsein gefüllt, das heißt, wir identifizieren uns ganz und gar mit ihnen, indem wir die Aufmerksamkeit ausschließlich in die leibliche Empfindung oder Gebärde des Widerstandes lenken, bis sich auch daraus ein autonomer, sinnvoller Prozeß, ein Spontanritual, ergibt. Die Auflösung der Widerstände erfolgt also nicht durch Analyse, sondern durch die spürende, nicht wertende, bewußte Identität mit ihnen. Vielleicht werden sie gar nicht aufgelöst, sondern bekommen im Spürbewußtsein den zentralen und notwendigen Rang, der ihnen zusteht. In diesem Fall werden sie nicht mehr als Widerstände, sondern einfach als stimmige Lebensäußerungen erfahren.

In vielen Problemlagen äußert sich ein ganz anderes Energiesignal, als nach körpertherapeutischer Erfahrung und tiefenpsychologischem Wissen zu erwarten. Das *Spontanritual* trägt seinen Namen zu Recht. Einmal erlebte ich, daß ein junger Mann, auch er mit einem gewalttätigen Vatertrauma, auf einmal in ein ungeheures, befreiendes Lachen ausbrach, das er immer wieder durch plötzliche Einfälle unterbrach, Einfälle, die alle zur Auflösung des Wiederholungszwangs in seinem Vaterkomplex beitrugen. Das also war nötig gewesen, und weder ich als therapeutischer Begleiter noch er hatten vorher die leiseste Ahnung davon. In diesem ungeheuren, wahrhaft olympischen Gelächter offenbarte sich die Freiheit des göttlichen Kindes. Als der Gott Hermes seinen Sohn Pan auf den Olymp brachte, weckte dieser in allen Göttern schallendes Gelächter, und er selber brachte als diebischer und lügnerischer Säugling – noch in den Windeln liegend stahl er seinem Bruder Apollon eine Rinderherde und schwor in der Folge einen Meineid — diesen und den Vater Zeus wiederholt zum Lachen.[3]

Nur im Spürbewußtsein entwickeln wir den sicheren Instinkt, wie weit die Regression in dieser konkreten Situation zu gehen hat. Letztlich geht es nicht um ein Zurückgehen, sondern um das Heraustreten aus einem Teufelskreis. Natürlich können wir feststellen, daß der Teufelskreis im Zusammenhang mit dieser oder jener frühen Fixierung entstanden ist. Aber auch diese Feststellung ist von untergeordneter Bedeutung. Primär ist die *spürbewußte Ekstase*: die spontane Auflösung einer alten Kurzschlußreaktion, und damit verbunden das Erleben einer rätselhaften, unmittelbaren, nicht weiter zu hinterfragenden Freiheit. Sie geschieht immer in einer leiblichen, also gleichzeitig körperlichen und seelischen Erfahrung. Unter Leib verstehe ich im Anschluß an Merleau-Ponty und Graf Dürkheim den beseelten Organismus des Menschen. Spürbewußtsein ist immer leiblich. Diese Auffassung relativiert Freuds Theorie der Entwicklungsphasen des Kindes in bezug auf die therapeutisch eingesetzte Regression.

Ich schrieb, daß Selbstunterbrechung in der Regression Ausdruck des Todeszwanges ist. Das bedeutet aber nicht, daß der sich selbst Unterbrechende den Tod will. Im Gegenteil: Er will den Tod vermeiden. Selbstunterbrechung entspringt der Angst vor dem Fall in einen bodenlosen Abgrund. Der Todeszwang stammt also aus der *Thanatophobie*: der zur Gewohnheit geronnenen Angst vor dem Sterben gerade in solchen Situationen, die ins Leben locken.[4]

[3] K. Kerényi, Die Mythologie der Griechen, Band I, München 1966, S. 134-137.
[4] P. Schellenbaum, Abschied von der Selbstzerstörung, München 1987, S. 48-55.

Als kleine Hilfe zur Durchbrechung der Thanatophobie, die als unterbrochene Regression in Erscheinung tritt, möge der Hinweis gelten, daß der Begriff der Regression selbst aus einer vordergründigen, linearen, nicht mehr haltbaren Betrachtungsweise kommt: Es geht nicht darum, in der therapeutischen Regression möglichst weit zurückzugehen, sondern die erwähnte spürbewußte Ekstase zu fördern. Diese sorgt von alleine dafür, daß die Regression nicht weiter als nötig zurückgeht, sicher nicht weiter, als das Spürbewußtsein reicht. Merke ich als Therapeut, daß der Mensch, den ich gerade begleite, aus dem Spürbewußtsein herausfällt — die Psychoanalyse würde sagen: seine Ichstärke verliert, was zwar nicht das gleiche bedeutet, aber in unserem Zusammenhang das gleiche bewirkt —, unterbreche ich sofort den regressiven Prozeß und suche als einziges den emotionalen Kontakt. Sobald dieser wiederhergestellt ist, achte ich auf kleine, beiläufige leibliche Äußerungen, die signalisieren, daß der soeben noch gefährdete Mensch wieder aufmerksam bei sich ist, sein Spürbewußtsein also wieder eingesetzt hat.

Das existentielle Moment der Empfängnis erfordert nicht eine möglichst weitgehende Regression, sondern ungeteiltes Dasein. Natürlich finden, vor allem in längeren Therapien, manchmal sehr tiefe Regressionen statt, doch ist nicht dies das Kriterium ihrer Wirksamkeit. Wo immer wir in der psychoenergetischen Therapie auf der traumatischen Spur der Vergangenheit angelangt sind: das Heraustreten aus ihr und das Einschwenken auf die erotische Lebensspur erfolgt durch das wache, zustimmende Ausfüllen unserer gegenwärtigen Wirklichkeit, zu der auch die traumatischen Prägungen aus der Vergangenheit gehören, mit leiblichem Spüren. So vereiteln wir jegliches distanzierende Werten und (Ver-)urteilen bereits im voraus. Mit Spürbewußtsein gelangen wir hinter jene Lebensschwelle, wo das heile — heilende — Kind auf uns wartet. Die im Wesentlichen unverstellte, direkte Wahrnehmung der Wirklichkeit wird nun möglich. Dann liegt unser einziger wirksamer Schutz in der Wahrhaftigkeit unseres Selbstausdrucks. Dessen Ausstrahlung schafft eine unsichtbare, dichte »Persönlichkeitsschicht« um uns herum, in die Fremdes nicht so leicht eindringt.

Die beschriebene spürbewußte Regression strukturiert sich selbst. Spontanrituale, in deren Rahmen sie stattfindet, sind nicht nur spontan in den auftauchenden Lebensimpulsen, sondern auch in deren *sinnvoller Strukturierung*. Die spontane Neustrukturierung unseres Lebensganzen im Alltag ist unverzichtbarer Teil eines Spontanrituals. Die körperlichen Bewegungen und Gebärden, Eigenberührungen, Empfindungen, Erinnerungen, Worte, Töne und Phantasiebilder ordnen sich nach und nach zu einem sinnvollen Ganzen. Sobald dagegen der Selbstinitiant, das heißt der Protagonist im Spontanritual, aus dem Spürbewußtsein fällt, werden seine Ausdrucksformen widersprüchlich, vermischen sich und behindern sich gegenseitig. Der Kontakt mit dem »therapeutischen«, heilenden Kind in uns, das ganz im Moment der Empfängnis lebt, bewirkt, daß sich von innen heraus eine klare Ordnung strukturiert — wie ja auch das reale Kind keineswegs Chaos will und schafft, sondern klare Strukturierung in allen Bereichen sucht und von den Eltern fordert. Eine menschenfreundliche Erziehung muß immer von den konkreten Bedürfnissen des Kindes nach Struktur ausgehen. Der Kontakt mit dem Kind in uns selbst ist Voraussetzung für unsere Fähigkeit zu einer das Kind fördernden ermutigenden Erziehung.

Spürbewußte Regression garantiert, daß keine alte

Struktur aufgelöst wird, bevor nicht eine neue im Ansatz da und wirksam ist. Allerdings führt der Schritt von der einen zur anderen immer durch die angstvolle Erfahrung vorübergehender Strukturleere. Spürbewußte Angst ist die Emotion des Übergangs in der Befreiung von *Verinnerlichungen* — Introjekten — aus der Kindheit zugunsten der *Innewerdung,* des Gewahrseins, in der gegenwärtigen Lebenssituation.

Ein dritter Aspekt des Todeszwangs — die ersten beiden waren der Wiederholungszwang und die unterbrochene Regression — ist die *unbewußte Identität mit dem ewigen, göttlichen Kind.* Aufgrund seiner Unbewußtheit ist der *puer aeternus* beziehungsweise die *puella aeterna* nicht Lebensquelle, sondern Todesschicksal, nicht Wahrheit und Durchlässigkeit im existentiellen Moment der Empfängnis, sondern unstillbare, süß quälende Sehnsucht nach dem Kindheitsparadies mitten in einer fremden Erwachsenenwelt, nicht schöpferischer Impuls, der so lange wirkt, bis die bestmögliche Gestaltung erreicht ist, sondern sich rasch verflüchtigende kreative Phantasien, die nicht weitertragen und -bringen, süße Lebenslust auf der Folie der Todessucht.

Die Faszination eines Erwachsenen für das ewige Kind wird zum Todesschicksal, wenn er als Kind am Leben gehindert wurde. Dies ist zum Beispiel der Fall bei einem Menschen, der als Kind vergeblich nach Spiegelung, Bestätigung, Förderung durch die Mutter suchte. Als längst erwachsen Gewordener steht er in Gefahr, immer noch das gleiche, das Nichtgewesene und jetzt Unmögliche zu suchen und daher in einem unwirklichen Vakuum, in einem Totenreich zu leben. Seine Faszination durch das Motiv des Kindes ist denn auch durchtränkt von Todessehnsucht. Im besten Falle gestaltet er diese künstlerisch und vermittelt anderen Menschen die Schönheit, das heißt den »Glanz der Wahrheit« (Augustinus) des ewigen Kindes. Er selbst kann allerdings nicht wirklich leben. Das ist die Tragik eines Künstlers, der mit dem Archetyp des ewigen Kindes verschmolzen ist: anderen Leben zu vermitteln und selbst leer auszugehen.

So hängt Rainer Maria Rilke in einem Gedicht der unmöglich zu erfüllenden Sehnsucht nach, von der kühlen Mutter (»Von ihr zu mir war nie ein warmer Wind«) doch noch wahrgenommen zu werden: »Ach wehe, meine Mutter reißt mich ein./ Da hab ich Stein auf Stein zu mir gelegt,/ und stand schon wie ein kleines Haus, um das sich groß der Tag bewegt,/ sogar allein./ Nun kommt die Mutter, kommt und reißt mich ein./ Sie reißt mich ein, indem sie kommt und schaut./ Sie sieht es nicht, daß einer baut.« [5]

Auch wenn der ewige Knabe seinen Mann steht und ein bedeutendes Werk schafft, beherrscht ihn doch das Gefühl, daß alles von ihm Gestaltete unwirklich und unwert sei, strebt er doch einer illusorischen Wirklichkeit und einem unerreichbaren Wert nach. Deshalb ist er auch der ewig unruhige Wanderer, den vom wirklichen Genuß immer ein Sehnsuchtsabstand trennt. Wird das Ersehnte Gegenwart, so kann er es nicht auskosten. Gegenwart spielt sich im Vakuum des vergangenheitsorientierten Todeszwangs ab, und dieser tarnt sich mit der Maske einer erstrebenswerten Zukunft. Das existentielle Moment der Empfängnis, Durchlässigkeit und Verfügbarkeit stellt sich jedoch nur in dem der Gegenwart Zustimmenden ein. In ihm entfaltet das ewige Kind seine unerschöpfliche Lebendigkeit zur Gestaltung einer erwachsenen Existenz.

Der mit dem ewigen Kind unbewußt identische, ihm

---

[5] H.E. Holthusen, Rainer Maria Rilke, Reinbek b.H. 1958, S. 35.

verfallene Mensch hat leichten Zugang zu Bildern und Empfindungen aus dem Unbewußten. Er ist von ihnen fasziniert und überwältigt. In der Psychotherapie, zum Beispiel im Zusammenhang mit einem Traum, stellt er sie dar, als wären sie seine eigenen Schöpfungen, sein eigenes Verdienst. Er realisiert nicht, daß er bloßes Medium und Instrument für das Spiel von Kräften ist, die ihm als einzelnem übergeordnet sind – zwar in ihm wirken, aber nicht von ihm abhängen. Er ist von archetypischen Erfahrungen tief ergriffen. Sie vermitteln ihm »oft ein positives Lebensgefühl... Doch kann er sie dann nicht loslassen. Er sitzt einfach da und hofft und wartet, daß die Erfahrung wiederkommt.« Er stimmt nicht mit aktivem Tun in sie ein. Deshalb fühlt er sich dem Leben ausgeliefert und ist »dauernd vom Gefühl der Vergänglichkeit durchdrungen ... Das ist typisch für den Puer Aeternus.«[6]

Beziehen wir uns aber als erwachsene Menschen aktiv auf das ewige Kind in uns, indem wir spürbewußt im existentiellen Moment der Empfängnis leben, wird es zur Quelle der Selbsterneuerung und des Neuanfangs. Nun sind wir weder kindisch noch greisenhaft in der Sehnsucht nach dem Kindheitsparadies gefangen, sondern als Erwachsene »wie die Kinder«. Wir treten in erwartungsoffene, aufnahmebereite Verbindung zu den Kindern, die zu begleiten uns anvertraut sind, oder auch zu anderen Kindern. Wir sehen sie nicht als kleine Erwachsene, die wir zurechtbiegen müssen, auch nicht als vollkommene, nachzuahmende Wesen, sondern vielmehr als Zeichen eines Lebens aus dem Geist unmittelbarer Empfänglichkeit und Transparenz. Durch einen solchen Kontakt mit dem Kind lösen wir den inneren Todeszwang auf. »Ohne das

[6] M.-L. von Franz, Der Ewige Jüngling, München 1981, S. 135 und 145.

Kind, das ihm hilft, sich ständig zu erneuern, würde der Mensch degenerieren. Wenn der Erwachsene sich nicht um Erneuerung bemüht, bildet sich rings um seinen Geist ein harter Panzer, der ihn gefühllos werden läßt, und damit verliert er schließlich sogar sein Herz.«[7]

[7] M. Montessori, Kinder sind anders, München 1994, S. 112.

2

DIE ERSTE BEGEGNUNG
MIT DEM VERBORGENEN KIND

DAS KIND ALS
ENTWICKLUNGSINSTANZ IM ERWACHSENEN

Die zunehmende Entwurzelung macht den heutigen Menschen für seelische Störungen anfälliger. Wir fühlen uns nicht mehr in eine sinnvolle individuelle und kollektive Geschichte eingebettet. So wird die Welt in und um uns fremd und bedrohlich. Teils sind wir bereits, vom Fremden überwältigt, zum manipulierbaren Spielball innerer und äußerer chaotischer Einflüsse geworden. Teils wehren wir uns gegen diese Überwältigung, indem wir uns gefühllos machen. Die *reaktive Gefühllosigkeit* äußert sich in seelischen Komplexen und körperlichen Verspannungen, in denen sich die Lebensenergie defensiv zusammenballt. Eine Hemmung des gesamten Lebensflusses ist die Folge. Jede psychische Störung ist eine spezifische Mischung aus *Überwältigung* und *Schutzreaktion*. In der Psychose dominiert die erste, in der Neurose die zweite. Je mehr Energie der Widerstreit zwischen beiden absorbiert, desto weniger bleibt für den *dritten heilenden Weg* – spürend in dem sein, was jetzt gerade ist, damit der gegenwärtige Augenblick zu einem existentiellen Moment werden kann, in dem wir für wirkliche Lebensimpulse aus der Innen- und Außenwelt, aus dem eigenen Ungelebten und von seiten unserer Bezugspersonen, durchlässig und empfangsbereit werden. Das Einstimmen in diese Signale mit eigener Aktivität ist die einzige natürliche Abgrenzung gegen Fremdes und Unpassendes. »Innen und außen« bedeutet keinen Gegensatz, sondern Gleichzeitigkeit: Die gleichzeitige, ungetrennte Bezogenheit nach innen und außen, auf das Selbst und das Du, auf die eigenen Bedürfnisse und die der Umwelt, beweist, daß wir aus dem existentiellen Moment der Empfängnis leben.

Der dritte Weg ist nicht mit der Verwurzelung des einzelnen in früheren traditionellen Gesellschaften zu verwechseln, in der sich die Frage der Unterscheidung zwischen Selbstwerdung und Anpassung noch kaum stellte. Das unreflektierte Einverständnis in die herrschenden Werte ersparte dem einzelnen weitgehend die Erfahrung von persönlichkeitsschwächender Überwältigung und Schutzreaktionen auf diese. Die heute notwendige Alternative zur früheren kulturellen Verwurzelung bildet die Entwicklung des Spürbewußtseins: die *Verwurzelung im Kind als Entwicklungsinstanz des Menschen,* im existentiellen Moment der Empfängnis. Die Kultur, die sich nach und nach aus dem Spürbewußtsein vieler herausschälen wird, hat zum ersten Mal in der Menschheitsgeschichte als zentralen Bezugspunkt das, was im Buddhismus Achtsamkeit genannt wird: spürendes, nicht wertendes Dasein des einzelnen in seiner individuellen und kollektiven Gesamtsituation. Es geht um eben jene Offenheit und Verfügbarkeit, die uns in der Begegnung mit Kindern so tief beeindruckt. Deshalb schildern die Mythologien vieler Völker das »göttliche Kind« als Verkörperung dieses aktiven Geistes der Empfänglichkeit zur Durchsetzung und Entfaltung menschlichen Lebens in verschiedensten Gestalten, von denen ich einige in den passenden Zusammenhängen beschreiben werde.

Im entwurzelten Menschen unserer Zeit ist das Kind

auf besondere Art gefährdet. Die *Gefährdung des göttlichen Kindes* ist allerdings ein allgemein verbreitetes, zeitunabhängiges Mythologem: Ein altes Wertesystem wehrt sich gegen einen jungen, rebellischen, jetzt aufbrechenden Lebenskeim, weil dieser, einmal entfaltet, es außer Kraft setzen könnte. In *Märchen* ist es der alte, verknöcherte König, der die Herrschaft nicht abgeben will. Im *Christentum* befiehlt König Herodes den Kindermord von Betlehem, um den soeben geborenen Messias aus dem Wege zu schaffen. Im *Hinduismus* läßt der Widergott Kansa jedes Kind, das Devaki gebiert, umbringen, weil er erfahren hat, daß ihr achtes Kind ihn töten werde. Natürlich entkommt der Gott *Krischna* der Gefährdung, wie auch *Jesus* ihr entgangen ist.[1] Durchsetzungsvermögen gehört zum Wesen des göttlichen Kindes. Nicht die Gefährdungen machen einen Helden zum Helden, sondern deren Überwindung. Darin bilden sie die Unbeirrbarkeit des menschlichen Entwicklungstriebes ab.

Aber meist entkommt das göttliche Kind nur haarscharf der Gefahr, und oft bleibt es verwundet, manchmal sogar verkrüppelt. Der ägyptische Gott *Horus*, der den Beinamen »Horus, das Kind« beibehielt, wird auch sitzend, als lahmes, sogar an den Beinen verkrüppeltes Kind dargestellt, und der als Kleinkind ausgesetzte *Ödipus* hatte, wie sein Name sagt, einen Klumpfuß.[2] Wer sich dem Trägheitsgesetz — einem Aspekt der verschlingenden Großen Mutter —, der Forderung, daß nichts sich bewegen und verändern soll, entzieht, zahlt seinen Preis dafür. Die furchtbare Mutter oder, wie beim verwundeten Heiler *Chiron*, der furchtbare Vater vermögen zwar den Le-

[1] Vgl. P. Schwarzenau, Das göttliche Kind, Stuttgart 1984, S. 19.
[2] Vgl. Ebd., S. 60-61.

bensdrang des göttlichen Kindes nicht zu zerstören, aber sie zeichnen ihn doch unübersehbar mit dem Leidensmal des Rebellen.

In jeder Epoche erhält die Gefährdung des Kindes ein neues Gesicht. In unserer ist es gezeichnet von Entwurzelung und Wertezerfall, seelenloser Technisierung und Verlust der natürlichen Rhythmen durch eine Non-Stop-Gesellschaft, in der die schöpferischen Pausen des Spürbewußtseins fehlen. Der moderne Mensch leidet weniger unter Einzelproblemen als unter dem Gesamtschmerz, sich als Ganzes aus dem Gespür verloren zu haben. Die vorläufige Lösung der Einzelprobleme bringt diesem Schmerz keine Linderung. Besserung kann nur durch ein ebenfalls gesamthaft neues In-der-Welt-Sein erreicht werden: weder durch entseelende Überwältigung noch durch Schutzreaktionen auf diese, sondern durch die Freiheit leiblicher, spürender Wahrnehmung, symbolisiert in der Gestalt des Kindes.

Das Kind kompensiert für Jung das von Entwurzelung bedrohte differenzierte Bewußtsein.[3] »Es stellt den stärksten und unvermeidlichsten Drang des Wesens dar, nämlich sich selber zu verwirklichen. Es ist ein mit allen natürlichen Instinktkräften ausgerüstetes *Nichtanderskönnen*, während das Bewußtsein sich stets in einem vermeintlichen Anderskönnen verfängt. Der Drang und Zwang zur Selbstverwirklichung ist Naturgesetzlichkeit und daher von unüberwindlicher Kraft, auch wenn der Beginn ihrer Wirkung zunächst unansehnlich und unwahrscheinlich ist. Die Kraft äußert sich in den Wundertaten des Heldenkindes, sodann später in den ... Werken ... der *Knechtsgestalt* (Typus Herakles), wo der Heros zwar der Ohnmacht

---

[3] C.G. Jung, Die Psychologie des Kinderarchetypus, GW 9/1, S. 177.

des Kindes entwachsen, aber doch noch in unansehnlicher Stellung ist.«[4]

Den Drang zur Selbstverwirklichung, den Jung als das Wesen des Kindes bezeichnet, erfahren wir paradoxerweise gerade dann, wenn wir uns ohne be- und verurteilende Distanz unserer Entwurzelung und Heimatlosigkeit ausdauernd spürbewußt innewerden, also uns nicht durch Verstand und Willen auf ihn fixieren, um die leidige Situation mit Brachialgewalt zu verändern. Dies ist eine Tatsache, und wir erleben sie ähnlich intensiv und schmerzhaft wie die Menschen im ausgehenden Altertum[5]. Jung schreibt, daß das Motiv des Kindes unsere Entwurzelung aus dem Unbewußten kompensiert, zum Beispiel durch Träume, in denen das Kind die Führungsrolle übernimmt.

Von der innerpsychischen Dynamik her gesehen trifft das ohne Zweifel zu, doch bewirkt die Bewußtmachung des kompensatorischen Verhältnisses von seelischer Entwurzelung und Konstellation des Kindmotivs noch keine Besserung. Solche Bewußtmachung spielt sich in leichtem Abstand zum Ereignis ab; bleibt es dabei, kann das Spürbewußtsein nicht voll einsetzen. Das konstellierte Symbol des Kindes kann seine Wirksamkeit in uns nur entfalten, wenn wir selbst, allerdings mit erwachsener Präsenz — nicht durch die heute ebenfalls verbreitete ausgleichende Regression in Infantilismus —, »zu Kindern werden«, das heißt unmittelbar im existentiellen Moment der Empfängnis leben, nichts anderes im Sinn haben als das, was gerade der Fall ist: Entwurzelung und Heimatlosigkeit.

[4] Ebd., S. 184-185.
[5] Die Gnosis spiegelt die Entwurzelung und Heimatlosigkeit des antiken Menschen besonders deutlich. Die allen Menschen gemeinsame archetypische Fremdheit spitzt sich in Zeiten des Übergangs noch zu.

Dann verliert die Unterscheidung zwischen Bewußtsein und Unbewußtem an Bedeutung, und der Begriff der Kompensation wird therapeutisch überflüssig. Wesentlich ist dann allein die Tatsache, daß wir hier und jetzt achtsam und spürbewußt leben, aufmerksam mitten in der Heimatlosigkeit, ja, sogar Haltlosigkeit. Dann sind wir wie das Kind: schwach durch Macht, Leistung, Menschenbild und Weltanschauung, doch stark durch unbeirrbare, strahlend sich durchsetzende Präsenz. Immer noch sind wir heimatlos, doch nun als Kraft zur Unabhängigkeit, als Freiheit zur Selbstverwirklichung. Im Spürbewußtsein heben sich Bewußtsein und Unbewußtes im hegelschen Sinne auf. Was im kleinen Kind als anfängliche Undifferenziertheit in Erscheinung tritt, nämlich das Nichtvorhandensein einer deutlichen Grenze zwischen Bewußtsein und Unbewußtem, ist im erwachsenen Menschen Ausdruck reifen, unerschrockenen Daseins im tatsächlich Gegebenen. Insofern ist der spürbewußte Mensch dem Kind aufs innigste verwandt. Auf diese Weise findet die erste Begegnung des entwurzelten heutigen Menschen mit dem Kind statt. Nicht nur die Psychotherapie, sondern das Lebensgefühl einer wachsenden Zahl von Menschen in unserer Zeit bewegt sich immer mehr auf das spürbewußte Kind als zentraler Entwicklungsinstanz zu. Das zeichnet sich bereits als eine Revolution des Denkens ab. An die Stelle der »Selbstvergessenheit des Denkens« (C.F. v. Weizsäcker), das ein Denken in der »Leibvergessenheit« (Hegel) ist, tritt die »leibhaftige Vernunft«, die wir als Funktion des Denkens innerhalb des Spürbewußtseins definieren können.

DIE ENERGIEERFAHRUNG DER RESONANZ STELLT DEN KONTAKT MIT DEM VERBORGENEN KIND HER

In meinem Buch »Die Wunde der Ungeliebten« habe ich 1988 eine Beschreibung der Erfahrung von *Lebensenergie* versucht.[1] Hier wie auch 1994 in einem Seminar der Eidgenössischen Technischen Hochschule in Zürich ging es mir darum zu zeigen, daß Lebensenergie keine zusätzliche geheimnisvolle Form von Energie ist, die wir eines Tages »entdecken«, das heißt von der physikalischen Energie unterscheiden werden. Die Erfahrung der Lebensenergie besteht im Spürbewußtsein für die wechselseitige Bezogenheit aller Prozesse im eigenen Organismus und, so vage das zunächst klingen mag, auch in der Welt. Erinnern wir uns doch an Stunden oder Tage, da wir uns ganz und gar wohl fühlten: körperlich, seelisch und geistig. In solchen Phasen schien es uns, als wären alle Lebensäußerungen, Ereignisse, Rhythmen und Prozesse in uns und um uns herum aufeinander abgestimmt. Dieses Gefühl haben wir nicht durch eine künstliche Harmonisierung herbeigezwungen. Wir hätten auch nicht in jeder Hinsicht definieren können, worin dieses *Abgestimmtsein*, dieser *Zusammenklang* bestand. Nicht nur in den Konsonanzen, *auch in den Dissonanzen* erlebten wir *Resonanz*, vielleicht sogar noch stärker in diesen. Zwar taten sich uns dabei durchaus einige Einsichten in Zusam-

---

[1] P. Schellenbaum, Die Wunde der Ungeliebten, München 1988, S. 35-43.

menhänge, in einen gemeinsamen, bisher verborgenen Sinn getrennt erfahrener Erlebnisse auf. Aber der Sinn vieler Verbindungen blieb uns weiterhin verborgen. Durch einheitliche Sorgfalt und Achtsamkeit erfuhren wir auch unzusammenhängend Scheinendes als verbunden. Aber wir spürten kein Bedürfnis, diese Bezogenheit und Verbindung logisch zu beweisen. Erklärungen über Zusammenhänge stellten sich vielleicht plötzlich von selbst in den unerwartetsten Momenten ein. Weil sie nicht Erklärungen mittels unseres Verstandes waren, sondern solche, die sich die Situation gewissermaßen selbst gab, blieben wir nicht an ihnen kleben. Fern davon, als Opfer eines Bedeutungswahns zu erstarren, blieben wir frei im Fluß des Spürbewußtseins.

Die wichtigste Erfahrung von Lebensenergie ist die der *Resonanz.* Wer hat nicht schon erlebt, daß er in der Begegnung mit einem Menschen auf einmal in einer Art von größerem Organismus mitschwang, in den nicht nur dieses Du, sondern die ganze Umwelt einbezogen war? Wer kennt nicht die Ergriffenheit durch Musik, durch die der ganze Organismus zu einem einzigen Klangkörper wird, wer nicht das Wohlbefinden, wenn alle Prozesse im eigenen Leib spürbar zusammenschwingen? Wer wurde nicht schon durch den Blick eines Tieres, das Plätschern von Wasser, den Geruch von Erde, den Auf- oder Untergang der Sonne, den Satz eines Dichters, die Umarmung eines Kindes, aber auch durch den Anblick von Leiden, durch ein qualvolles mechanisches Geräusch, etwa das einer elektrischen Säge, durch einen Unfall − einen eigenen oder den eines anderen −, durch die Verlorenheit einer Industrielandschaft, durch die Konfrontation mit einer eigenen schweren Krankheit, durch die Begegnung mit einem Menschen, der sich selber gefühllos zerstörte − wer wurde nicht schon durch solche oft plötzlichen, unerwarteten Erfahrungen dem eigenen Ich heilsam entrissen, an ein größeres Ganzes angeschlossen und fand sich als Teil in einem spürbaren, bisher unbekannten Organismus vor, und wer hat dabei nicht eine ungeheure Aktivierung der eigenen Lebensenergie verspürt?

Ich nenne diesen nur in der Resonanz erfahrbaren übergeordneten Organismus den *Dritten Leib*. Wir erleben ihn als das lebendige System einer Zweierbeziehung oder einer Familie, als Gruppenleib, als Gemeinschaft mit Menschen mit ähnlicher seelischer Grundausrichtung, als Schicksalsverbindung nicht nur mit der »schönen«, sondern auch mit der verletzten und gefährdeten Natur, als Entsprechung zwischen uns und dem Kosmos mit vielerlei Erfahrungsnuancen. [2] Die Erfahrbarkeit des Dritten Leibes in immer weiteren Kreisen unserer Beziehung zur Welt weist darauf hin, *daß der eigentliche Dritte Leib der ganze Kosmos ist, von Situation zu Situation vertreten durch eine mir jetzt spürbewußte Verbindung.*

Die Urerfahrung von Resonanz in einem Dritten Leib ist die *pränatale Resonanz*. Das entstehende Kind in seinem lebendigen Werden *ist* Resonanz mit der Mutter, weil es mit dem existentiellen Moment der Empfängnis noch ganz identisch ist. Hegel spricht von der »Durchzitterung des Kindes im Mutterleib«. Während die meisten Erwachsenen, wenn überhaupt, nur in besonderen Sternstunden zu reinen Klangkörpern ihrer selbst und der Welt werden, schwingt das entstehende Kind ständig in gemeinsamen Rhythmen zwischen sich selbst und der Mutter. Das bedeutet keine Entfremdung, sondern, im Gegenteil, Schwingen

---

[2] Zum Dritten Leib s. auch unten, S. 259 f. sowie P. Schellenbaum, Nimm deine Couch und geh!, München 1992, S. 241-282.

in einer gemeinsamen, also auch dem Embryo und Fötus eigenen Frequenz. Wenn wir als Erwachsene in einen annähernd gemeinsamen Rhythmus mit anderen einschwingen, machen wir ebenfalls die Erfahrung, ins Eigene zu kommen. Daß allerdings bereits das werdende Kind im Mutterleib empfindlichen Störungen der entwicklungsfördernden Resonanz ausgesetzt sein kann, wird noch ausführlich zur Sprache kommen.

Im Zusammenhang mit der pränatalen Resonanz wird besonders deutlich, warum die Kindgestalt in den verschiedensten Mythologien reine Resonanz des Menschen mit sich selbst und der ganzen Welt, mit seinem Drang zur Selbstverwirklichung und zum Zur-Welt-Kommen symbolisiert. Die pränatale Resonanz bildet die Grundlage für alle späteren, dem Spürbewußtsein zugänglichen Erfahrungen, gleichzeitig und in untrennbarer Einheit im Selbst und in der Welt zu sein. Zwar schreiben wir dem Fötus und Kleinkind kein Spürbewußtsein zu, da wir dieses als zentrierende, umfassende, andauernde, alle Funktionen menschlicher Wahrnehmung einbeziehende, wache und komplexe leibliche Aufmerksamkeit definieren, zu der der Fötus und das Kleinkind noch nicht fähig sind. Und doch läßt sich die feinfühlige wache Instinktsicherheit eines Kindes vom Spürbewußtsein eines Erwachsenen nicht trennen. Die Unterscheidung ist zwar berechtigt, doch zweitrangig.

Sicher ist, daß wir Erwachsene in jedem Erleben von Resonanz die Verbindung zur frühesten Erfahrung von Lebendigkeit wieder aufnehmen, nämlich zur pränatalen Resonanz, und dadurch den Kontakt zu dem Kind und dem existentiellen Moment der Empfängnis, den es verkörpert, wiederherstellen. »Werden wie die Kinder« bedeutet für Erwachsene, wieder zur ursprünglichen »Unschuld« vor jeder Selbst- und Weltverschließung zu finden.

ERWACHEN IN DER BEWEGLICHKEIT

Die erste Begegnung mit dem verborgenen Kind kann durch den Kontakt mit der eigenen Beweglichkeit stattfinden. Der Traum einer etwa 40jährigen Frau und ihr darauf folgendes Spontanritual zeigen diesen Zusammenhang klar und differenziert.

»Ich sehe meine Schwester an mir vorbeigehen. Sie ist schwanger und trägt ein weißes Kleid. In ihren Händen hält sie einen Strauß mit rosa Rosen; ihre Köpfe sind alle geknickt. Im Traum weiß ich, daß ihr Kind abgesaugt worden ist.«

Bei der verheirateten Schwester der Träumerin gab es, ebensowenig wie in deren eigenem Leben, weder Abtreibungen noch Spontanaborte. Auffällig am Traum ist der Widerspruch zwischen der offensichtlich fortbestehenden Schwangerschaft der Schwester und der Vorstellung, deren Kind sei abgesaugt worden. Er könnte ein Hinweis darauf sein, daß die Gedanken der Träumerin über den Tod »ihres Kindes« nicht den Tatsachen entsprechen: Vielleicht geht sie (die Schwester steht vermutlich für einen noch unbewußten Teil – einen Schattenaspekt – ihrer selbst) schwanger mit einem inneren Kind und weiß es nicht. Das Traum-Ich ist dem bewußten Ich nahe und vertritt meist dessen Ansichten, während die anderen Figuren eines Traumes eine tiefere, noch unbekannte Wahrheit ausdrücken. Die weiße Frau symbolisiert oft die To-desmutter; dazu passen die geknickten Rosen: Geknickte Blumen werden als Allegorie für den Tod eines Kindes verwendet. Die Tatsache der paradoxerweise fortbeste-henden Schwangerschaft könnte aber bedeuten, daß der gemeinte Tod ein Wandlungstod ist, im Gegensatz zur Überzeugung der Träumerin, ihr Kind — ihr Drang zur Selbstverwirklichung und, wie sie sagt, ihr Durchset-zungsvermögen — sei endgültig tot.

Solche traumatischen Fehlüberzeugungen lassen sich immer auf Wurzeln in der Kindheit zurückverfolgen. Die Träumerin erzählte, sie habe im Alter von zweieinhalb Jahren ihren elfmonatigen Bruder tot in seinem Git-terbettchen vorgefunden. Dabei habe sie nichts gefühlt. Seither sei etwas in ihr wie abgestorben. Diesen Schick-salsschlag als Erfüllung eines ihr unbewußten Todeswun-sches gegenüber dem jüngeren Bruder als Rivalen im Kampf um die Elternliebe zu deuten, würde nicht in den Kontext passen. Ihr kleiner Bruder hatte für sie, im Gegenteil, in erster Linie »das Kind«: das aufbrechende Leben in ihm und in ihr, und, wenn überhaupt, erst in zweiter Linie den Rivalen verkörpert. Was damals in ihr abstarb, war ihr Spüren und Fühlen, ihr Mut zu Lebendig-keit und Beweglichkeit. Der plötzliche Kindstod ihres Brüderchens hatte sie schockartig in die Todesstarre hin-übergezogen, nicht aufgrund eigener Schuldgefühle, son-dern durch die sie plötzlich überwältigende Verschmel-zung.

Während die Frau mit mir über ihren Traum redete, fiel mir zunächst die große Intensität in ihren ausdrucks-starken Augen auf. Ich hatte eine Frau vor mir, die mit ih-rer starken visuellen Wahrnehmung sowohl die Verbin-dung zum Leben suchte als auch sich vor diesem schützte.

Während meine Aufmerksamkeit durch ihre Augen und deren intensiven Ausdruck angezogen wurde, legte sie ihre rechte Hand auf die Stelle über der Nasenwurzel zwischen den Augen und verdeckte sie damit teilweise. Durch diese *Eigenberührung* – ein wichtiges Energiesignal in der psychoenergetischen Therapie, oft das erste, auslösende –, ging der nach unten gerichtete Blick gleichsam nach innen, ein Hinweis dafür, daß ein Mensch beginnt, in Kontakt mit seinen Gefühlen zu kommen. Die Stelle, an der sich die Frau berührte, war der Ort des in der Meditationspraxis erfahrbaren *Dritten Auges,* das nach innen schaut. Der Umschlag von der äußeren zur inneren Wahrnehmung geht immer über eine angstbesetzte Schwelle. Leicht setzt hier ein Abwehrreflex ein, eine Flucht zurück in die äußere Wahrnehmung. Dieser Reflex zeigte sich bei der Frau darin, daß sie die Hand von der Stirn, also aus der Eigenberührung, schnell löste, so, als würde sie von einem Insekt gestochen. Eigenberührungen, wenn sie lange genug spürbewußt ausgehalten werden, führen immer nach innen, in die leibliche Empfindung. Solange sie jedoch spürunbewußt sind, werden sie zu früh abgebrochen und können ihre Wirkung nicht entfalten. Ich wies die Frau auf ihre Flucht: auf die sich vom Ort des Dritten Auges entfernende Hand hin, worauf sie diese wieder zur Stirn zurückführte und von nun an aufmerksam und spürend in der Selbstberührung blieb.

Es dauerte nicht lange, bis sich ihre Augen mit Tränen füllten. Durch die nun folgende, mit etwas künstlich betonter Tapferkeit vorgebrachte Mitteilung, sie fühle sich traurig, gab sich ihr Wille einen kleinen Ruck: Zwar ließ sie das Gefühl der Traurigkeit zu, aber in überschaubaren Grenzen: ja nicht zuviel! Die Intensität in ihren Augen, in ihrem Schauen, verlagerte sich wieder ein wenig nach außen in die Kontrolle der Situation — blitzschnell guckte sie nach links und rechts —, doch nur ein wenig: dann ging der Blick wieder nach unten und innen. Daher fragte ich sie, was sie innerlich sehe. Sie antwortete, sie sehe ein Kleinkind, und sie fühle zu ihm eine warme Verbindung. Doch gleichzeitig saß sie starr und unbeweglich da. Halb aus wirklichem Gefühl, halb aus angelerntem Wissen um die psychologische Bedeutung sagte sie nun: »Das bin ich. Das Kind bin ich.« Und etwas später: »Ich mag sie.« Halb befand sie sich schon im Spürbewußtsein, halb noch im beobachtenden Kontrollbewußtsein. Aber mit dem Satz: »Das Kind bin ich« hatte die Frau die Spur des Spontanrituals deutlich gewiesen. Nur wagte sie es noch nicht ganz, sich spürend auf diese Spur des verborgenen Kindes zu begeben. Daher ermunterte ich sie zu größerer Direktheit, indem ich sie einlud, das Kind direkt anzusprechen: »Claudia« (der Vorname ist erfunden), »ich mag dich.«

Diesen Satz auszusprechen fällt ihr außerordentlich schwer. Auch diese Erfahrung trägt zu ihrem Spürbewußtsein bei, denn nun merkt sie betroffen, wie sehr sie sich vor dem Kind, das sie selbst ist, schützt. Jetzt sieht sie ein Bild, das ihr diesen Selbstschutz mit brutaler Deutlichkeit vor Augen führt: Das kleine Kind vor ihr ist von Kopf bis Fuß total eingewickelt, *kann sich also nicht bewegen.*

An solchen traumatischen Klippen eines Spontanrituals laufen wir Gefahr, vor Schreck aus dem Spürbewußtsein zu fallen, irgendein bewährtes Ablenkungsmanöver anzuwenden oder zu einem neuen, doch vordergründigen Impuls zu springen, den wir in diesem Fall mit einem neuen Energiesignal verwechseln. Doch diese Frau gibt solchen Versuchungen nicht nach. Es bedarf keiner Aufforderung von meiner Seite, damit sie im lebendigen, inneren Schauen ausharrt: Dieses ist offensichtlich stärker als Angst und Widerstand. Unbeirrbares Nach-innen-Schauen verändert unsere inneren Bilder. Claudia sieht ein neues Bild: Das Kind hat auf einmal die Arme frei und bewegt sie. Gleichzeitig und in gleicher Weise bewegt auch Claudia ihre Arme, zunächst ohne es zu merken. So geschieht der Schritt vom fühlend betrachteten Bild in das Bild hinein und zu dessen sukzessiver Auflösung durch die *Eigenbewegung*. Der *Spurwechsel* vom Schauen in die Gebärde, vom Sehen ins aktive Sein des Wahrgenommenen findet immer dann statt, wenn wir lange genug spür-bewußt im Schauen bleiben.

Ich mache Claudia auf die Bewegung ihrer eigenen Arme aufmerksam, lade sie ein, in dieser Bewegung zu bleiben und *gleichzeitig weiterzuschauen*. Nun bemerkt sie, daß auch die Beine des Kindes frei sind und sein ganzer Leib die volle Bewegungsfreiheit findet: Das Kind strampelte mit Händen und Füßen, und auch Claudia strampelt mit Händen und Füßen, zunächst noch zaghaft mit einigen Seitenblicken zu mir, dann immer lustvoller und selbstvergessener. Nun ist sie so sehr im Bild, daß es dieses nicht mehr gibt. Ich schlage den anderen Teilnehmerinnen und Teilnehmern der Gruppe vor, an Claudias Strampeln teilzunehmen und auf diese Weise mit ihr auf der neuen Bewegungsspur in verstärkende Resonanz zu treten. Alle lassen sich darauf ein, anfänglich natürlich noch etwas kontrolliert und gewollt, doch kann mit der Zeit niemand der Eigendynamik des Strampelns widerstehen. Schließlich herrscht im Raum ein einziges großes Strampeln und Jauchzen. Die Begegnung mit dem Kind führt zur Offenbarung der eigenen Beweglichkeit.

Die Entdeckung der eigenen Beweglichkeit ist wie ein Erwachen aus dunkler Nacht, aus einem freudlosen

Schattendasein. Menschen, die sich wie Claudia zur eigenen Gebärde befreit haben, erleben die Welt heller als zuvor, als sie noch in Unbeweglichkeit gefangen waren. Selbst dunkle Räume erscheinen ihnen strahlend hell. Es ist, als würde auch ihr Auge beweglicher: empfänglicher für das Licht. Deshalb wird Beweglichkeit oft mit Licht assoziiert, Starrheit mit Dunkel. Zur Welt kommen heißt in die eigene Beweglichkeit finden. Das Licht der Welt erblicken bedeutet zur Freiheit der eigenen Bewegung geboren werden. Depressive Menschen sehen weniger Licht als andere und sind in ihren natürlichen Bewegungsabläufen gehemmt. Der romantische Maler Philipp Otto Runge war fasziniert von der Gleichung zwischen »ins Licht kommen« und »zur Welt kommen«, zu der wir in der *Ahnung* einen Zugang haben. Er schreibt: »Es ist mir immer besonders aufgefallen, das Wort: der und der erblickte das Licht der Welt: es ist etwas so schönes darin, daß einem ordentlich dünkt, man hätte noch eine Ahnung davon«[1]. Heike Scheel hat in ihrem Buch »Die erlösende Kraft des Lichts« in bezug auf Runges Botschaft die psychologische Entsprechung zwischen dem symbolischen Kind, der Lichterfahrung und der Ahnung eines Gesamtzusammenhangs in der Welt aufgezeigt.

Das Sanskritwort für das deutsche Wort *Erleuchtung* bedeutet wörtlich übersetzt *Erwachen*, und dieses wird in vielen Texten mit den Metaphern einer neuen Geburt beschrieben: In der inneren Bewegung des Erwachens und Erleuchtetwerdens begegnen wir dem Kind als unserem *Ur-Sprung ins Leben*. Der Mystiker Meister Eckhart beschreibt die Begegnung mit Gott als Begegnung mit einem nackten — »ursprünglichen« — Buben. Nackt werden

---

[1] Zit. in H. Scheel, Die erlösende Kraft des Lichts, Bern 1993, S. 158.

wir geboren, nicht einmal, sondern zweimal oder viele Male. Erleuchtung meint im Buddhismus Wahrnehmung ohne Schleier der Maja, ohne Verschleierung: die zweite Geburt in ursprünglicher Nacktheit, Erwachen im reinen Geschehenlassen. »Es gibt ein Gesetz auf dieser Welt, das vielleicht grausam, doch vielleicht auch sehr weise ist, und zwar, daß etwas dann geschieht, wenn man sich nicht mehr wünscht, daß es geschehen soll.«[2] Dieses Gesetz ist Ausdruck unseres Erlebens im existentiellen Moment der Empfängnis.

Nicht nur im jungen, auch im alten Menschen gibt es als innere Instanz ein Kind, das mit unerschöpflicher *Frische* in die Lebensbewegung und ins Licht der Erneuerung drängt. Bei Menschen aller Altersstufen begegnen wir der *Anmut und Demut*, wie sie Kindern eigen sind: Anmut, weil sich ihre Beweglichkeit in authentischen Gebärden ausdrückt, Demut, weil sie von der Einsicht durchdrungen sind, sogar im eigenen Tun das Leben zu empfangen.

[2] S. Tamaro, Die Demut des Blicks, Zürich 1995, S. 23.

DASEINSSCHAM IN DER ERSTEN BEGEGNUNG
MIT DEM VERBORGENEN KIND

Im Brennen der Scham offenbart sich dem Erwachsenen das verstoßene und seither verborgene Kind. Es gab eine frühe Zeit, an die wir uns vielleicht gar nicht mehr erinnern, in der wir uns voller Vertrauen und Lust, uns zu zeigen, herausgewagt hatten, in der selbstverständlichen Erwartung, offenen Augen und Armen zu begegnen. Doch die Augen der anderen blickten teilnahmslos, und ihre Arme hingen tot herunter, und nachdem wir uns aus der Höhle des Geheimnisses herausgewagt hatten, schämten wir uns jetzt in den Boden. Falls sich diese vernichtende Erfahrung über längere Zeit wiederholt, setzt sich in uns nach und nach die allgemeine Scham fest, überhaupt am Leben zu sein. Ich nenne sie *Daseinsscham*.[1] Sie bestimmt das Leben so sehr, daß wir uns nicht mehr weiter vorwagen, sondern uns gewohnheitsmäßig vorschnell in die Höhle des Geheimnisses zurückziehen, mit der heimlichen, kaum bewußten Hoffnung, daß eines Tages jemand kommt, stellvertretend für uns den ersten Schritt tut und aus dem dunklen Versteck ans Tageslicht der Wirklichkeit geleitet. Selten erfüllt sich diese Hoffnung, und erfüllt sie sich doch, kommen wir nicht umhin, mit der Empfin-

---

[1] P. Schellenbaum, Nimm deine Couch und geh!, a. a. O., S. 44 f., und Aggression zwischen Liebenden, a. a. O., S. 23 f.

dung brennender Scham den Schritt mitzumachen. Letztlich müssen wir den Schritt alleine gehen und mit spürbewußter Scham die Schwelle zur eigenen Unabhängigkeit überschreiten. Dann löst sich die Scham in die Bereitschaft auf, uns als Fremde anderen Fremden zu zeigen. Mit der Freiheit zum Selbstausdruck haben wir das verstoßene, verborgene Kind wiedergefunden.

Ein 35jähriger Mann berichtete in einer Gruppe von einem psychodelischen Trip mit halluzinogenen Pilzen, den er gemeinsam mit einem anderen unternommen hatte. In dessen Verlauf nahm er sich plötzlich als Indianersäugling und den anderen Mann als alten, weisen, mit Streifen aller Farben bemalten indianischen Medizinmann wahr. Der andere habe ihm hernach erzählt, ihn als »erwachsenen Säugling« gesehen zu haben. Er habe wie ein verlassener, verzweifelter Säugling geschrien und sich mit Zuckungen fahrig und ruckartig bewegt. In diesem Alter, nämlich mit zwei Monaten, wurde er, so erzählte er uns, tatsächlich seinen Eltern, die beide Alkoholiker waren, weggenommen und in ein Heim gesteckt. Offensichtlich kehrte er im Trip in dieses frühe Alter zurück und lebte seine damalige Verlassenheit durch, mit Empfindungen, die ihm bisher nicht zugänglich waren.

Ich erzähle diese Geschichte aus folgendem Grund: Der Mann unterstrich, daß seine stärkste Empfindung als Indianersäugling nicht Verlassenheit und Verzweiflung, sondern *Scham* gewesen sei, bodenlose Scham. Vergeblich habe er versucht, sich vor dem anderen Mann hinter seinen Händen zu verstecken. Das erinnert an Adam und Eva im Buch Genesis, die sich, nachdem sie verbotenerweise vom Baum der Erkenntnis gekostet hatten, aus Scham Gott nicht zeigen wollten und versuchten, sich vor ihm zu verbergen. Diese Art von Scham brennt mehr als Schuld:

Sie ist das Gefühl, ohne Wert und Daseinsberechtigung zu sein. Auch die Scham des 35jährigen Mannes war total: Urscham, Daseinsscham als Folge der Tatsache, daß er als Säugling nicht willkommen war, allgemeine Lebensscham aufgrund des frühen Traumas völliger Isolierung und Verlassenheit. Aus gesundem Selbstschutz verdrängte er dieses Gefühl der *Selbstverneinung*[2]. Unter Drogeneinfluß brach es durch, und er spürte zum ersten Mal in seinem Leben die Daseinsscham, die ihn bisher daran gehindert hatte, seine Begabungen und Fähigkeiten mit Selbstvertrauen zu zeigen und zu entwickeln. In der Gruppenmitte ging diese Erfahrung weiter — ohne Droge. Lange Zeit harrte er spürbewußt in der selbstzerstörerischen Scham aus, fest und warm gehalten durch eine Frau, zu der er im Laufe der Therapiewoche Vertrauen gefaßt hatte. Er erzählte die lange Geschichte eines Lebens, das an entscheidenden Schwellen immer wieder durch Scham unterbrochen und vernichtet wurde. Nach und nach wandelte sich die Scham in Traurigkeit über das bisher ungelebte Leben. Sie bedeutete den ersten Schritt in einem Dasein auf der Spur des Kindes, das seine reiche Emotionalität und sein Entwicklungspotential nicht mehr aus Scham vor sich und anderen verbarg.

Daseinsscham hat eine noch ursprünglichere Bedeutung als die lebensgeschichtliche. Was bedeutet die *archetypische Urscham* — die Daseinsscham als Existential —, auf die sich die spätere individuelle, lebensgeschichtlich bedingte Erfahrung der Scham aufpfropft? Die Antwort sei hier nur angedeutet: Sie meint die Tatsache, daß wir uns auch in der liebevollsten Umgebung als Fremde fühlen, in einer entscheidenden, inhaltlich nicht definierbaren Hin-

---

[2] Vgl. P. Sloterdijk, Weltfremdheit, a. a. O., S. 26.

sicht nicht wahrgenommen und ungeliebt, zu Hause nicht ganz zu Hause, in der Welt nicht fraglos geborgen. Paradoxerweise ermöglicht es uns erst diese Fremdheit, mit anderen in Beziehung zu treten. Zwei Menschen, in der Urscham verbunden, leben in der Lebensspannung zweier Geheimnisse, die sich gegenseitig nie ganz erschließen werden. Sie treffen sich in der Urscham des verborgenen Kindes, des nie ganz auslotbaren, nie ganz offenbaren, immer auch verborgenen Lebensschwungs. Die existentielle Urscham ist da, um die im Geheimnis verwurzelte Identität zu schützen.

Angst, Traurigkeit und Rebellion: die ersten Emotionen des wiedergefundenen Kindes

Wenn das Kind aus seinem dunklen Versteck, das es zu seinem eigenen Schutz aufgesucht hat, blinzelnd ans Tageslicht: in die Begegnung mit dem Menschen, dessen Lebensquelle es endlich wieder sein möchte, tritt, hat es noch keinen Halt, denn Halt entsteht nur durch die Verwurzelung in einer Geschichte. Zwischen Nacht und Morgen ist es wie in der Schwebe, ohne Erfahrungen mit Licht und Tag. Zwar gehört es zu seinem Wesen, reines Dasein und offene Verfügbarkeit zu sein, doch hat es diese seine Entwicklungsmächtigkeit lange zurückgehalten, lange um des Überlebens willen verborgen, die Verfügbarkeit für Lebensimpulse eingefroren für wärmere Zeiten. Die Verbindung mit dem Menschen, dessen belebendes Prinzip es wieder werden kann, ist ihm neu und unheimlich, und es empfindet *Angst*. Dieser Schwellenmoment ereignet sich nicht nur einmal, sondern unzählige Male: Jederzeit gibt es in einem Menschenleben ein Kind, das in die Geburt, ins Licht, in die Offenbarung drängt, und dieses Kind hat Angst. Angst ist die erste Emotion auch des göttlichen Kindes im Mythos. Warum sonst würde es vor drohender Vernichtung flüchten?

Die Angst des letztlich siegreichen göttlichen Kindes hemmt nicht, sondern fördert die Lebendigkeit. Sie ist nicht identisch mit der Angst zur Mobilisierung aller Energien in einer Gefahrensituation, auch nicht mit der ebenfalls realen Angst, mit der sich das verhinderte Leben aus der Beengung meldet (Freud). Vielmehr ist sie die natürliche Begleitemotion des in die Verwirklichung drängenden Lebens. Der existentielle Moment der Empfängnis ist immer ein banger Moment: Es gibt keine Absicherung im reinen Sich-Empfangen, in der kindlichen Durchlässigkeit, nur den Schutz der Wahrheit, keine andere Abgrenzung als die Lauterkeit eindeutigen Daseins. Jedesmal wenn wir die »Angst und Bangnis vor fruchtbarer Neuerung«[1] bestehen, lebt das göttliche Kind aus uns. Dessen Seinszustand ist das *Schweben*. Es widersteht der Versuchung, aufblühendes Leben einem verfrühten, feigen Halt zu opfern. Schwebend ist es im Nichts ständiger Bewegung. Martin Heidegger schreibt: »Die Angst offenbart das Nichts. Wir ›schweben‹ in Angst. Deutlicher: Die Angst läßt uns schweben ... Nur das reine Da-sein in der Durchschütterung dieses Schwebens, darin es sich an nichts halten kann, ist noch da.«[2] Die Angst muß aus dem Gefängnis der psychoanalytischen Verdrängungstheorie befreit werden und die Würde einer ursprünglichen Empfindung, der ersten Empfindung des aus der Verborgenheit an das Licht tretenden Kindes, wiederbekommen.

Eine weitere Emotion des wiedergefundenen Kindes ist die *Scham*. Sie war Thema im letzten Abschnitt. Die Scham zu glauben, »daß etwas mit uns nicht stimmt«[3],

---

[1] H. Hesse, Demian, Frankfurt/M. 1985, S. 160.
[2] M. Heidegger, Was ist Metaphysik?, in: Wegmarken, 2. Aufl., Pfullingen 1978, S. 110. Zit. in: P. Sloterdijk, Weltfremdheit, a. a. O., S. 323.
[3] E. J. Chopich und M. Paul, Aussöhnung mit dem inneren Kind, a. a. O., S. 69. Vgl. J. Bradshaw, Healing the shame that binds you.

ist je nach unseren Kindheitserfahrungen mehr oder weniger stark, doch fehlt sie beim wiedergefundenen Kind nie.

Eine dritte Emotion — keineswegs immer in dieser chronologischen Abfolge — ist bei diesem die *Traurigkeit*. Dazu die Geschichte einer 31jährigen verheirateten Frau, der es durch die ganze Kindheit und Jugend an Anteilnahme der Mutter gefehlt hatte. Sie erzählte mir, ihr Töchterchen sei eineinhalb Jahre alt. Es könne schon ordentlich aufrecht gehen. Seit kurzem bringe es ihr immer wieder irgendwelche Gegenstände, die im Zimmer herumliegen, um diese mit ihr zu teilen. Jedesmal, wenn dies geschehe, werde sie von großer Traurigkeit erfaßt. Sie denke dann: »Sicher habe auch ich im gleichen Alter meiner Mutter solche Dinge gebracht, und sie hat sie achtlos beiseite gelegt. Ich kenne sie doch. Auch später war ihr mein Leben egal.« Diese Traurigkeit im Zusammensein mit ihrem Töchterchen war für die junge Frau ein kostbares Geschenk, denn sie war, soweit sie sich zurückerinnern konnte, das erste Gefühl, das sie frei durchströmte.

In den Spontanritualen ist Trauer, häufiger noch als Scham und Angst, die erste Emotion, die einen Menschen wirklich mit ganzer Kraft ergreift. Das Spürbewußtsein setzt voll mit einer Trauer ein, in der die lange Kränkung, Einsamkeit und Erstarrung dahinschmelzen und sich auflösen. Je länger sie dauert, desto mehr wird sie zur Trauer eines Kindes. Mit wievielen »Kindern« habe ich vor allem in den letzten Jahren abgrundtiefes Leid geteilt! Oft kommen gerade solche Menschen, die mit abweisender Hochnäsigkeit in eine Therapiewoche einsteigen und zu Beginn an allem und jedem herummeckern, zu einem Punkt, an dem sie weinen, wie Kinder weinen: total verzweifelt, ohne Trost und Hoffnung, aus vollem Herzen, mit der ganzen Kraft ihrer Stimme und ihres Leibes – und mit viel inniger Wärme. Manchmal erinnere ich mich dann daran, daß ich selber als Kind einige Male so geweint und auch als Erwachsener mindestens drei Mal die Gnade ungeteilter Traurigkeit erfahren habe.

Solche Trauer signalisiert die Rückkehr ins Eigene. Selbst alte, zerfurchte Gesichter bekommen einen kindlichen Ausdruck. Manchmal werden Menschen dabei zum ersten Mal in ihrem Leben zu wirklichen Kindern – und zu wirklichen, spürbewußten, für ihr Leben verantwortlichen Erwachsenen. Die Erneuerungsdynamik des Kindes spiegelt sich in der entspannten *Schönheit* der Gesichter, in Wachheit, Wärme und Empfänglichkeit des Ausdrucks. Den existentiellen Moment der Empfängnis erleben viele zum ersten Mal in der Traurigkeit. Die schneidend kalte Selbstbehauptung, das bloße Überleben in der Fremde, der unvermeidliche Hochmut im Sich-gegen-alle-Stellen weichen der Demut im Empfangen, der Durchlässigkeit im Pulsieren der Gefühle, der verfügbaren Beweglichkeit im Eros und in der Sexualität, der Fließidentität mit der eigenen Lebensschwingung, dem befreienden Gefühl des Leerwerdens von starren Prinzipien und Abwehrhaltungen. Das ist der Moment der Heilung, der Umschlagpunkt *von der traumatischen zur erotischen Spur* [1], von der Zurückweisung des Lebens zur Hingabe. Jetzt meldet sich ein Energiesignal nach dem anderen. Sie offenbaren immer deutlicher den verborgenen Plan unserer Entwicklung, bilden die Wegzeichen auf der Spur des verborgenen Kindes.

Oft erwacht im Anschluß an die durchlebte Traurigkeit

[1] Vgl. Kap. II in P. Schellenbaum, Die Wunde der Ungeliebten, a.a.O., S. 116–130.

als nächste Emotion die *Rebellion*; manchmal ist die Abfolge aber auch umgekehrt. Die Rebellion des Kindes gegen die Mutter bricht zum ersten Mal im Alter von 18 bis 24 Monaten richtig aus. Die anfänglichen Wutanfälle weichen jeweils schnell der Hilflosigkeit und Verletzlichkeit. Dann kommt es zu einem abwechselnden Wegstoßen der und Anklammern an die Mutter. In dieser Zeit findet auch eine erste Auseinandersetzung mit der eigenen Traurigkeit, mit dem Ärger und der Enttäuschung über die Mutter statt. Vorher war noch nicht genügend Ichstärke zur Traurigkeit da; die Abwesenheit der Mutter hatte beim Kind gesteigerte Aktivität und Unruhe verursacht. Doch in dieser Periode wird »bei vielen Kindern zum erstenmal die Beobachtung gemacht, daß sie gegen ihre Tränen kämpfen oder das Verlangen zu weinen unterdrücken«[5]. Nach und nach, im Alter von etwa 21 Monaten, sucht das Kind dann die optimale Distanz zur Mutter.

Das rebellische Abstandnehmen von der Mutter, das auch in späteren Entwicklungsphasen in neuen Lebenszusammenhängen wieder aktualisiert wird, hat die *Durchsetzung des Kindes in seiner Eigenständigkeit* zum Ziel. Es ist die menschliche Erfahrungsgrundlage für die Bildung des Mythos vom *rebellischen göttlichen Kind.* Als Bild im Erwachsenen stimuliert dieses die kämpferische Durchsetzung der eigenen »Berufung« in einer sich gegen wesentliche Veränderung sträubenden inneren und äußeren Welt. Doch »der Mensch in der Revolte bleibt die Ausnahme, der *homo patiens* die Regel. Wohin man sieht, erscheinen die Menschen mehr als Patienten denn als Rebellen, mehr

[5] M.S. Mahler/F. Pine/A. Bergmann, Die psychische Geburt des Menschen, Frankfurt/M. 1980, S.127.

als Untertanen denn als Subjekte, mehr als Eingeschlossene denn als Ausbrechende.«[6]

Im Mythos jedoch gibt es keine göttlichen Kinder, keine Heldenkinder, die nicht auch Rebellen waren, Aufständische gegen zurückgehaltenes Leben. Der griechische Held *Herakles* kämpft gegen den Stier des Minos, der dem Herrschaftsbereich der Großen Mutter angehört. Der »Stier ist das Symbol des Jünglingsgottes, des Sohngeliebten der Großen Mutter«[7]. Der Kampf gegen ihn meint also die Autonomie gegen deren Übermacht, das heißt auch gegen das Verschlungenwerden durch Unbewußtheit, Triebhaftigkeit, Abhängigkeit, Trägheit. Das gleiche Motiv finden wir im indischen Mythos: *Krischna* als Kind und göttlicher Schelm packt einen Stier, in dessen Gestalt sich der Dämon Vatsa verbirgt. Dieser wurde ihm durch den Gott Kansa, ebenfalls Vasall der Großen Mutter, geschickt. Er packt ihn bei den Hinterbeinen und schleudert ihn gegen einen Baum, so daß er tot zu Boden fällt.[8]

Weil das Kind den Drang nach Selbstwerdung verkörpert und versinnbildet, eignet es sich zur mythologischen Darstellung der Revolte gegen vereinnahmende und entfremdende Übermächte. Diese Revolte hat oft einen unmoralischen oder besser: amoralischen Aspekt, richtet sie sich doch auch gegen die herrschende Moral. Die Figur des *Hermeskindes* zeigt dies auf besonders überraschende und amüsante Weise. Wie schon erwähnt, stiehlt es schon in den Windeln und schwört Meineide. Damit ist die grundsätzliche Relativierung von Moralvorstellungen aus

[6] P. Sloterdijk, Weltfremdheit, a.a.O., S. 56.
[7] P. Schwarzenau, Das göttliche Kind, a.a.O., S. 28.
[8] Ebd., S. 27.

dem Geist der Empfänglichkeit gemeint, nicht die Ablehnung von Verantwortung. Auch das *Jesuskind* entfernt sich unerlaubterweise von seinen Eltern, um im Tempel zu lehren, und nimmt deren Vorwürfe in Kauf, als sie ihn wiederfinden: »Kind, warum hast du uns das angetan? Dein Vater und ich haben dich mit Schmerzen gesucht.«[9] Doch Jesus rechtfertigt sich mit einem Hinweis auf seine Berufung. *Berufung* ist der theologische Ausdruck für Individuation, das heißt Selbstwerdung als einzelner.

Zur ersten Begegnung mit dem göttlichen Kind gehört die Begegnung mit seiner Rebellion. Im neutestamentlichen *Gleichnis vom verlorenen Sohn* bleibt unklar, warum dieser vom Vater seinem brav zu Hause gebliebenen älteren Bruder vorgezogen wird. Denn schließlich läßt er sein »schweinisches« Leben — er hat herumgehurt und ist zum Schweinehirten geworden — hinter sich und wird wie sein Bruder brav. Was findet sein Vater besonders an ihm und an seinem Bruder nicht? Die Freude über die Rückkehr erklärt die Bevorzugung noch nicht ausreichend. Der verborgene psychologische Sinn des Gleichnisses leuchtet erst dann ein, wenn das ausschweifende, unmoralische Leben des heimgekehrten jungen Mannes in die Gemeinschaft mit Vater und Bruder etwas Neues und Unverzichtbares einbringt, nämlich das Moment der Unabhängigkeit von den väterlichen Ordnungen, die grundsätzliche Aufhebung von Sitte und Moral, auch wenn die Art der Aufhebung im Gleichnis aus der Perspektive der Ordnungshüter aufs Abschreckendste als bloße triebhafte Genußsucht ausgemalt wird. Abstrahieren wir davon, so verkörpert auch der verlorene Sohn

---

[9] Lukas 2,48: Neues Testament, übersetzt und erklärt von Otto Karrer, München 1959, S.172.

den Archetyp des rebellischen göttlichen Kindes: den kompromißlosen Geist von Durchlässigkeit und Empfänglichkeit für Lebensimpulse, die nicht unbedingt mit den Werten des herrschenden Kulturkanons übereinstimmen.[10] Daß dieser Geist zu Chaos und Verantwortungslosigkeit führen muß, ist eine Schutzbehauptung des jeweiligen Herrschaftssystems, mit der die Verfolgung des göttlichen Kindes gerechtfertigt wird. Sie selber ist es, die den Rebellen zum Außenseiter, der zerstörerische Schläge gegen das System führt, macht.

Ein 45jähriger Mann hatte seinen im Krieg gefallenen Vater nicht gekannt. Er wuchs in einem reinen Frauenhaushalt — mit Mutter, Tante und jüngerer Schwester — auf und übernahm in der Beziehung zur Mutter schon früh die Rolle des Ehemanns, fühlte sich für ihre Sorgen und zeitweiligen depressiven Stimmungen verantwortlich. Das Gefühl der Überforderung verließ ihn auch später nicht. Auch in der Schule war er ein braves, angepaßtes, bei den Lehrern beliebtes Kind. Diese stets hilfsbereite, sich aufopfernde Rolle spielte er als Erwachsener in Familie und Beruf weiter. Als seine Frau mit dem ersten Sohn schwanger war — beide Ehepartner wußten noch nichts davon —, fiel er zum ersten Mal in eine schwere *Depression*, die einen Klinikaufenthalt notwendig machte. Er meinte dazu, er habe sich wohl unbewußt der neuen Rolle als Vater nicht gewachsen gefühlt. Ich glaube, die Ursache lag tiefer: Die innere Instanz des göttlichen Kindes widersetzte sich der Übernahme dieser Rolle, bevor er selber ohne unpassende Überforderung Kind sein durfte. Doch verstand er diesen Wink nicht. In den nächsten Jahren zeugte er mit seiner Frau noch drei weitere Söhne — der

---

[10] Lukas 15,11-32: Ebd., S.218.

Einfall einer zufälligen Kompensation zur Frauenherr-schaft in seiner Ursprungsfamilie drängt sich auf — und durchlitt weitere Phasen von Depression.

In einem Spontanritual wurde er selber zum rebelli-schen Sohn, der fluchte, mit saftigen, »unanständigen« Kraftausdrücken um sich warf, Widerstand leistete, in Kauf nahm, nicht jederzeit »beliebt«, geliebt zu sein. Während seiner erfrischenden verbalen Eskapade fiel mir ein von ihm unbemerktes Energiesignal auf: Sanft strei-chelte er sich selbst, vor allem am rechten Knie, an dem er sich vor vielen Jahren verletzt hatte. Darauf aufmerksam gemacht, lenkte er sein Spürbewußtsein in diese immer inniger werdende streichelnde Selbstberührung und überwand sein anfängliches Gefühl von Peinlichkeit. Auf einmal begriff er, was er tat und sagte: »Ich mag das rebel-lische Kind, den bösen Buben, der ich jetzt bin«. Das klang zwar glaubwürdig, doch noch etwas distanziert. Deshalb schlug ich ihm vor, diesen bösen Buben direkt mit Vorna-men anzusprechen: »David« (der Vorname ist erfunden), »ich mag dich«. Er setzte mehrmals an und unterbrach sich wieder. Als es ihm schließlich gelang, traten tiefe, alte Traurigkeit und dann immer mehr Liebe und Freude her-vor. »David, ich mag dich«, wiederholte er noch und noch. Dieser Satz, ein *Wirksatz*, war seine Spur des verborgenen Kindes. Er sprach sich selbst wie einen lange verlorenen, verschollenen Sohn an, der so zu einem »Stück von ihm« wurde. Mit dessen ihm zuwachsender Kraft kamen ihm Phantasien, die alle auf Befreiung des rebellischen Kindes in seinem konkreten Leben als erwachsener Mann hin-wiesen. Je länger er sprach, desto klarer und ausdrucks-stärker wurden ihm Stimme und Gebärden. Das rebelli-sche Kind in ihm war erwacht und war bereits daran, sein Leben mitzugestalten.

Kehren wir am Schluß dieses Kapitels, das von der ersten Begegnung mit dem verborgenen Kind handelt, zum »äußeren« Kind zurück. Der innere Kontakt mit ihm kann die Quelle strömender Emotionalität im Erwachsenen neu erschließen und diesen so in die Verbindung mit dem »Seelenkind« führen. Dies habe ich im Zusammenhang mit der ohne Anerkennung durch die Mutter aufgewachsenen Frau veranschaulicht: Durch den Kontakt mit ihrer kleinen Tochter fand sie den emotionalen Zugang zum früh verschütteten Schmerz wieder. Das Kind ist Lehrmeister in der seelischen Entwicklung des Erwachsenen. »Sobald das Kind mehr sein darf als ein Träger der elterlichen Projektionen, kann es für die Eltern zu einer unerschöpflichen Quelle des unverstellten Wissens über die menschliche Natur werden. Zu dieser Natur gehören bereits im frühesten Alter Sinnlichkeit, Freude am eigenen Körper, Freude an der Zärtlichkeit der anderen, das Bedürfnis, sich zu artikulieren, gehört, gesehen, verstanden und geachtet zu werden, die Notwendigkeit, Zorn und Wut nicht unterdrücken zu müssen, und auch andere Gefühle, wie Trauer, Angst, Neid und Eifersucht, äußern zu dürfen.« [11]

---

[11] A. Miller, Du sollst nicht merken, a. a. O., S. 199.

3
Der Weg
zurück zu früheren
kritischen Lebensschwellen
mit dem Kind als
Führer

Mit Kinderaugen
durch offene Fenster schauen

Der Therapieraum im Tessin, in dem ich mit Gruppen arbeite, ist mit vier großen Fenstern ausgestattet, durch die der Blick über die Weite des Lago Maggiore und zu den Bergen hin schweift. In den letzten drei Jahren hat sich ohne mein Zutun mehrere Male dasselbe ereignet: die Frau oder der Mann in der Raummitte fanden auf der Suchwanderung ihres Spontanrituals die Verbindung zum Kind wieder, indem sie aus der Kraft wachsenden Spürbewußtseins ihrem gerade stärksten Gefühl klaren Ausdruck gaben. Je nachdem erwachten sie mit Scham, Angst, Trauer, Rebellion oder einer anderen Emotion zu kindlicher Durchlässigkeit in der lange vermißten Fluß-existenz, atmeten in der Freiheit ihres jetzt ungestörten und nicht mehr so leicht störbaren Daseins auf, schufen für ihre Lebensenergie eine neue Bahnung und Struktur, vorerst durch realistische Phantasien zur Umgestaltung ihres konkreten Alltags.

Und dann, ganz zum Schluß, geschah jeweils etwas Unerwartetes, Merkwürdiges: Unwillkürlich bewegten sich ihre Schritte in Richtung auf eines der offenen Fenster. Dort angelangt, wandten sie sich von der Gruppe ab und der Außenwelt zu, wie angezogen durch ein gleichzeitig inneres und äußeres Licht. Bewegt traten sie mit der Landschaft in spürenden Kontakt. Oft füllten sich dabei die Augen mit Tränen der Freude und Dankbarkeit. Immer aber leuchteten sie, während sie die Welt um sich herum spiegelten.

Eine Frau sagte in diesem Moment: »Die Welt ist größer als meine Probleme«. Ihre Worte entlarvten keineswegs eine unbewußte Flucht in ozeanische, vorgeburtliche Empfindungen. Sie verwiesen, im Gegenteil, auf die erfolgte wohltuende Entlastung eines Ich, das die Lösung seiner Probleme von nun an nicht mehr in ständiger Beschäftigung mit sich selbst, also innerhalb der Selbstisolierung der Zukurzgekommenen, im zugewachsenen Jammertal der Frustrierten, sondern in der vertrauensvollen Öffnung zur »Welt als Du« (Buber) suchte und fand. Durch das Schauen und Sprechen aus dem Fenster öffnete sich auch der Gruppenkreis am Ort vor dem Fenster wie eine große Blüte, die auf Befruchtung von außen wartet – Ausdruck des existentiellen Moments der Empfängnis im Dritten Leib –, und die natürliche Verbindung zwischen dem, was hier im geschützten Rahmen einer Gruppentherapie geschehen war, und der *»größeren Welt«* wurde für uns alle zur eindrücklichen und notwendigen Erfahrung. Manchmal erhoben sich spontan andere Gruppenmitglieder, gesellten sich zur Selbstinitiantin oder zum Selbstinitianten und sprachen aus dem Fenster ins Freie, indem sie der Freude über diesen Moment der Verbindung und die Schönheit der Natur, die sie jetzt wahrnahmen, Ausdruck verliehen. Seit diesen Erfahrungen ist für mich das Wort von der »größeren Welt« zu einem Schlüsselbegriff geworden.

Ein blinder Teilnehmer wurde einmal von diesem Erlebnis besonders tief ergriffen, vielleicht gerade, weil er nicht sah, was die anderen sahen, sondern das durch die anderen Gesehene ganz im Destillat des Spürens verdichtet erlebte. Durch das offene Fenster in die Welt hinaus zu sprechen, so schrieb er mir später sinngemäß, sei nicht mehr Therapie, sondern *Poesie*. Diese Mitteilung erlebte ich als die vielleicht schönste Anerkennung für meine Arbeit.

In bezug auf die Psychotherapie findet in der heutigen Gesellschaft eine zweifache Entwicklung statt: Einerseits prägt sie zunehmend, und dies schon seit Beginn der Psychoanalyse, alle kulturellen Prozesse: keine Kunstrichtung, keine Literatur und Philosophie, die nicht direkt oder indirekt von ihr beeinflußt wäre. Andererseits, und das ist eine neuere Entwicklung, bewegen wir uns auf die erwähnte *Selbstauflösung der Psychotherapie* in dem Sinne hin, daß die Enge und Einseitigkeit einzelner psychologischer und psychotherapeutischer Deutungsmodelle dem differenzierten Spürsinn innerhalb des gerade Gelebten Platz macht. Das distanziert analysierende Denken tritt seinen Vorrang an das leibliche Denken ab. Dieses geschieht in enger Fühlung mit Empfindungen, Bewegungen und Gebärden und erhält so seine sinnliche Qualität wieder. Der Denkende ist auch der Gedachte, der Spürende auch der Spürbewußte. So vermindert sich das Risiko, daß psychologische Begriffe einer von der Erfahrung unabhängigen, pseudorealistischen Eigendynamik verfallen. Begriffe werden vielmehr zu symbolischen Sprachbildern, also je nach Umstand und Situation so oder anders deutbar. Anstelle des verselbständigten Begriffs tritt die direkte und genaue *Beschreibung* jetzt erlebter Prozesse; nur diese entspricht der Flußexistenz des Kindes im Erwachsenen.

Je »unschuldiger«, durchlässiger solche spürbewußten Beschreibungen sind, je mehr sie sich aus dem existentiellen Moment der Empfängnis nähren, desto poetischer werden sie. Oft fällt mir in Spontanritualen ihre Dichte, Präzision, Eigenwilligkeit, Originalität und Kreativität auf. Spontan bewirken sie Heilung und Veränderung. Dazu sind selbst die differenzierten analytischen Deutungen nicht imstande. In der Sprache verdichtet sich auf unvorhersehbare Weise das Gesamterleben des Augenblicks. Unerwartete sprachliche Einfälle stellen sich in Resonanz auch beim Therapeuten ein, der aufmerksam den Beschreibungen des Selbstinitianten folgt. Teilt er sie unter Umständen mit, so verstärken und differenzieren sie bei diesem das Erleben des selbst Ausgedrückten. Die psychologischen Deutungsmodelle in seinem − des Therapeuten − Hinterkopf dienen in erster Linie der nützlichen Strukturierung seiner Wahrnehmung, doch kaum werden sie wirksam bei ihm, entkräftet er sie auch wieder zugunsten des vorstrukturellen Spürbewußtseins, das heißt, er entläßt sie wieder in den Fluß unmittelbaren Erlebens: ein subtiles, spannendes und kreatives Wechselspiel. Es entspricht jedoch keinem Hin und Her zwischen Denken und Spüren; sein Ort ist der einheitliche Strom eines auch denkenden Spürbewußtseins. Selbst im Reich des Denkens vermag das Kind lückenlos zu regieren. Im Sinne der Psychoenergetik, in der das Spürbewußtsein die umfassende Wahrnehmungskategorie ist, *heißt Denken, begreifend durch Fenster schauen, die das Spüren öffnen.*

Die Rettung ertrinkender Kinder

»Ich stehe direkt am Meeresufer und schaue über das Wasser. Da sehe ich viele Babys, die vom Meere weggespült werden und in großer Zahl ertrinken. Jemand muß sie ans Ufer gelegt haben, vielleicht aus Achtlosigkeit, vielleicht aus Absicht, damit sie ertrinken. Vielleicht ist das Ufer auch der Ort, wo immer wieder Babys zum Ertrinken ausgesetzt werden. Ich bin erschüttert. Ich bemerke eine junge Frau, die sich schwimmend bemüht, Babys aus den Fluten zu retten. Sie ist alleine und macht den Rettungsdienst ehrenamtlich. Da entschließe ich mich, dasselbe zu tun. Ich springe ins Meer und rette nacheinander drei Babys. Alle anderen ertrinken weiterhin. Das letzte der drei von mir geretteten Babys klammert sich bis zum Schluß an meinen Hals und löst sich bis zu meinem Erwachen nicht mehr von mir. Eine ältere Frau, welche die freiwilligen Arbeiten koordiniert, gibt mir ein kleines Entgelt, keine wirkliche Bezahlung. Vor ihr verpflichte ich mich, an den kommenden Tagen wieder zu kommen, um Babys zu retten.«

Die Rettung eines oder, seltener, mehrerer kleiner Kinder aus dem Wasser ist ein ziemlich verbreitetes Traummotiv. Im Traum eines 32jährigen Mannes, den ich wiedergegeben habe, sind es unübersehbar viele durch Ertrinken gefährdete Kinder. Der Träumer selbst steht direkt am Ufer, so daß seine Füße vom Wasser umspült werden. Auch durch diesen Umstand leuchtet seine Verbindung zu den ertrinkenden Babys ein. In seiner Lebensgeschichte hat der vielseitige, auch künstlerisch begabte Mann mehrere Male immer wieder aufbrechende Entwicklungsmöglichkeiten stillschweigend wie in einem gewohnheitsmäßigen Reflex umgebracht. Nach der Initialzündung fehlte ihm jeweils das Durchhaltevermögen im geduldigen Erarbeiten, Lernen und Üben von Tag zu Tag. Vor allem, wenn er allein und sich selbst überlassen war, fiel der anfängliche Schwung in sich zusammen, und die Begeisterung machte einer Untergangsstimmung ohne Eigenantrieb und Zukunftsperspektive Platz. Dann flüchtete er in schnelle Befriedigungen, unter anderem durch Kaufen schöner Gegenstände. »Etwas kaufen statt selber laufen«, so ließe sich seine damalige Devise zusammenfassen. Auch mit großen Hoffnungen überfrachtete Beziehungen sind eine nach der anderen zusammengebrochen; teils sah er die Ursache bei sich selbst, teils bei den anderen.

In diesem und anderen Lebensbereichen wuchsen »vorgeburtlich« immer wieder neue Kinder heran, doch kaum waren sie geboren, setzte er sie am großen Wasser aus und ließ sie ertrinken. Im Laufe der Jahre wurden Hoffnung und Sehnsucht immer größer und der Verwirklichungsschwung immer kleiner. Seinen alten Plan, Schauspieler zu werden, gab er aus realistischen Überlegungen auf; die entsprechende Ausbildung hatte er mit 26 Jahren abgebrochen und an eine Wiederaufnahme war aufgrund seines Alters nicht mehr zu denken. Er schien zum Opfer der im letzten Kapitel geschilderten Identität mit dem Archetyp des ewigen Kindes zu werden, einer Identität, die zur Vervielfältigung des Kindmotivs führt.

Das Schicksal des *puer aeternus* schien sich an ihm zu erfüllen. Schon begann sich in seinem Gefühl der Entmutigung der komplementäre Archetyp des *senex,* des Greises, bemerkbar zu machen: die »Puer-Senex-Dyade«, der es am kontinuierlichen, spürbewußten Durchsetzungsvermögen des erwachsenen Mannes fehlt. Die Vielzahl seiner inneren Kinder — Phantasien und Einfälle — zerstreute ihn und splitterte seine Lebenskraft auf. Es mangelte ihm an erwachsener, disziplinierter Zentrierung, das heißt an Kontakt mit dem *einen,* alle anderen vereinigenden Kind, mit dessen Führung er eine Entwicklungsmöglichkeit nach der anderen hätte aufgreifen, ein Baby nach dem anderen ans sichere Land retten können. Nur hier, auf dem Festland, wäre es den Babys möglich gewesen, sich in Verbindung untereinander, das heißt in der *einen* Persönlichkeit des Träumers, gemeinsam zu entwickeln und heranzuwachsen. So aber blieb es bei der polymorphen, das heißt vielgestaltigen Sehnsucht ohne Chance auf Erfüllung, ohne Zusammenwirken der verschiedenen Lebenskeime an einem ganzheitlichen Lebensentwurf. Aus den verheißungsvollen vielen Spiegelungen des göttlichen Kindes wurden Kobolde, die sein Wohlbefinden störten, indem sie ihn an die verpaßten Möglichkeiten erinnerten.

Aufgrund einer einschneidenden, schockartigen Veränderung der Lebensumstände fand er mit 29 Jahren den Kontakt zu seiner frühen Kindheit wieder: Durch den Tod seiner Mutter kurz nach der Geburt war er zu einem früh »ausgesetzten Kind« geworden. Was er bisher nur wußte, lernte er nun auch zu spüren. Er nahm das Leiden seiner Kindheit auf sich und wich dem frühen, realistischen Gefühl, unwillkommen und ungeliebt zu sein, nicht mehr aus. Nach dem Tod der Mutter nahm ihn eine Tante, Schwester des Vaters, aus Pflichtgefühl bei sich auf.

Der Zwiespalt zwischen Pflicht und versteckter Aggression gegen den Eindringling löste sich bei der Ersatzmutter auch in den folgenden Jahren nicht auf. Sein drogensüchtiger Vater, den er ab und zu aufsuchte, konnte ihm keinen Halt geben.

Das göttliche Kind in ihm mußte vor der Schwelle dieser traumatischen Entwicklung zurückbleiben. Es wartete auf ihn mit Trauer und Verzweiflung. Schließlich fand er es, indem er als nunmehr Erwachsener zuließ, daß Trauer und Verzweiflung den harten Boden seiner in der Kindheit lebensrettenden Abwehr durchstießen. Dieses *eine* Kind hatte ihm bisher gefehlt. Wir spüren es immer dann auf, wenn wir mit erwachsener Aufmerksamkeit auf der Spur der momentan stärksten einen Empfindung ausharren, ohne sie mit anderen zu vermischen und zuzudecken, und diese stärkste Empfindung war für ihn eben zunächst seine Traurigkeit, seine Verzweiflung. Später wandelte sie sich zunehmend in Zuversicht, Vertrauen und Freude. Auch im Traum kann der Mann nur *ein* Kind auf einmal retten. Das letzte der geretteten Kinder klammerte sich an ihn: Er darf es nicht verlassen, muß bei ihm bleiben, bis der Lebensimpuls, den es verkörpert, entwickelt ist.

In der kommenden Zeit entwickelte er in allen Lebensbereichen die Fähigkeit, das Bescheidene eines unscheinbaren, vielleicht unangenehmen Anfangs auf sich zu nehmen und kontinuierlich Schritt um Schritt zu gehen. Immer seltener ließ er sich von den lähmenden Gefühlen seiner frühen Kindheit herunter- und von nicht realisierbaren Zukunftsphantasien wegziehen. Wie erwähnt, lernte er, die Gefühle, die zur Gegenwart paßten, auszuhalten und durchzuspüren, Gefühle nicht nur der Freude, sondern auch des Schmerzes. Er begann, einige seiner Begabungen innerhalb realistischer Grenzen zu entfalten.

Dies geschah ohne viel Aufhebens und auf natürliche und selbstverständliche Art. Zum ersten Mal übernahm er in einer Partnerschaft Verantwortung und identifizierte sich mit ihr. In einer neuen Ausbildung harrte er aus, obschon sie nicht ganz seinen früheren Idealen entsprach und nur einige, nicht alle seine Begabungen ausschöpfte. Mit anderen Worten: Er wurde erwachsen, indem er immer eindeutiger der einen Spur des verborgenen Kindes folgte. Vollständigkeit wird nicht durch die fast gleichzeitige Erfüllung aller Wünsche, durch das ungeduldige Einschlagen tausend verschiedener Pfade erzielt, sondern im spürbewußten Nacheinander sich ablösender Wege: Dieses entspricht der Spur des heilen, heilenden Kindes in uns.

Die geschilderte Entwicklung war für den Mann, dessen Traum ich wiedergegeben habe, so stimmig, so selbstverständlich, daß er seine frühere Störung fast vergaß. Es ist ein Gesetz gelingenden seelischen Wachstums, daß es sich ebensowenig zu hinterfragen braucht wie Wasser, das ein neues Gefälle gefunden hat. Deshalb ist es, nebenbei bemerkt, nicht verwunderlich und bedauerlich, vielmehr erfreulich, daß Menschen oft ihre vergangenen Therapien und Therapeuten weitgehend vergessen, wenn sie eine Zeitlang selbständig auf der zu ihnen passenden Entwicklungsspur gegangen sind.

In die Zeit beginnender Entfaltung fiel der Traum, den ich vollständig wiedergegeben habe und dessen gemeinsam erarbeitete Deutung Teil einer psychoenergetischen Einzeltherapie war. Mit wachsender emotionaler Durchlässigkeit und Festigkeit ging der nunmehr 32jährige bereits seit drei Jahren an der Hand des *einen* Kindes, seiner inneren Entwicklungsinstanz, und ließ sich von ihm leiten. Das eine Kind nahm nacheinander die Züge verschiedener Kinder an, verkörperte verschiedene Lebensmöglichkeiten, denen er in sinnvoller Abfolge Raum gab. Aber es war immer das eine gleiche Kind. Sein kontinuierliches Lebensgefühl zeigte es ihm.

Zweifellos hatte ihn dieses, ihm damals noch unbekannte Kind bereits im Traum, der uns beschäftigt, ans Meeresufer geführt: zum existentiellen Ort, von dem aus Entscheidendes geschehen konnte. Der Punkt, an dem ein Traum beginnt, zeigt oft die Ausgangssituation an, von der aus jetzt die eigene Entwicklung weitergehen muß. Die vielen kleinen Kinder, die immer wieder vom sicheren Ufer ins Meer gespült und von diesem verschlungen werden — der Träumer sagte, er habe das Gefühl, dies Schreckliche geschehe schon seit langer Zeit —, entsprechen den vielen Lebensmöglichkeiten und Entwicklungskeimen, die, kaum aufgebrochen, vom Unbewußten wieder verschluckt werden. Die Große Mutter erscheint hier nur mit ihrer dunklen Todesseite als Verschlingende und nicht auch mit ihrer hellen, dem Leben zugewandten Seite als Schützende und Bergende, die bei aller Gefährdung schließlich doch eine neue Geburt, eine Wandlung, die erforderliche Entwicklung ermöglicht.

In dieser Hinsicht unterscheidet sich das Anfangsbild des Traumes vom Schema des *Heldenmythos*. Auch in diesem wird das Kind, Verkörperung der Lebensmächtigkeit und des Lebensdrangs, im Meer *ausgesetzt*. Doch geschieht dies nie auf ungeschützte Art. In der Regel wird es in einem Kästchen, Korb oder Faß beziehungsweise in einer Lade oder Schachtel — Symbole des hegenden Mutterleibes — dem bedrohlichen Meer oder Fluß ausgesetzt, meist auf Veranlassung des Vaters, der sich als die im Alten beharrende Instanz in seinem Lebensrecht vom Neugeborenen bedroht fühlt. Dieser Kampf zwischen Vater und Neugeborenem spielt sich im Inneren jedes Menschen ab, der sich auf der Schwelle zu einem Neuanfang, vor einer Wandlung, befindet. Hinter der verinnerlichten Instanz des Über-Ich verbirgt sich die archetypische Figur des Großen Vaters, der im seelischen Gleichgewicht des Menschen einen natürlichen, unverzichtbaren Pol bedeutet. Zum Beispiel verkörpert er das Prinzip der notwendigen Abgrenzung, des natürlichen Widerstandes und der Strukturierung. Gäbe es nicht die archetypische Figur des Großen Vaters, dann fände das Über-Ich in seinen entwicklungsfeindlichen Aspekten – das Über-Ich als unpassendes Introjekt – im Menschen keinen Nährboden. Nur durch Spürbewußtsein verbündet sich der Vater mit dem Kind, Strukturierung mit Fluß im Fließgleichgewicht eines erwachsenen Menschen, der im existentiellen Moment der Empfängnis lebt. Spontanrituale sind Ausdruck dieser gelungenen Verbündung.

Das Kind wird im Fruchtwasser schwimmend gedacht. »Hier findet die Vorstellung den Anschluß an diejenige des Sonnenlaufs. Die Sonne taucht als meerbefahrender Gott jeden Abend in das mütterliche Meer und wird am Morgen wieder geboren. Durch diese Parallelsetzung werden alle solche Ausgesetzten zu unsterblichen göttlichen Helden und Sonnensymbolen, die für die Nachtmeerfahrt (Frobenius) in ein Kästchen oder in eine Arche eingeschlossen sind.«[1] Helden, die als Neugeborene in einem mütterlich bergenden Gefäß dem mütterlich verschlingenden Meer übergeben und nach der Strandung auf dem Festland gerettet werden, sind unter vielen anderen *Moses* im Judentum und *Romulus und Remus* im Gründungsmythos der Stadt Rom.

Der Träumer kann sich nicht an die Erfahrung bergen-

---

[1] H.v. Beit, Symbolik des Märchens, Bern 1975, S. 378 und 379.

der, entwicklungsfördernder mütterlicher Gefäße zurückerinnern. Seine Mutter ist früh gestorben und seine Ersatzmutter öffnete ihm keinen hegenden Bereich für eine geschützte Entwicklung. So konnte auch er sich selbst keine gute Mutter sein: Die sprühenden Funken seiner Lebendigkeit ließ er zu Asche werden, bevor sie ein Feuer entfachen, seine Entwicklung nähren konnten. Nun aber, im Traum am Meeresufer, fällt er die Entscheidung, sich selber Mutter — und Vater! — zu sein: Tatkräftig springt er zur Rettung der Kinder ins Meer, birgt das jetzt gerettete Kind in seinen Armen und bringt es schwimmend zum Ufer. Die Lebenskraft des göttlichen Kindes hat in ihm die früh vermißte Macht des Vaters und der Mutter geweckt.

Früher, in seiner unrealistischen Sehnsucht wollte er alle Kinder der Welt gleichzeitig retten. Er entwarf hochtrabende Pläne aller Art, aber tat kaum einen Schritt zu ihrer Realisierung. Im Traum verhält er sich ganz anders: Zwar sieht er die vielen ertrinkenden Kinder gleichzeitig, doch rettet er eines nach dem anderen. Hätte er alle gleichzeitig retten wollen, dann wären alle ertrunken und er mit ihnen. So aber gelang es ihm, drei, eines nach dem anderen, ans sichere Ufer zu bringen. Früher war er ein ungeduldiger Mensch: Organisches Wachstum und natürliche Entwicklung dauerten ihm zu lang. Gereizt oder erschöpft verwarf er, was Geduld, Ausdauer, Mühe und Arbeit kostete.

Wenn ich mit meinen Händen eine kleine Schale bilde, kann ich ein wenig Wasser schöpfen. Strecke ich jedoch meine Arme weit aus, um möglichst viel Wasser zu erfassen, zerrinnt mir alles. Das viele Wasser, nach dem ich mich sehne, bekomme ich nur, wenn ich wieder und wieder meine Hände zur Schale forme und eins übers andere

Mal neu schöpfe. Dies war eine neue Erfahrung für den Träumer nicht nur im Traum, sondern seit einiger Zeit schon auch im Wachbewußtsein. Der Traum vermittelt ihre tiefe Bedeutung: Nach einem Leben vieler verpaßter Gelegenheiten kann es nicht darum gehen, alles Ungelebte auf einmal nachzuholen — dieser Illusion fallen süchtige Menschen zum Opfer —, sondern nur darum, jenes Kind zu retten und jenes Leben zu fördern, das uns jetzt am nächsten ist: spürbewußt in dem zu sein, was in diesem Augenblick da ist. Dann wird dieser Augenblick zu einem existentiellen Moment der Empfängnis. Aus der reifen Frucht des jetzt Gelebten bricht von selbst der Kern hervor, aus dem sich das Nächste entwickeln wird. Statt einer anderen Tätigkeit als der jetzigen nachzuhängen, geht es für den Träumer um das sorgfältige, geduldige, wache und gefühlsstarke Durchleben des Begonnenen. Am ersten Tag hat er bereits *drei* Babys gerettet. Nach der Stagnation in der Zahl Zwei, in der sich zwei Gegensätze ohne befruchtende Kraft gegenüberstehen, bedeutet die Drei aus deren Verbindung eine neue Lebensdynamik. In der Tat gerät bei ihm seit längerer Zeit etwas wesentlich Neues in Bewegung, nämlich das Nacheinander einer wirklichen Entwicklung im Gegensatz zum vermischten Miteinander einer ungeduldigen Sehnsucht. Das letzte der geretteten Babys klammert sich an dem Träumer bis zum Erwachen am Hals fest. Er hat sogar nach dem Erwachen das Gefühl, das Kind klammere sich immer noch an ihm fest. Der Träumer gleicht darin *Christophorus*, wörtlich »Christusträger«, der das göttliche Kind auch dann weiter durchs Wasser trägt, wenn es schwerer und schwerer wird. Das letzte Kind des Träumers wird zwar nicht schwerer, aber es belastet ihn immer mehr, weil er es nicht mehr los wird. Wie Christophorus muß auch er das Kind bis zum sicheren Ende retten, das heißt bis die Entwicklung beendet ist, die dieses Kind im Keim personifiziert.

Hintergedanken praktischer Verwertbarkeit und sich auszahlenden Nutzens dürfen bei der Rettung der Kinder keine Rolle spielen. Der Weg der eigenen Individuation widerspricht oft dem, was im menschlichen Kollektiv als gelungener, erfolgreicher Lebensweg gilt. Deshalb erhält der Träumer für die Rettung seines eigenen Lebens keine wirkliche Entlohnung, sondern bloß ein kleines Entgelt. Auf dem neuen, gefahrvollen und anstrengenden Weg braucht er offensichtlich die symbolische kleine materielle Ermutigung. Das innere Kind führt uns auf einem menschlichen Pfad, der unseren Schwächen und Bedürfnissen genügend Rechnung trägt. Der Träumer mußte in der Vergangenheit lange genug auf Lebensnotwendigkeiten verzichten. Nun braucht er auch ab und zu das Überflüssige.

Zwei Frauen tauchen in seinem Traum auf: Die junge, die seine Rettungsaktion begleitet, erinnert ihn an eine gefühlsstarke Frau mit viel Persönlichkeit, die er kürzlich kennengelernt hat. Sie verkörpert wohl die Tatsache, daß Sensitivität und Stärke auf dem neuen Weg einer kontinuierlichen Entwicklung von ihm besonders gefordert werden. Daß sie als eigene, abgegrenzte Traumfigur erscheint, zeigt, daß diese Eigenschaften noch nicht genug zu ihm gehören. Die andere, ältere Frau koordiniert die Rettungsarbeiten und übergibt dem Träumer ein kleines Entgelt. Sie ist eine starke, überlegene Mutterfigur, vor welcher der Träumer das Versprechen ablegt, am nächsten Tag wiederzukommen und mit der Rettung der Kinder fortzufahren. Die Kraft, Versprechen zu halten, die ihm das Leben zu seiner Entfaltung abforderte, hat ihm bisher gefehlt. Als mütterliche Kraft entsteht sie aus dem Urvertrauen ins Leben. Daß sie auch in einer späteren Phase als in der Kindheit in genügendem Ausmaß wachsen kann, das belegt der Träumer in seinem jetzigen Leben auf ermutigende Art.

ERWACHSENE »LEBENSWEISHEITEN«
VERINNERLICHEN —
ODER DES KINDES INNEWERDEN

»Herr, was ich befürchtet habe, ist über mich gekommen«, klagte der fromme Dulder Hiob. Käme ihm dagegen der Verdacht: »Herr, vielleicht *weil* ich es befürchtet habe, ist es über mich gekommen«, würde er in einer noch radikaleren Weise zum Rebellen, als er es in seinem Protest gegen einen willkürlichen und ungerechten Gott sein konnte.[1] Er geräte zum Aufständischen gegen die lebensfeindliche Macht der *Angst*, diesmal nicht verstanden als natürliche Begleitemotion eines Entwicklungsschrittes zur Mobilisierung der dazu benötigten Energie, sondern im psychoanalytischen Sinne als *beengende, lebenshemmende innere Macht*. Gottesbilder der Angst würden sich dann in seiner Vorstellung auflösen, als hätte es sie nie gegeben. Viele sogenannte Lebensweisheiten sind aus einer solchen Angst, die zu sich selbsterfüllenden Prophezeiungen führt, geboren. Diese Angst führt zu übermäßiger Vorsicht, die weit über das hinausgeht, was von schwierigen Übergangssituationen her geboten ist: lieber nicht leben als Schmerz erleiden. Nun gehören aber Schmerz, Abschied, Trauer und Tod und auch Enttäuschung und Kränkung zum Menschenleben in seiner natürlichen Be-

---

[1] Vgl. C.G. Jung, Antwort auf Hiob, in: GW 11, a.a.O., S. 385-506.

grenzung. *Angst will Leiden bannen — und bannt das ganze Leben.*

Alles, was das Kind an unpassenden Haltungen, Reaktionen, Auffassungen der Erwachsenen verinnerlicht, tut es aus Angst, deren Liebe und Schutz zu verlieren. Das göttliche Kind dagegen, wie die Mythen es beschreiben, hat als wichtigste Eigenschaft unerschrockene Bereitschaft, sich dem Leben auszusetzen und das Nötige durchzustehen. Bei jeder Probe erweist sich diese Bereitschaft stärker als die Angst, und das Heldenkind geht siegreich aus der kritischen Situation hervor. Eben diese Unbeirrbarkeit macht im Mythos aus dem Kind das Heldenkind. Viele Erwachsene haben ihre Lebenslust von der Angst besiegen lassen. Das seelische Moment aktiver Empfänglichkeit, zu dem das Einstimmen mit eigenem Tun in das Empfangene, das heißt in das als Lebenssignal Wahrgenommene, gehört, ist bei ihnen der Verknöcherung und Verpanzerung aus Angst gewichen. Mit dem Kontakt zum Kind als innerer Instanz ihres Entwicklungstriebes ist auch der Kontakt zu ihrer Kreativität verlorengegangen. Fritz Riemann hatte recht, die Grundtypen seelischer Störungen als »Grundformen der Angst« zu beschreiben. [2]

Lebensängstlichkeit dämpft und erstickt die Frische und Unschuld augenblicklichen Daseins. Wer behauptet: »Vögel, die früh singen, holt am Abend die Katze«, verliert die Lust am Singen, und allgemein die Freude an der befreienden Schwingung im momentanen Selbstausdruck. Wer beschwört: »Freu dich nicht zu früh«, oder »Man soll den Tag nicht vor dem Abend loben«, drängt jede Freude

---

[2] Vgl. F. Riemann, Grundformen der Angst und ihre spezifische Behandlung, in: Grundformen helfender Partnerschaft, München 1976, S. 9-83.

und Zufriedenheit zurück, denn solange wir leben, gibt es immer ein Später und einen »Abend«. Wer behauptet: »Die Freude, die man übertreibt, verwandelt sich in Schmerzen«, wird im Leben ständig untertreiben, das heißt weder Freude noch Schmerz voll und frei ausdrücken. Um die Freude festzuhalten, temperieren wir sie, und verlieren nicht nur sie, sondern auch die Gnade des natürlichen emotionalen Flusses, die Vielfarbigkeit menschlicher Gefühle im Nacheinander des jeweils stärksten Empfindens. So aber mischen sich Freude und Trauer, Wohlbefinden und Leid und neutralisieren sich zu einem stets gedämpften Lebensgefühl, aus dem die innere Instanz des Kindes, der natürliche Lebensdrang, der Geist neugieriger Offenheit und Verfügbarkeit verbannt ist.

Was Kinder von ihren Eltern verinnerlichen — introjizieren, wie der psychoanalytische Fachausdruck heißt —, ist die Lebensangst und deren Folgen. Das Kind »liest« das Unbewußte der Mutter, deren Angst teilt sich ihm mit, »ohne daß eine direkte oder indirekte Verbindung zwischen den beiden stattfindet«[3]. Wenn Angst die Mutter oder eine andere nächste Bezugsperson in all ihren Lebensäußerungen beherrscht, fixiert sich das Kleinkind völlig auf diesen angstbesessenen Menschen, von dem sein Leben abhängt. Um ihn nicht zu verlieren — denn das riskiert es als schutzbedürftiges Wesen nicht —, »wagt« es nicht mehr, eigene Gefühle zu entwickeln, sondern verinnerlicht an deren Stelle die Angst des ihm nächsten Menschen, eine Angst, die sich zum Beispiel als Depression äußert. Statt seinem natürlichen Wachstumsdrang zu folgen, also aus dem ihm noch nahen Moment seiner Entstehung, aus dem Grundbedürfnis, sich selber Schritt um Schritt zu

---

[3] E. Neumann, Das Kind, Fellbach 1980, S. 24.

»empfangen«, aus spontaner Entfaltungslust zu leben, bleibt dem Kind nichts anderes übrig, als sich selbst zu verraten, das archetypische Kind als Bereitschaftssystem seiner Entwicklung vor der letzten sicheren Schwelle zurückzulassen, und »so zu tun«, als wäre es mit seiner Mutter oder einer anderen Bezugsperson identisch. Vielleicht unternimmt es den Versuch, die traurige Mutter zu trösten oder die ängstliche Mutter zu beruhigen, und wird ungefragt zum Therapeuten der bedürftigen Eltern. Das *Helfersyndrom* beginnt schon in früher Kindheit. Das Kind weiß nicht, daß es eigentlich sich selbst und nicht die Mutter oder den Vater trösten und beruhigen möchte, ebensowenig wie der Therapeut, dessen erster, unfreiwillig übernommener Therapiefall vielleicht die Mutter war und der diesen versteckten Anfang seiner beruflichen Laufbahn immer noch nicht realisiert. Nun therapiert er weiterhin stellvertretend für sich andere. Das Sprichwort »Arzt, heile dich selbst« drückt sein eigentliches, seine Berufswahl motivierendes oder zumindest mitbestimmendes Bedürfnis aus.

Gegen übermächtige Angstzustände der Mutter vermag sich das Kind noch nicht zu schützen. *Schizophrenie* kann auch als Krankheit unter dem Gesichtspunkt der völligen Regression zu einer Urbeziehung verstanden werden, in welcher die Angst der Mutter die Lebensschwingung des Kindes zum Erstarren bringt. Das ist unbewußter und ungewollter *Mißbrauch* der natürlichen Empfänglichkeit des Kindes für Wachstumsimpulse, die nach passenden äußeren Angeboten suchen. An die Stelle der entwicklungsfördernden Durchlässigkeit tritt nun Schutzlosigkeit und Unfähigkeit zur Abgrenzung. Deshalb nehmen Schizophrene in Erregungszuständen so sehr an den inneren Konflikten der Umwelt teil, daß sie

»eine besondere Wahrnehmung des Unbewußten des Therapeuten haben, und daß sie oft besser als der Normale imstande sind, bei ihren Mit-Kranken das Unbewußte und seine Symbolik zu verstehen«[4]. In der akuten Psychose halten Schizophrene sogar die Gefühle und Beschwerden anderer, mit denen sie in Kontakt sind, für ihre eigenen. Das Eigene wird vom Fremden weggeschwemmt, wie dies in wesentlich geringerem Ausmaß durch jede auf uns gerichtete Projektion geschieht, der es gelingt, unser seelisches Wachstum mit etwas Nichteigenem und nicht Entsprechendem zu hemmen und zu fixieren.

Nicht nur die schizophrenen Reaktionen bei Erwachsenen, sondern bereits auch die *kindliche symbiotische Psychose*, die vom Ende des ersten Lebensjahres an und im Verlauf des zweiten jederzeit einsetzen kann, ist durch »Verschmelzung und fehlende Differenzierung zwischen dem Selbst und dem Nichtselbst«, durch das völlige »Verwischen von Grenzen« gekennzeichnet. Symbiotisch-psychotische Kinder sind, ebenso wie autistische Kinder, die sich gegen jeden Gefühlsaustausch abschirmen, unfähig, »die Mutter als reales äußeres Objekt zur Grundlage der Entwicklung eines stabilen Gefühls sowohl des Getrenntseins von der realen Welt als auch der Verbundenheit mit ihr zu machen«. Auslöser kann ein schmerzhaftes, unerwartetes Trauma sein, manchmal aber auch »ein anscheinend unbedeutendes Ereignis wie eine kurze Trennung oder ein geringfügiger Verlust«. In sehr seltenen Fällen löst für Margaret Mahler der bloße »Reifungsanstieg der Fortbewegung und anderer autonomer Ichfunktionen organismische Panik aus ..., wenn er mit einem gleichzeiti-

---

[4] Ebd., S. 24 und 25.

gen Rückstand der affektiven Bereitschaft zu von der Mutter getrenntem Funktionieren gekoppelt ist. Es ist diese Panik, die die Ich-Fragmentierung verursacht und damit das klinische Bild der symbiotischen kindlichen Psychose herbeiführt.«[5]

Ich bin nicht der Auffassung, daß ein Mensch, selbst ein psychotisches Kind oder ein psychotischer Erwachsener, völlig in die Undifferenziertheit und Verschmelzung von Selbst und Nichtselbst versinken, von der Außenwelt verschlungen werden kann. Angst und Panik scheinen zwar alle anderen Empfindungen wegzuschwemmen. Daß psychotische Phasen von Phasen der Besserung und oft sogar Heilung abgelöst werden, zeigt jedoch den Heilungs- und Wachstumsdrang — die verborgene Gegenwart des göttlichen Kindes — auch in Menschen, bei denen es den Anschein hat, als wären sie in akuten Krankheitsphasen vom Unbewußten unwiderruflich verschluckt. In ruhigeren Zeiten, manchmal sogar in akuten Phasen, habe ich bei Betroffenen einen unscheinbaren, winzigen Ansatz zum Selbstausdruck, etwa eine spontane, sanfte, den ganzen Leib miteinbeziehende minimale Bewegung oder Gebärde wahrgenommen, über deren Spürbewußtwerdung ich mit ihnen Kontakt aufnehmen konnte. Infolge meiner Resonanz verstärkten sie sich und mündeten in einigen Fällen sogar in ein Spontanritual.[6]

Wenn sich das Kind aufgrund der Überwältigung durch die Angst, verlassen zu werden, mit seiner nächsten Bezugsperson bis zur mehr oder weniger vollständigen Selbstaufgabe unbewußt identifiziert hat, so muß die the-

---

[5] M. Mahler, Die psychische Geburt des Menschen, Frankfurt/M. 1980, S. 22–25.
[6] Vgl. P. Schellenbaum, Nimm deine Couch und geh!, a.a.O., S. 32–35.

rapeutische Begleitperson des nunmehr erwachsenen Menschen sich »bewußt mit dem Kind im Patienten identifizieren«. Alice Miller schreibt dazu: »Dann wird sich von der ersten Stunde (der Psychotherapie) an ein frühkindliches Geschehen vor uns ausbreiten, das unmöglich hätte auftauchen können, wenn statt der bewußten Identifizierung mit dem einstigen Kind die unbewußte Identifizierung mit den verheimlichenden Eltern meine Haltung bestimmt hätte.«[7]

Miller bezeichnet das kleine Kind als »stummen Empfänger« der Projektionen der Erwachsenen. »Es kann sie uns nicht zurückgeben, sie uns nicht deuten, kann nur zu ihrem Träger werden, womit es uns den Beweis liefert, daß die Welt, die Menschheit, die Gesellschaft immer so sein müssen, wie wir sie in unserer Vergangenheit erfahren haben.«[8] Diese Aussage trifft jedoch nur für die Kinder von Eltern zu, die, von übermächtiger Lebensangst geprägt, auf das Kind einen solchen Sog ausüben, daß dessen Wachstumstrieb durch Verlustangst gelähmt wird. Nur solche Kinder werden durch das verneinende Lebensgefühl und die destruktive Weltsicht der Eltern in ihrem Lebensnerv getroffen, überwältigt und in ihrer Entwicklung zentral gehemmt. Bereits der Embryo und Fötus besitzen einen gewissen natürlichen Schutz. Auch das Kleinkind ist nicht hilflos gegen Introjekte, also Verinnerlichungen. Als Ausgleich für seine Schutzlosigkeit wirkt aus ihm das göttliche Kind, verstanden als Symbol für den mächtigen Drang zur Selbstdurchsetzung, der intensive Appell an die Erwachsenen, ihm das zu geben, was es braucht: es zu halten, zu nähren, zu hegen, zu fördern, mit unvergleichlich

[7] A. Miller, Du sollst nicht merken, a. a. O., S. 20.
[8] Ebd., S. 198.

größerer Stärke als im späteren Erwachsenen, der diesen Schutz und diese Fürsorge viel weniger benötigt und außerdem einen Teil der zum Ausdruck eigener Bedürfnisse notwendigen Unschuld verloren hat.

Selbst in eigene Probleme verstrickte, durch traurige Lebenserfahrungen verhärtete, an Hoffnung und Freude arme Erwachsene berichten manchmal, mit welcher Intensität die Ausstrahlung von kleinen Kindern auf sie gewirkt habe und wie sie entgegen ihrer sonstigen Stumpfheit aus dem kindlichen Blick und den kindlichen Gebärden Bedürfnisse wahrgenommen haben, die in ihrer eigenen Kindheit nicht ausreichend gestillt worden sind: »Ich brauche dich. Halte und wärme mich! Halte mich anders, als du es jetzt gerade tust! Gib mir dein Herz! So lebendig wie ich bin, ist das Leben. Ich brauche Zuwendung. Ich brauche Abstand und auch Zuwendung. Gib mir beides. Liebe mich! Schau *mich* an, nicht dich! Öffne das Gefängnis deiner Probleme und wende dich *mir* zu! Nähre mich mit deiner Entspannung, mit deinen warmen, festen Händen! Wiege mich länger! Und jetzt laß mich allein und bleib mit deinem Herzen bei mir!«

In seinen Lebensäußerungen verkörpert das Kind gebündelte Intensität. Es übt auf die nächsten Bezugspersonen eine tiefe Wirkung aus, verfügt über eine ungeheure, virtuose Fähigkeit, sich aus dem Entwicklungsangebot der Eltern und anderer Bezugspersonen das zu holen und zu nehmen, was ihm entspricht. Ich selber bin mit sechs Geschwistern aufgewachsen und wundere mich, wie jedes genau das von meinen Eltern in sich »hineingeholt« hat, was seinem Wesen entsprach. Was mich selbst betrifft, habe ich heute das Gefühl, daß unter meinen Verinnerlichungen der Eltern und der sonstigen Außenwelt viele waren, die mir entsprachen und mich förderten. Meiner

Umwelt gegenüber war ich nie untätig, sondern holte mir vieles von dem, was ich brauchte. Gleichzeitig mit dem äußeren Angebot äußerte sich mein Bedürfnis; keines war früher als das andere, und beide entsprachen sich in vielem. Sicher war auch ich Opfer elterlicher Projektionen, und ich habe viele Jahre Analyse, später auch andere Therapieformen und vor allem eine immer mehr auf mich zugeschnittene Selbsttherapie gebraucht, um von ihnen frei zu werden. Dieser Prozeß wird vermutlich bis zu meinem Lebensende andauern. Doch erfahre ich mit mir selbst, und in den letzten Jahren, seit ich psychoenergetisch mit Spontanritualen arbeite, zunehmend auch mit Menschen, die sich meiner Begleitung anvertrauen, daß sich die tiefe Kränkung, von Fremdem und Unpassendem überwältigt worden zu sein, schließlich nur in der »ergänzenden« Erinnerung an passende Entwicklungsangebote, im *Innewerden des Eigenen im anderen* auflöst. Dies gilt für alle Schweregrade seelischer Störungen

Im ersten Teil von Spontanritualen dominieren oft die Kränkung und Wut über den erlittenen Mißbrauch durch frühe Überwältigung. Doch dann kommen aus der Tiefe des Bei-sich-Seins im gegenwärtigen Moment die Wahrnehmung einer auch fördernden frühen Verbindung mit Mutter oder Vater oder beiden, und gleichzeitig das befreiende Spürbewußtsein für das Eigene. Bevor es soweit ist, scheuen wir das Wiedererkennen der Mutter oder des Vaters in der verwandten eigenen Lebensgeschichte oder in körperlichen Eigentümlichkeiten und Beschwerden wie der Teufel das Weihwasser. Wir sträuben uns noch zu Recht gegen Verinnerlichungen, die unserem Wesen nicht entsprechen. Deshalb würden wir uns vielleicht am liebsten die Nase abreißen, die den gleichen Höcker wie die Nase der Mutter aufweist. Dann aber, vielleicht im zweiten Teil eines Spontanrituals, erfahren wir auch die Entsprechung vieler äußerer Prägungen mit eigenen Wachstumsbedürfnissen. So verdankte ich zum Beispiel als Pubertierender meiner Mutter den oft wiederholten Hinweis auf die erforderliche Konzentration inmitten meiner Verzettelung in vielerlei Interessen. Damals habe ich ihren Mahnfinger als unpassende Einmischung in meine Freiheit empfunden. Heute realisiere ich, daß ich ihn durch mein Verhalten unbewußt provoziert habe, weil ich ihn für meine Entwicklung brauchte. Ebenso appelliert bereits das Kind in der *analen Phase*, im zweiten und dritten Lebensjahr, mit trotziger Aggressivität unbewußt an die Eltern, ihm passende Grenzen zu setzen, damit es später seinen Charakter gestalten, die Trennung von Geben und Nehmen, von Beherrschen und Verzichten vollziehen kann.

Manchmal reichen die Erinnerungen an solche passenden »Verinnerlichungen«, die ich nicht mehr als Verinnerlichungen, sondern als *Innewerden des Eigenen* bezeichne, weit zurück in die frühe Kindheit. Es handelt sich nicht nur um die Erfahrung: »In diesem Punkt habe ich *bekommen*, was ich brauchte«, sondern darüber hinaus um die plötzliche Spüreinsicht: »In diesem Punkt habe ich mir *genommen*, was ich brauchte. Ich habe Entscheidendes dazu beigetragen, daß ich es bekommen habe. Und die anderen haben es mir gegeben.« Dank dieser Einsicht erhält ein Mensch seine *Würde* zurück: Ich war nicht nur Opfer, sondern habe selber mehr bewirkt, als ich bisher geahnt habe. Also besteht meine Haupttätigkeit von nun an nicht mehr darin, mich gegen andere zu wehren, sondern mich in dem zu spüren, was ich selber bewirke — und bekomme. Durch die wiedergewonnene Würde löst sich das Gefühl der Erniedrigung auf, und ich kann auch den anderen ihre Würde zu-rückgeben, haben sie mir doch Wesentliches geschenkt, waren also nicht nur böse Täter. Dank dieser Spüreinsicht lebe ich wieder im existentiellen Moment der Empfäng-nis, denn in diesem bin ich im gleichen Zug passiv und ak-tiv, empfangend und gebend, Empfangender im Geben und Gebender im Empfangen: Der Energiekreislauf zwi-schen mir und der Mitwelt ist wiederhergestellt.

Selbst wenn der Bereich, in dem ich nicht reagieren-des Opfer, sondern agierender Täter war, ganz klein er-scheint, selbst wenn ich mich nur an ein einziges Mal er-innere, da ich mir als Kind von meiner Umwelt geholt habe, was ich brauchte und was mir entsprach, selbst wenn dieses eine Mal im Vergleich zur Überwältigung, die ich jahrelang erlitten habe, fast ein Nichts bedeutet, so ist dieses Nichts jetzt doch alles, nämlich das, in dem ich, mich erinnernd, meine Lebendigkeit und mein Wachstum spüre. Nur von diesem *Fast-Nichts*, nicht von der Legion erlittener mißbräuchlicher Einprägungen aus gesehen, befinde ich mich auf der Spur des verborge-nen Kindes. Dieses Fast-Nichts entspricht jetzt dem Kind in mir als Lebensquell. Wenn ich seine einzigar-tige Bedeutung wahrnehme und respektiere, wird das Fast-Nichts für mich zum göttlichen Kind, zum Keim meiner Bereitschaft, stärkende Wachstumsangebote aufzunehmen. Ist nicht die Urzelle, die aus der Ver-schmelzung der beiden elterlichen Zellen entsteht, ein solches Fast-Nichts, und als solches Ausdruck reiner Potentialität und Empfänglichkeit für das Eigene? Der *biologische* Moment der Empfängnis wird jedesmal zum symbolisch prägenden Urtypus für den *existentiellen* Moment der Empfängnis, wenn diese Wahrnehmung mein Fühlen, Denken und Handeln bestimmt.

Zu kurz gekommene Kinder haben als Erwachsene die Neigung, von den Eltern, Ehepartnern, Therapeuten und anderen Bezugspersonen all das einzufordern, was ihnen gefehlt hat. Solange ihrem Begehren nicht Genüge getan wird, weigern sie sich, die Verantwortung für ihr eigenes Leben zu übernehmen. Wer jedoch die Aufmerksamkeit von dem Vielen, was gefehlt hat, abwendet und sich dem Wenigen, was da war, zuwendet, wird von diesem Wenigen aus immer mehr die Verantwortung übernehmen, sich einiges von dem Vielen selber zu geben. Der ungestüme Griff nach allem wandelt sich dann in das Ergreifen und Verarbeiten des jetzt Möglichen, heute dies und morgen jenes. Solange sich unsere ganze Anstrengung darauf richtet, uns gegen das Opferdasein zu wehren, machen wir uns von den wirklichen oder den vermeintlichen Tätern abhängig, auf die wir uns fixieren.

Daher ist es sinnvoll, auf die *Opferpose* zu verzichten und spürbewußt eines Lebensimpulses innezuwerden, der sich uns in diesem Moment anbietet. Dann erwachen wir im existentiellen Moment der Empfängnis und werden frei für das Eigene, das wir nun nicht mehr mit altem Ressentiment einfordern, sondern unerwartet und unverdient geschenkt bekommen. Wir haben keine Lust mehr aufzurechnen, was alles wir nicht bekommen haben. Auch in der besten aller möglicher Kindheiten können die Eltern nur in begrenztem Ausmaß im Kind das Eigene wecken, weil sie, ebenso wie das Kind, der Conditio humana, dem menschlichen Gesetz begrenzter Verwirklichung, unterworfen sind. Doch kommt es darauf an, in der begrenzten Entwicklung den unbegrenzten Drang, im empirischen Kind das göttliche Kind wahrzunehmen: »Die menschliche Entwicklung ist von Natur her auf eine schöpferische Offenheit hin angelegt«[9], und in jeder natürlichen Entwicklungsbereitschaft ist auch ein Selbstschutz eingebaut. Dies zu wissen, ist gerade für solche Eltern wichtig, die vor lauter Schuldgefühlen und Angst, alles mit den Kindern falsch zu machen, im Umgang mit ihren Nachkommen jede Spontaneität und Unbefangenheit verlieren.

Nicht die auflistbare Zahl der geweckten und entfalteten Lebensmöglichkeiten entscheidet über ein gelungenes Leben, sondern die existentielle Grundhaltung offener Verfügbarkeit für den Anruf des Lebendigen. Das Leben drängt durch alle Nischen, und oft erleben wir es gerade dort am intensivsten, wo es sich entgegen aller Wahrscheinlichkeit durch eine Felsenritze ans Licht zwängt.

[9] E. Neumann, Das Kind, a.a.O., S.201.

Ein Blick auf einige Aspekte der Psychoanalyse mit den Augen des Kindes

Unter anderem im Zusammenhang mit der Schizophrenie bei Erwachsenen und der symbiotischen Psychose bei Kindern habe ich bereits unterstrichen: Kein Mensch ist ausschließliches Opfer von Verschmelzung, sondern zumindest in einem kleinen, verborgenen Bereich auch bereit und fähig, autonomer Täter einer stimmigen und bejahenden Entwicklung zu werden und diesen Bereich mit anderen zu teilen. Von hier aus verläuft der rote Faden jedes Spontanrituals. Dies läßt sich sicher weder theoretisch beweisen noch statistisch belegen. Ich habe es sogar in der Arbeit mit solchen Menschen erlebt, die von den Emotionen anderer völlig absorbiert zu sein schienen. Solche Erfahrungen lassen mich die Wirksamkeit des Kindarchetyps, das heißt die Entwicklungsmächtigkeit, wenn auch vielleicht eine nur, von außen beurteilt, geringfügige, bei allen Menschen postulieren. Seelisches Wachstum läßt sich ohnehin nicht an objektiven äußeren Maßstäben und Entwicklungsmodellen messen, sondern nur ablesen an der subjektiven Intensität der Verfügbarkeit für Entwicklungsimpulse, am in sich mehr oder weniger stimmigen Gesamtausdruck eines Menschen, an dem von Hemmungen und Blockierungen mehr oder weniger freien Fließcharakter der Persönlichkeit, am Ausmaß der emotionalen Durchlässigkeit und Resonanzfähigkeit zur Umwelt und an der Fähigkeit zur Abgrenzung aus Spürbewußtsein für das Eigene.

Diese Auffassung entspricht meiner Erfahrung und Überzeugung. Sie hilft mir, in keinem der Menschen, die sich mir anvertrauen, den armen Patienten zu sehen, sondern meinen Spürsinn ganz auf die Wahrnehmung eines Energiesignals, mit dem sich das heilende Kind jedesmal anders zu Wort meldet, zu richten. Manchmal scheint es mir, daß die Psychoanalyse die Entwicklungsmächtigkeit des Kindes aus den Augen und dem Gespür verliert, zum Beispiel, wenn sie ein Krankheitsbild nur psychodynamisch von seinen Ursachen und nicht auch von dem in ihm auf Heilung hinzielenden »Kernselbst«, dem göttlichen Kind – wie immer wir die zentrale, das Gesamt der Entwicklung eines Menschen regulierende Instanz nennen –, beschreibt. Oder wenn sie, wie der spätere Freud es getan hat, die Erinnerungen an Mißbrauch einseitig der Phantasietätigkeit und den versteckten Wünschen des Kindes zuschreibt und die Täterrolle der Eltern weganalysiert, worauf hinzuweisen Alice Miller nicht müde wird. Oder wenn sie, wie in der Begrifflichkeit Margaret Mahlers, die gesunde Eigenaktivität des Fötus und Kleinkindes einem ausschließlichen Symbiosekonzept opfert. Oder wenn sie die Theorie des Ödipuskomplexes auf dogmatische oder einseitig patriarchalische Art »durchzieht«, was ich gleich genauer thematisieren werde. Es ist nötig, mit dem direkten, noch nicht von tausend Deutungsrastern verstellten Blick des Kindes das Phänomen der kindlichen Entwicklung und ihrer Störungen mit dem Herzen zu sehen, und auch hinter der Bühne der Psychoanalyse das ungeliebte, leidende, verstoßene und verborgene Kind, das auf Wiederanknüpfung der Verbindung wartet, zu suchen.

Erfreulicherweise findet heute bei einer wachsenden Zahl von Therapeuten jeglicher Couleur eine Entdogmatisierung der Psychotherapie statt. Das Kind als Verkörperung der medialen Empfänglichkeit des Menschen für authentische Wachstumsgebärden, -handlungen, -gedanken und -gefühle gewinnt an Gehör und Resonanz. Spürbewußtsein verbindet für eine wachsende Zahl von Psychotherapeuten die Wahrnehmung des leiblichen Selbstausdrucks mit dem reflexiven, verarbeitenden Bewußtsein, auch wenn es nicht als solches bezeichnet wird.

In bezug auf die psychoanalytische Theorie selbst gibt es viel Insiderkritik, die in manchen Fällen zeigt, daß die Kritiker »mit Kinderaugen durch offene Fenster schauen«, wie im Titel des ersten Abschnitts in diesem Kapitel angedeutet. Was die kritische Betrachtung des *Ödipuskomplexes* betrifft, gibt es zwei deutlich unterscheidbare Richtungen: die eine modifiziert und erweitert ihn durch neuere klinische Beobachtungen, die andere relativiert ihn insgesamt und ordnet ihn der narzißtischen Problematik unter. *In der ersten Richtung -* Erweiterungen und Veränderungen innerhalb der Theorie des Ödipuskomplexes — hebe ich *vier kritische Punkte* hervor.

Die Psychoanalyse hat sich zu sehr auf den Mann zentriert. »In dieser Beziehung hat sich in den letzten Jahren eine große Entwicklung ergeben, so daß die Psychoanalyse die Frau nicht mehr nur als einen verkürzten Mann sieht.«[1] Penisneid und Männlichkeitskomplex hängen mit den Wertsetzungen einer sich hauptsächlich am Mann orientierenden Gesellschaft zusammen.

[1] R. Battegay, Psychoanalytische Aspekte der kindlichen Entwicklung, in: R. Battegay/U. Rauchfleisch, Das Kind in seiner Welt, a. a. O., S. 47-48.

»Die einfache Form des Ödipus- oder Elektrakomplexes besteht darin, daß der Knabe die Mutter liebt und den Vater haßt, das Mädchen aber die Mutter haßt und den Vater liebt. Doch wird der gleichgeschlechtliche Elternteil in der Regel nicht nur gehaßt, sondern auch geliebt ... Hätte der Knabe nur feindselige Gefühle dem Vater gegenüber, so könnte er offen gegen ihn auftreten. Der Konflikt würde so zu einem äußeren werden. In Wirklichkeit sind es aber nicht nur die Angst des Knaben vor dem Vater und die aggressiven Gefühle ihm gegenüber, sondern auch die ambivalente Einstellung zu ihm, die zu einem Konflikt führen.«[2] Der Ödipuskomplex als Kernproblematik eines wesentlichen Entwicklungsabschnittes wird aber weiterhin vorausgesetzt: die Wahl des gegengeschlechtlichen Elternteils als erstes Liebesobjekt bei gleichzeitiger Konkurrenzhaltung dem gleichgeschlechtlichen gegenüber. Liebe und Rivalität werden als bloße Gegensätze gesehen. Betrachten wir aber beide mit den Augen des Kindes, so nehmen wir sie in einem gemeinsamen Entwicklungszusammenhang wahr: Das Entwicklungsangebot der Mutter und anderer mütterlicher Erwachsener ist Liebe, insofern der Knabe in der Bindung an sie die Behaglichkeit körperlich-seelischer Anziehung kennenlernt. Das Entwicklungsangebot des Vaters an ihn ist ebenfalls Liebe, jedoch in einer anderen Hinsicht. Der Knabe lernt im Kampf mit ihm um die Mutter nicht in erster Linie, dem Realitätsprinzip gehorchend, die Unterordnung unter den stärkeren Mann zu akzeptieren, sondern löst sich dank des Grenzen setzenden Vaters aus der Gefahr einer lebenshemmenden, inzestuösen Verstrickung mit der Mutter. Falls er die Liebe in dieser doppelten

[2] Ebd., S. 45–46.

Hinsicht erfährt, dankt er später dem Vater durch Annahme seiner Leitbildfunktion und freundschaftliche
Verbündung mit ihm.

Der Konflikt des Ödipuskomplexes wird folglich
durch die Annahme zweier unterschiedlicher Liebesan-
gebote von seiten der Mutter und des Vaters gelöst. Der
Geist der Empfänglichkeit wird auch in dieser Entwicklungsphase ausschließlich durch Liebe ermöglicht und
genährt. In ihm spielt sich das beschriebene Innewerden
des Eigenen ab. Auch deshalb trifft die Behauptung
Freuds nicht zu, »daß der kleine Knabe, wenn er die Kraft
eines Mannes hätte, seine Mutter vergewaltigen und seinen Vater ermorden würde.« Auch Erikson hält diese Behauptung für sinnlos: »Denn hätte er diese Kraft, dann
wäre er kein Kind und brauchte nicht mehr bei seinen Eltern zu leben«.[3] Als Kind aber ist er auf Entwicklungsimpulse beider angewiesen. Diese kommen jedoch nur dann
bei ihm an, wenn sie, wie alle echten Entwicklungsimpulse, von Liebe motiviert sind. Die nicht von Liebe
getragenen Prägungen und Beeinflussungen führen dagegen zu unpassenden, das Eigene beeinträchtigenden und
hemmenden Verinnerlichungen.

Jung leitete mit seinem Werk »Wandlungen und Symbole der Libido« bereits 1912, später überarbeitet in »Symbole der Wandlung«, die *zweite Richtung* in der kritischen
Betrachtung der Theorie des Ödipuskomplexes ein, die in
dessen neuer Zuordnung durch Umdeutung besteht. Indem Jung sein Hauptinteresse auf das Selbst und die
Selbstwerdung — die *Individuation* — richtete, wurde er
zum Vorläufer der wohl wichtigsten Entwicklung in der
Psychoanalyse der letzten beiden Jahrzehnte, weg vom

[3] Zit. bei Battegay, a. a. O., S. 46.

ödipalen und hin zum narzißtischen Schwerpunkt als zentraler Thematik, auch wenn er sich der Psychoanalyse nach seiner Trennung von Freud nicht mehr zugehörig fühlte. Insofern greifen heute die humanistische Psychologie und besonders die Narzißmusforschung auf jeweils eigene Weise ein Grundanliegen Jungs auf, obschon deren Vertreter diesen — wohl aus Berührungsangst vor seiner Auffassung des Symbols und aus dem Bestreben, die eigene Identität zu schützen — kaum je namentlich erwähnen.

Für Jung bedeutet das *Inzestverbot*, das zum Ödipuskomplex gehört, alles andere als das bloße Resultat von Verdrängung inzestuöser Triebkräfte. Vielmehr faßt er es als eine zur Ermöglichung der seelischen Wandlung von innen her auferlegte sinnvolle Beschränkung der Instinktnatur, als *Opfer* des anfänglichen Zustandes der Abhängigkeit auf. Das Inzestverbot läßt ihn die Frage nach dem *symbolischen Sinn* des Inzestbildes stellen. Was meint der *Inzestwunsch* gegenüber dem gegengeschlechtlichen Elternteil in der Verbindung mit dem Inzestverbot? Jungs Antwort lautet: Er ist der Ausgangspunkt einer symbolischen Wandlung. »Das Hindernis des Inzestverbotes macht die Phantasie erfinderisch.« Sie schafft Bahnen, »auf denen die Libido ... abfließen kann. *So wird die Libido auf unmerkliche Weise geistig.*« [4] Die Mutter wandelt sich zu einem Symbol der eigenen Natur, und der Inzest mit ihr in die »Wiederbelebung der eigenen Natur durch die Berührung des mütterlichen Bodens« [5]. Beim Inzestwunsch handelt es sich also »nicht nur um einen Rückfall in die Infantilität, sondern um einen echten Versuch des Men-

[4] C.G. Jung, Wandlungen und Symbole der Libido, München 1991, S. 223.
[5] L. Frey-Rohn, Von Freud zu Jung, Zürich 1969, S. 239.

schen, etwas für ihn Notwendiges zu finden. Es zeigt sich, daß er etwas ganz anderes sucht, etwas, das Freud nur negativ bewertet, nämlich das Gefühl kindlicher Unschuld, Geborgenheit und Sicherheit, Vertrauen und Glauben — kurz etwas, das viele Namen hat.«[6]

Mit dieser Auffassung ergreift Jung indirekt Position für die Realität des inneren Kindes, wie ich es beschrieben habe: als einer »unschuldigen«, das heißt unverfälschten und unbeirrbaren zentralen Entwicklungsinstanz im Menschen. Diese wird in den aus der »inzestuösen« Verbindung mit unserer »Natur«, das heißt hier mit unserem Lebenspotential, spontan auftauchenden Entwicklungsimpulsen jeweils »wiedergeboren« und je und je neu erfahrbare Wirklichkeit. Das Kind ist ein Symbol des Menschen, insofern dieser im sich jetzt ereignenden Entwicklungsschritt neu geboren und zu sich selber wird. Dieses Symbol ist unserem Erleben im existentiellen Moment der Empfängnis als *Verfügbarkeit für den inneren Entwicklungsdrang* erfahrbar. Die Psychoenergetik unterstreicht, daß sich die Verbindung mit der eigenen Seelentiefe — der symbolische Inzest — im leiblichen Spürbewußtsein des gegenwärtigen Moments ereignet, in dem der Mensch durch Aufnahme und Verfolgen eines Energiesignals, das die jetzige Entwicklungsspur weist, neu geboren wird.

Die Auseinandersetzung mit Freuds Auffassung des Ödipuskomplexes hat Jung zum symbolischen Verständnis des Inzestwunsches geführt. Das im symbolischen Inzest gezeugte Kind ist der Keim zu einer Wandlung der

[6] C.G. Jung, Einige Aspekte der modernen Psychotherapie, (1929), GW 16, S. 34.

Gesamtpersönlichkeit. Die Psychoenergetik macht diese Auffassung leiblich erfahr- und fruchtbar.

Kommen wir nun zu den neueren Versuchen, den Ödipuskomplex durch Umdeutung der Selbst-Thematik zuzuordnen. Die durch Kohut, Winicott, Miller und viele andere Autoren verstärkte Aufmerksamkeit für die *»narzißtischen Bedürfnisse* wie Achtung, Spiegelung, Verstanden- und Ernstgenommenwerden läßt erkennen, daß ein großer Teil der bisher als triebhaft bezeichneten Wünsche in anderen Zusammenhängen tiefer und adäquater verstanden werden kann. Traumatisierungen, die sich aus der Frustrierung der narzißtischen Bedürfnisse ergeben, führen oft zu Gefühlen, die jetzt viel differenzierter als mit dem Wort ›ödipal‹ verstanden und beschrieben werden können.«[7] Eben dies meinte ich, als ich die *Liebe* der prägenden Bezugspersonen als unverzichtbare Bedingung für das Innewerden der eigenen Entwicklung bezeichnet habe. Die Befriedigung der narzißtischen Bedürfnisse geschieht primär durch Liebe. Auf dieses Wort kann ich nicht verzichten, auch wenn ich es seiner riskanten Vieldeutigkeit willen in jedem neuen Zusammenhang neu umschreiben muß. Jirina Prekop weist auf die Wichtigkeit des *Gehaltenwerdens* für das Kleinkind hin. Mit Fallbeispielen belegt sie die Zweitrangigkeit der oralen Bedürfnisstillung.[8] Eines können wir Prekops Ausführungen sicher entnehmen: Das Grundbedürfnis, das sich in allen Bedürfnissen des Kindes und auch des Erwachsenen ausdrückt, ist Liebe: lieben und geliebt werden. Als wir uns anläßlich eines Kongresses, an dem sowohl sie als auch ich einen Vortrag hielten, kennenlernten, umarmte

[7] A. Miller, Du sollst nicht merken, a.a.O., S.186.
[8] J. Prekop, Hättest du mich festgehalten, München 1989, u.a. S.80.

und hielt sie mich mit so inniger Beteiligung, daß ich spürte: Im Halten und Gehaltenwerden intensivieren sich Liebe und Vertrauen zwischen zwei Menschen; eine banale Weisheit, doch die wichtigsten Tatsachen in einem Menschenleben sind immer *banal*, das heißt ursprünglich »allen gehörig«[9].

Ob sich das saugende Kind mit der Mutter verbindet, der rebellierende Trotzkopf sich von ihr und dem Vater maulend absetzt, das Kind in der *Latenzzeit* vom 5. bis 10. Lebensjahr lernt, sich sozialen und kulturellen Zwecken zuzuwenden und ein gesundes Selbstwertgefühl zu entwikkeln: In jeder Entwicklungsphase des Kindes und auch des Erwachsenen ist eine spezifische Erfahrung von Lieben und Geliebtwerden nötig, das heißt die wechselseitige, gefühlshafte und mehr und mehr auch verantwortungsvolle Verbindung mit einem Du als Vertreter der Außenwelt.

Eine letzte Bemerkung zur Psychoanalyse betrifft die *Wechselseitigkeit* in der Beziehung zwischen Mutter und Kind. Im Gegensatz zum beschriebenen Symbiosebegriff bei Mahler belegt und unterstreicht eine wachsende Zahl auch freudscher Psychoanalytiker die Tatsache, daß in der Kommunikation zwischen Mutter und Kind und sogar bereits zwischen Mutter und Embryo beziehungsweise Fötus beide vom beobachtbaren Anfang an aktiv beteiligt sind. Das Kind signalisiert seine Bedürfnisse, auch seine Entwicklungsbedürfnisse. Die neu erworbene Gebärde des Kleinkindes appelliert an die entsprechende spiegelnde »*Mit-Gebärde*« der Mutter. Unter Gebärde verstehe ich hier jeden authentischen Selbstausdruck. Durch die

---

[9] Die vollständige Bedeutung des französischen Wortes lautet ursprünglich: »Innerhalb eines Gerichtsbezirks allen dort Ansässigen gehörig.« — Vgl. Knaurs etymologisches Lexikon, München 1983, S.65.

Arbeiten von Stern und Beebe wissen wir, »daß das Kind durch seine mimischen Ausdrucksbewegungen die Mutter aktiv zur Hinwendung zu bewegen sucht. Es besteht zwischen Mutter und Kind ein *Wechselspiel* des mimischen und sogar pantomimischen Ausdrucks, ein Interplay, das sich auf die Selbstentwicklung des Kindes fördernd auswirkt. Das Kind möchte eine Bestätigung seiner Signale erhalten. Es wartet auf das Augenleuchten der Mutter, wenn es eine neue Leistung ausführt.«[10] Fehlt das lockende, bestätigende »Mirroring«, wie der angelsächsische Fachausdruck lautet, wird die seelische Entwicklung gehemmt. Der spätere Erwachsene wird im Bereich des Selbstwertgefühls bedürftig bleiben und unersättlich nach der Bestätigung, die ihm in frühen Jahren gefehlt hat, gieren.

Eine Besserung kann nur durch möglichst vollständiges Spürbewußtsein gerade in der eigenen Bedürftigkeit erreicht werden. In ihm erwacht das innere Kind zur fraglosen Präsenz in eben dieser Bedürftigkeit, und gerade das ist der Beginn der Selbst-Bestätigung im Erwachsenen, die seit früher Kindheit gefehlt hat. Solches grundlegende Spürbewußtsein kann allerdings nur in gegenseitiger Resonanz mit einem anderen Menschen eintreten: zum Beispiel im therapeutischen Wechselspiel, welches das in früher Kindheit abgebrochene Wechselspiel wieder aufnimmt. Die von mir beschriebene Resonanz verdeutlicht das Wechselspiel als Einschwingen auf den gleichen Ton, der beiden Beteiligten sowohl gemeinsam als auch eigen ist. Resonanz als emotionales Wechselspiel setzt emotionale Eindeutigkeit der Mutter voraus. Wenn diese aber unbewußt ein doppeltes Spiel spielt — das von Bate-

---

[10] R. Battegay, a.a.O., S. 33–34.

son erläuterte »*double bind*« —, also zum Beispiel vordergründig fürsorglich, aber hintergründig aggressiv und hinterhältig ist, dann läßt sie das Kind mit seinen eindeutigen Wachstumssignalen auflaufen, und die Entwicklung des Selbstempfindens wird massiv gestört.

Ohne Wechselspiel mit anderen Menschen gibt es in keinem Moment des menschlichen Lebens seelisches Wachstum. Im sozialen, als solches zur menschlichen Natur gehörigen Wechselspiel *empfange ich mich selbst.* Deshalb ist *der* existentielle Moment der Empfängnis auch *das* existentielle Moment der Empfängnis: Er macht es möglich, daß wir in dieser Welt der Beziehungen jetzt wirklich da, spürbewußt gegenwärtig sind, und eben dies ist *das* entscheidende Entwicklungsmoment in einem Menschenleben.

Das Du als Partner im sozialen Wechselspiel ist nicht nur ein einzelner, sondern auch eine *Gruppe.* Auch mit ihr zusammen bilden wir einen Dritten Leib, das heißt einen leiblich wahrnehmbaren sozialen Organismus mit eigenen Gesetzen der Selbstregulierung. Ohne Gruppe ist der Mensch nicht denkbar. Das »*Gruppen-Du*« besitzt eine facettenreiche, differenzierte Resonanzfähigkeit, die ein einzelner in seiner Begrenzung nie erreichen kann. Weiß eine Gruppentherapie diesen differenzierten Facettenreichtum zu nutzen, dann wird sie für den einzelnen individueller als jede Einzeltherapie.

Kinder und auch Erwachsene lernen in *Spielräumen.* In den »sensiblen Phasen« ihrer Entwicklung (Montessori) brauchen Kinder deshalb nicht die Beeinflussung durch Erwachsene, sondern deren bloßes Da-sein im gemeinsamen Spielraum. Nur in diesem entwickeln Kinder ihre »Fähigkeit zum Alleinsein« (Winicott). Lernen, Spielen, Leben bedeuten im Empfinden der Kinder dasselbe. Das göttliche Kind in Märchen und Mythen unterscheidet auch nicht zwischen ihnen: es lernt, indem es lebt, und es lebt, indem es spielt; seine Begabungen im Austausch mit anderen frei spielt.

In diesem Erfahrungszusammenhang lehnt Dornes in bezug auf die pränatale und orale Phase des Kindes den Begriff Symbiose ab: Zwischen Mutter und Kind finden zwar »Gemeinschaftserlebnisse« jedoch keine Verschmelzung statt. Die Grenze zwischen dem eigenen Selbst und dem anderen bleibt erhalten. Dornes verzichtet auch darauf, von »Objekt« zu sprechen, wie die Psychoanalyse es tut. Statt dessen spricht er vom »Anderen« als Partner im sozialen Wechselspiel. Dabei lehnt er sich an Daniel Stern an, der dieses als *self-with-other* bezeichnet. Die Psychoenergetik nennt den spürbewußt wahrgenommenen anderen im Anschluß an die Philosophie Martin Bubers oft einfach »das Du«. Im Gegensatz zu Dornes halte ich den psychologischen Begriff der Symbiose aufrecht, allerdings nicht in bezug auf die gesunde Entwicklung des Kleinkindes, sondern nur in zweierlei Hinsicht: Zunächst für die intensiven und schöpferischen Ausnahmeerlebnisse von rauschhafter Verschmelzung zweier Menschen, zum Beispiel in der erotischen Ekstase oder im Schaffen oder Betrachten eines Kunstwerks, sowie für die ständigen Anklänge solcher Ausnahmeerlebnisse auch im gewöhnlichen Alltag, und dann für das quälende, entwicklungshemmende Verfallensein an einen anderen Menschen, sei es in der Kindheit, sei es im Erwachsenenalter.

Der von mir geprägte Begriff des *Dritten Leibes* vereinigt *zwei Aspekte*: die intensive, schicksalhafte, ganzheitliche Verbindung in der schöpferisch fruchtbaren Symbiose und die Freiheit zweier einzelner ohne Grenzauflösung und Konfusion. Das Bild des »verzückten, überschäumenden Lächelspiels zwischen Mutter und Kind«, das mit drei Monaten seinen Höhepunkt erreicht, ist ein tief bewegendes Bild des Dritten Leibes. Alles fließt: die Affekte, Vokalisierungen, Gebärden. Zwei einzelne tauschen aus und geraten über diese Aktivität in Erregung und später in Entspannung.[11] Und in beiden, der Mutter und dem Kind, regiert das göttliche Kind als Symbol unbegrenzter Resonanzfähigkeit.

Im Wechselspiel mit der Mutter ist nach Stern das »*Selbstempfinden*« des Säuglings zentraler Bezugspunkt und organisierendes Prinzip. In ihm erfährt und ordnet sich der heranwachsende Säugling selbst.[12] Das *Selbstempfinden* bestimmt wesentlich die Art sowohl der Selbstmitteilungen des Kleinkindes an die Mutter als auch des Empfangens des Eigenen aus deren Entwicklungsangebot. Das angeborene Selbstempfinden des Kindes geht dem Erwachsenen oft weitgehend verloren. Die Einübung ins *Spürbewußtsein* — Hauptanliegen der Psychoenergetik — bedeutet die Wiederentdeckung des natürlichen Selbstempfindens durch den Erwachsenen und seine Fruchtbarkeit in der Psychotherapie.

[11] M. Dornes, Der kompetente Säugling, Frankfurt/M. 1993, S. 72-77.
[12] Ebd., S. 79.

4
Eintauchen in
das intrauterine Leben

Vorgeburtliches
und spürbewusstes Leben

Mit unserem Verstand können wir das intrauterine Leben nur *polar* erfassen und beschreiben: Der *Embryo*, der vom Ende des dritten Monats an, da die Bildung seiner Organe zum großen Teil abgeschlossen ist, *Fötus* genannt wird, befindet sich in einer polaren Situation. Er ist eins mit der Schwingung der Mutter und entwickelt doch eine eigene Schwingung; er schwebt im Fruchtwasser, das ihn von allen Seiten umgibt, und schwimmt doch in ihm aus eigener Dynamik; er ist in jeder Hinsicht enthalten und gehalten, auf Zufuhr aller »Lebens-Mittel«, wie Sauerstoff und Nahrung, durch die Mutter angewiesen, und gleichwohl stößt er immer mehr als eigenes Wesen an die Grenzen der »Mutterhöhle« an; er ist gegen Außenreize abgeschirmt und trotzdem zunehmend den Stimmungen der Mutter ausgesetzt; er lebt in einem Zustand empfänglicher Ergebenheit und doch drängt es ihn nach Geburt und wachsender Eigenständigkeit.

Diesen fünf polaren Gegensatzpaaren werde ich in der Folge nachgehen.

Die Wahrnehmung von Gegensätzen — entgegengesetzter Pole — erfordert ein zumindest aus leichtem *Abstand* überlegendes Bewußtsein. Dieser Abstand fehlt dem Embryo und Fötus, wie auch dem Neugeborenen, in jeder Hinsicht. Es gibt bei ihm kein distanziertes Bewußtsein, das überfordernde Reize verdrängen und für eine spätere Verarbeitung gewissermaßen auf Eis legen könnte. Aus diesem Grund besteht die einzige Erinnerung an das intrauterine Leben in *Stimmungen*, die wir Erwachsene jedoch nur schwer als in vorgeburtlicher Zeit verwurzelt bestimmen können. Unser Wissen beschränkt sich auf die Feststellung, daß Stimmungen, die uns total erfassen, entweder aus der pränatalen oder der oralen Phase stammen. Nachgeburtliche Fixierungen und Störungen sind höchstwahrscheinlich stark von vorgeburtlichen Stimmungen beeinflußt und bestimmt, jedenfalls stärker, als eine Vernunft, die meint, allen Dingen ganz auf den Grund gehen zu können, es wahrhaben möchte. Weil die spätere, fortschreitende Unterdrückung des spontanen inneren Kindes in einem schwer vorstellbaren Ausmaß in vorgeburtlichen Stimmungen verankert ist, muß dieses Kapitel über das vorgeburtliche Leben in einem Buch zum Thema »Die Spur des verborgenen Kindes« seinen Platz haben.

Das Leben des menschlichen Keimlings ist abstandsloses Drinnen- und Enthaltensein. Wenn er behaglich dahindämmert, so tut und ist er nur dieses. Wenn er unter dem Einfluß eines mütterlichen Schreckens selber erschrickt, so ist er im Sich-Zusammenkrümmen ganz und gar mit der Angst und der Gebärde, die diese ausdrückt, identisch und unterscheidet nicht zwischen seinem und der Mutter Schrecken. Deshalb kann der Mutterleib »Himmel und Hölle für das ungeborene Kind sein. Glück und Unglück, Streß, Angst, Wut, Unsicherheit, Resignation oder Gefühle der Depression und Euphorie, alle alltäglichen Lebensgefühle, teilt die Mutter unbewußt ihrem ungeborenen Kind über vielfältige Kanäle mit: über ihren Herzschlag, ihren Blutdruck, über Muskelverkrampfungen, über ihre Stimme, über erhöhte Hormon- oder Adrenalinausschüttungen, die das Kind über die Plazenta und Nabelschnur aufnimmt. Vermittelt über den Körper der Mutter finden für das ungeborene Kind die ersten Begegnungen mit der Welt da draußen statt.«[1]

Die *Nicht-Unterscheidung* des ungeborenen Kindes von der Mutter Symbiose zu nennen liegt nahe. Doch versuche ich in diesem Kapitel darzulegen, wie zusammen mit der Nicht-Unterscheidung auch ein *Wechselspiel* bereits zwischen dem ungeborenen Kind und der Mutter stattfindet, das mit dem Begriff Symbiose nicht erfaßt wird. Diese Nicht-Unterscheidung zwischen sich selbst und dem anderen ist der Unfähigkeit eines Erwachsenen, nötige Unterscheidungen, zum Beispiel zwischen eigener und fremder Angst oder zwischen äußeren Einflüssen und inneren Bedürfnissen zu treffen, nicht gleichzusetzen. Der intrauterinen Nicht-Unterscheidung entspricht beim Erwachsenen das nicht unterscheidende *Spürbewußtsein*, ohne das alles Denken und Urteilen instinktloses, abgehobenes Agieren der Vernunft, Schaumschlägerei mit Worten und Begriffen, logischer Unsinn wäre. Das abstandslose Seiner-selbst-im-Ganzen-Inesein des Embryo und Fötus hemmt im Unterschied zu den Konfusionen der Erwachsenen nicht die Eigenentwicklung, sondern fördert, ganz im Gegenteil, das nicht nur körperliche, sondern auch seelische, also das leibliche Wachstum. Es ist die Wurzel für das Spürbewußtsein des späteren Erwachsenen. Im spürbewußten Leben, in der leiblichen Achtsamkeit, geschieht eine solche *Verdichtung von Lebendigkeit*, eine solche wache Durchlässigkeit für Lebens-

---

[1] H. Levend, Wie prägt uns das Leben vor der Geburt?, in: Psychologie Heute, September 1995, S. 12.

Möglichkeiten, daß die polaren Gegensätze in der unmittelbaren Flußerfahrung zusammenfallen und sich auflösen. Gehen wir der Entsprechung zwischen vorgeburtlichem und erwachsenem spürbewußten Leben weiter nach, so verstehen wir die beschriebene Identität des archetypischen Kindes mit dem Moment der Empfängnis oder Zeugung besser: Als Erwachsene leben wir immer dann im Geiste des Kindes, wenn wir embryonal spürend eins mit unserem empfindenden Leib und der uns umgebenden und durchschwingenden Welt sind. Die Nähe des Embryos zum biologischen Moment der Empfängnis erklärt nicht nur seine eigene Empfänglichkeit und Verfügbarkeit für Wachstum und Entwicklung, sondern auch seine Ähnlichkeit mit einem Erwachsenen, der im existentiellen Moment der Empfängnis, also im Spürbewußtsein lebt, und in ihm, diesmal in einem Prozeß, der bis zum Tode dauert, zum zweiten Mal geboren wird, wie ein verbreitetes Mythologem es ausdrückt.

Die zweite Geburt im Erwachsenen hat dieselbe Bedeutung wie die Entstehung der Urzelle, nämlich das Empfangen des eigenen Lebens. In der Entstehung der Urzelle ist dieses Empfangen biologischer, in der zweiten Geburt existentieller Art. Deshalb ist der biologische Moment der Empfängnis das prägende Urmuster für den existentiellen Moment der Empfängnis. Die zweite Geburt ist Vollzug des in der biologischen Entstehung der Urzelle Grundgelegten.

Es gibt noch eine weitere Parallele zwischen dem intrauterinen und dem spürbewußten Leben. Beide haben ihren Ort in einem *Dritten Leib*. Ohne dessen Erfahrung sind wir außerstande, zu erklären, wie Nicht-Unterscheidung zwischen uns und dem anderen mit Wechselspiel und Entwicklung vereinbar ist. Die Nicht-Unterscheidung hat ihren Grund im *Subjekt des Spürbewußtseins*, nämlich in einer *Beziehungsidentität*. Ebenso wie das ungeborene Kind erfährt sich der spürbewußte Mensch als Beziehungswesen: erst in zweiter Linie als einer von zwei oder mehreren Beziehungspartnern, in erster Linie jedoch aus dem »Zwischen« einer Beziehung: als *durch einen Dritten Leib lebendiges und beseeltes Wesen* — allerdings nicht als bloßes Organ eines Dritten Leibes, vielmehr als dessen Ganzes in einem bestimmten Moment, an einem bestimmten Ort und aus einem bestimmten Erfahrungshorizont. Das, was die Psychologie *Ich-Bewußtsein* nennt, bedeutet letztlich nichts anderes als eine *durch die Situation eines einzelnen bedingte spürbewußte Selbst-Identifizierung eines Dritten Leibes*. Die subjektive Realisierung dieser Tatsache bewirkt ein sowohl nüchternes als auch intensives Erwachen zur Wirklichkeit und ist sicherlich mit dem verwandt, was in der buddhistischen Meditation ebenfalls Erwachen genannt wird. Ich formuliere hier zwar eine idealtypische Sicht, die jedoch in der empirischen Erfahrung gründet und eine Orientierungshilfe bietet.

Deshalb tritt anstelle der Erfahrung von Gegensätzlichkeit die Erfahrung von *Gleichzeitigkeit*, anstelle der Erfahrung von Polen die Erfahrung von Schwingung und Lebensspannung. Diese sind das Primäre, das einzige, in dem sich Spüren ereignet. Das innerhalb des Spürbewußtseins auch nachdenkende Bewußtsein — das spürende Denken — wird aufgrund der Erfahrung einer bestimmten Lebensschwingung sich auch auf gegensätzliche Pole beziehen, doch auch dieses nur aufgrund der Aufmerksamkeit für das Gespürte und mit dem Ziel, es zu verstärken. — Was in den fünf folgenden Zwischentiteln wie zwar aufeinander bezogene, doch voneinander getrennte Gegensätze anmutet, bedeutet im Grunde genommen Gleichzeitigkeit. *Gegensatzpaare sind passende Gleichzeitigkeiten des Einen.* So werden sie in der vorgeburtlichen Phase und auch vom spürbewußten reifen Menschen erfahren.

Das Wechselspiel zwischen dem Ungeborenen und seiner Mutter muß also innerhalb des Erlebens des Dritten Leibes, der beide verbindet, gedacht werden. Mit Bezug auf diesen ist es nicht zutreffend, die automorphe, sich selbst gestaltende Wirklichkeit des Embryo und Fötus der Fremdwirklichkeit der Mutter gegenüberzusetzen und diese als übergeordnete Wirklichkeit zu bezeichnen.[2] Zwar trifft es aus der Perspektive unseres Denkens und Erfahrens zu, daß, wie Erich Neumann schreibt, der embryonale Bewußtseinskeim »im vollkommenen Runden« schläft und erwacht.[3] Diese Formulierungen beschreiben, wie der erwachsene Mensch im »Schoß des Mütterlichen« oder im »Reich der Mütter«, verstanden als Ursymbole, die uns enthaltende, gebärende, nährende und wieder verschlingende Welt erlebt. Erst aus dem Blickwinkel des bereits Geborenen erfahren und bezeichnen wir die symbolische Mutter als Tiefe, Urgrund, Meer, Brunnen, Teich, Erde, Höhle o.ä., wie der Mythos es tut. Doch das ungeborene menschliche Leben, hätte es Worte, würde aus der Lücken- und Abstandslosigkeit seiner Erfahrung des Dritten Leibes von Gleichzeitigkeiten nicht *im* Ganzen und Einen, sondern *des* Ganzen und Einen reden, so wie der spürbewußte nachgeburtliche Mensch es tut. Dessen Individualität, wie auch die potentielle Individualität

---

[2] E. Neumann, Das Kind, a.a.O., S. 10.
[3] E. Neumann, Ursprungsgeschichte des Bewußtseins, München 1974, S. 23.

des Keimlings, liegt in der erwähnten individuell bedingten Selbst-Situierung.

Bevor ich mich der Beschreibung von fünf Gleichzeitigkeiten zuwende, drängt sich eine allgemeine Bemerkung zur vorgeburtlichen Eigenaktivität im Wechselspiel mit der Mutter auf, die in jeder der fünf Gleichzeitigkeiten einen der beiden Gesichtspunkte ausmacht: zur Eigenaktivität in der eigenen Schwingung, im Schwimmen, im Anstoßen, im Selbstschutz und zusammenfassend im Drang nach Geburt. Es scheint, als nähme das Durchsetzungsvermögen des Embryo und Fötus der Mutter gegenüber bis zur Geburt ständig zu und das ihr Ausgeliefertsein immer mehr ab, ein Prozeß, der sich nach der Geburt beschleunigt fortsetzen würde. Ich vermute jedoch, daß der Embryo von Anfang an eine konstante Präsenz aufweist. Zwar ist er völlig auf die Mutter und Außenwelt angewiesen, doch auf einen spürbewußten Menschen, und nicht nur auf diesen, übt er eine Wirkung aus, die in ihrer Intensität seinem Angewiesensein entspricht. Dafür gibt es keine Beweise, höchstens einige Hinweise.

Ich erinnere in diesem Zusammenhang an das Fallbeispiel des Mannes, der kurz nach der ihm noch unbekannten und unerwarteten Zeugung seines ersten Sohnes unter den von mir beschriebenen Lebensumständen zum ersten Mal in eine schwere Depression fiel. Viele andere sensible Menschen, Frauen und Männer, haben mir eindrücklich die nachhaltige und starke Wirkung des entstehenden Kindes auf ihr Leben geschildert, oft vom Moment der Zeugung an und ohne ihr Wissen um diese. Vergegenwärtigen wir uns die intensive Ausstrahlung und konstellierende Wirkung eines Säuglings, so wäre die Tatsache nicht verwunderlich, daß bereits die Urzelle als konzentriertes, verdichtetes Lebenspotential eines künftigen

Menschen eine ebenso starke Ausstrahlung und Wirkung auf uns ausübt wie ein Säugling. Diese Annahme ist zwar lediglich Spekulation, doch kann sie das für eine neue Einsicht typische Aha-Erlebnis auslösen.

Durchzittertwerden und eigene Schwingung

Im Verlauf eines Spontanrituals erschloß sich einer 43jährigen Frau in drei Schritten die vorgeburtliche Erfahrung
des Durchzittertwerdens und gleichzeitig der eigenen
Schwingung. Der Ausgangspunkt war ihre vermeintliche
Gefühlskälte, an der schon drei Beziehungen zerbrochen
seien. Nachdem sie diese Problematik ausführlich geschildert hatte, sah sie sich auf einmal im Alter von sieben
Jahren am ganzen Leibe zitternd im Bett liegen. Während sie dieses Bild schilderte, zitterte sie selbst immer
mehr, so daß es nahe lag, ihr zu vermitteln, sie befände sich
jetzt mitten im damaligen Zittern. Daraufhin legte sie
sich auf eine Decke am Boden und zitterte weiter wie
Espenlaub. Ich stellte ihr leise einige Fragen, und sie erzählte von ihrer Einsamkeit und dem Klima seelischer
Kälte, dem sie ausgeliefert gewesen war. Dabei steigerte
sich das Zittern in angsterregendem Ausmaß, bis auf einmal der Umschlag ins Kleinkindalter erfolgte. Sie wurde
zum Säugling, der sprachlos das Grauen der eigenen Ohnmacht gegenüber einer fremden Übermacht verkörperte,
ein Kleinkind, das sich durch Zusammenkrümmen des
Körperchens, durch unbeholfenes Anziehen der Beinchen und die fahrigen Bewegungen der Ärmchen vor dem
Gesicht gegen eine äußere Bedrohung vergeblich zu
schützen versuchte. Später, nach beendetem Spontanri

tual, erzählte sie mir, ihre Eltern hätten sich, als sie noch ein Säugling war, in ihrer Gegenwart betrunken miteinander gestritten, dabei sei es manchmal auch zu Handgreiflichkeiten gekommen. Das wisse sie von ihrem sechs Jahre älteren Bruder. Auch in dieser zweiten Phase ihrer Regression blieb ich in inniger Resonanz mit ihr, streichelte sie sanft und redete ihr beruhigend zu. So machte sie die Erfahrung zuverlässiger Gefühlsbezogenheit, die ihr in früher Kindheit verwehrt geblieben war.

So wurde es möglich, daß sie zur dritten und frühesten Schicht ihres Zitterns vorstieß. Das Sich-Zusammenkrümmen, das soeben noch Schutz gegen Bedrohung ausdrückte, wandelte sich in die entspannte, ruhige, vertrauensvolle Körperstellung eines Fötus. Nun lag sie in vorgeburtlicher Stellung da und vermittelte ein Bild absoluter Harmonie und Zufriedenheit, die Stimmung strömender Freude. Und immer noch war das Zittern da, doch trat es weder als das einsame Beben und Frieren in der ersten, noch als das angstvolle Zucken in der zweiten Schicht, sondern als lustvolles Durchzittert-Werden in fraglosem Einklang mit der Welt in Erscheinung. Ich merkte, wie ich davon selbst kraftvoll miterfaßt wurde und in eine harmonisch glückliche Stimmung und Verbindung nicht nur mit der Frau, sondern auch mit der uns umgebenden Natur geriet: Ich hörte auf einmal die Vögel zwitschern, roch den Duft der vor dem Fenster blühenden Rosen und sah fasziniert einen leise schwankenden Gleitschirmsegler, der von einem Berg dem Lago Maggiore entgegensank. Bei alledem spürte auch ich im ganzen Leib ein feines Vibrieren: Die 43jährige Frau und ich in ihrer Begleitung befanden uns in der tiefsten Erfahrungs- und Bedeutungsschicht des Zitterns, eines Zitterns, das vorher »nur« er-innernder Ausdruck der beiden geschilderten lebensgeschichtlichen Erfahrungen gewesen war. Ich begriff, was Jung mit dem archetypischen Kern der Komplexe meinte. Schicht um Schicht müssen wir unser Leben noch einmal durchleben, um in jenen Bereich vorzudringen, in dem alle Menschen miteinander verbunden sind. Und eben dieser Prozeß macht die Faszination von Spontanritualen aus. Sie lösen aus der zunehmenden Erwachsenen-Starre und steigenden Vergegenständlichkeit[1] hinein in eine Fließexistenz, die am Anfang unserer gleichzeitigen Selbst- und Welterfahrung da ist. Das ist Heilung aus dem Ursprung. Zu ihr führt die Spur des verborgenen Kindes.

Im Anschluß an das beschriebene Spontanritual fragte ich die Frau, welche Erfahrung in dessen letztem Teil in ihr stärker gewesen sei: das Gefühl, wie von einer äußeren Kraft durchzittert worden zu sein, oder das Gefühl für die eigene, innen entstandene Schwingung. Sie antwortete dem Sinne nach — in meiner systematisierenden Verdeutlichung —, es sei beides gleichzeitig gewesen, und zwar in solcher Einheit, daß die Alternative lediglich eine Frage der unterschiedlichen Perspektiven bedeuten könne — und da es während der Erfahrung selbst keine Perspektiven gegeben habe, diene ihre Antwort nur dem nachträglichen Verständnis. Diese Antwort verwunderte mich keineswegs, hatte ich es doch in Resonanz mit der Frau ebenso erlebt.

Nicht nur diese, sondern auch die anderen vier Gleichzeitigkeiten sind Aspekte der *mystischen Erfahrung*. Die Gleichzeitigkeit des Durchzittertwerdens und der eigenen Schwingung erleben wir manchmal auch im Hören von Musik und in sexuellen Begegnungen. Die Schwin-

[1] Vgl. P. Sloterdijk, Weltfremdheit, a.a.O., S. 288.

gung, die uns durch Musik erfaßt, geht nicht einseitig von dieser aus, sondern kann zunehmend zur eigenen Schwingung werden, die unser Erleben der jeweiligen Musik mitprägt. Das ist Resonanz. Diese Gleichzeitigkeit macht gute Musik aus. Ganz anders verhält es sich zum Beispiel mit Techno-Musik, die dem Bedürfnis nach Überwältigung beim seelisch automatisierten und entselbsteten Menschen entgegenkommt. Wer dem eigenen Rhythmus entfremdet ist, sucht nach äußeren Taktgebern.

Auch in der Gleichschwingung einer geglückten sexuellen Begegnung fehlt das Moment des masochistisch lustvollen durch den Partner einseitig Mitgerissen- und sich selbst Entrissen-Werdens sowie das entgegengesetzte Moment sadistischer Machtenfaltung.

In jeder, nicht nur sexueller Hinsicht, bilden meine und deine Vibration eine einzige: die Schwingung im jetzt aktivierten Mittelfeld der Begegnung, die andere, je eigene Felder des Wachstums ohne den Partner oder in einem anderen Lebenszusammenhang ohne weiteres zuläßt. Aus diesem Grund können mystische Erfahrungen der Einheit und Verbindung auch nicht ununterbrochen dauern. Immer wieder werden sie abgelöst von zum Teil quälenden Erfahrungen eigenen einsamen Suchens, die allerdings, wenn wir sie nicht behindern, schließlich in neue Öffnungen und Verbindungen hineinführen.

Schweben und Schwimmen

Die vorgeburtliche Seinsweise ist Schweben und Schwimmen. Die Sehnsucht nach dem Feuchten, Nassen, Flüssigen, nach Wasser, Strom und Meer nährt sich aus der Urerfahrung des Keimlings, der mit dem ihn tragenden, schützenden, nährenden Fruchtwasser eins ist. Vor allen Möglichkeiten eines Anstoßens, vor allen Erfahrungen von Grenze, Widerstand und Verzicht ist ihm das Fruchtwasser unendlicher als es jedes Meer für einen Erwachsenen sein kann, und da er sich vom Fruchtwasser nicht unterscheidet, ist er selber schwebende, schwimmende Unendlichkeit.

Die Sehnsucht nach dem großen Wasser ergreift uns besonders stark in Lebensphasen, die der embryonalen Seinsweise ähneln, Phasen, in denen sich das Feste und Unbewegliche alter Lebensgewohnheiten in Nichts aufgelöst hat und noch kein neuer Kontinent mit Grenzen und Orientierungsmöglichkeiten in Sicht ist. Flüssig sind wir da, schwebend und schwimmend zugleich. Ein junger Künstler, der sich in einer solchen Übergangsphase seelischer Schwangerschaft befand, beschrieb mir diesen Zustand in einem Brief. Er befinde sich »in einem Zustand seltsamer Schwebe«, schrieb er. Das hinter ihm liegende »Abgestandene, Alte, Verbrauchte« wolle er nicht mehr berühren, und das total neue, das vor ihm liege, zu enthüllen, dazu sei die Zeit noch nicht reif. Dann schrieb er: »Kürzlich habe ich gemerkt, daß mein Bedürfnis, zu mir selbst zu finden, im Moment gar nicht angebracht und nutzbringend ist. Würde ich jetzt zu meinem Selbst kommen, so wäre es ein Zurückgreifen auf ein altes Ich. Lieber bleibe ich in dieser Schwebe und schwimme weiter. Kurz: Ich befinde mich in einer Phase der Neuorientierung, aber noch nicht im konkreten Stadium des Zupackens; ich weiß nicht, wo ich stecke.«

In dieser erstaunlich sensiblen Beschreibung der flüssigen pränatalen Seinsweise, in die wir in Übergangsphasen erneut eintauchen, wird diese als gleichzeitiges und ununterschiedenes Schweben und Schwimmen, Fließen als passive und aktive Erfahrung geschildert, und eben darin besteht die Eigenheit des vorgeburtlichen Selbsterlebens. Die Unterscheidung kann erst vom bereits Geborenen und dem vom Urwasser Getrennten getroffen werden. Gleichwohl ist das Wechselspiel von schwebendem Getragenwerden und eigenem Schwimmen im embryonalen Stadium und auch später in Übergangsphasen für einen von außen Beobachtenden immer besser erkennbar.

Bei einigen Menschen mit problematischer vorgeburtlicher Phase habe ich festgestellt, daß das Bedürfnis nach »Schwimmen«, das heißt hier nach vertrauensvoller Eigenaktivität zwar stark da ist, jedoch die Schwierigkeit, sich fallen zu lassen und zu »schweben«, nicht minder stark die Realisierung des Bedürfnisses nach Selbstverwirklichung hemmt. Von dieser Verknüpfung zeugt der Traum einer Frau, deren Mutter sich im Zweiten Weltkrieg monatelang auf der Flucht befand, während sie mit ihr schwanger war. Im Traum sah sie sich zusammen mit ihrem Therapeuten und einem neugeborenen Mädchen am Ufer eines Bachs. Auf einmal war das Baby in einen schönen, schlanken, gesunden Fisch verwandelt, der munter im Bach herumschwamm. Der Therapeut widmete seine ganze Aufmerksamkeit diesem Fisch, so daß die Träumerin eifersüchtig wurde und ihm mitteilte, sie könne sich auch in einen Fisch verwandeln, allerdings nur zur Hälfte, im unteren Körperteil.

Folgende Deutung beruhte auf den assoziativen Einfällen der Träumerin. Diese hatte keine Schwierigkeit, sich sexuell und allgemein emotional fallen zu lassen – zu »schweben« – und im Medium dieses Schwebens aktiv zu werden: im Fluß der Emotionen selbst zu schwimmen. Im unteren Leib fühlte sie sich also ohne weiteres »wie ein Fisch im Wasser«. Ganz anders war es in der oberen Leibeshälfte. Aus Angst vor einem Kontrollverlust mit furchtbaren Folgen – der Seelenzustand der schwangeren Mutter – hatte sie mehrere Zwänge und Hemmungen entwickelt, vor allem den Zwang, an einmal ausgesprochenen Worten kleben zu bleiben und sie auf ihre möglichen negativen Folgen hin zu untersuchen, und die Hemmung, ihre Gedanken niederzuschreiben. Im geistigen Bereich konnte sie weder schweben noch schwimmen. Zwar spürte sie das intensive Bedürfnis, sich auch in den Fluß des Denkens fallen zu lassen und sich dabei frei wie ein Fisch im Wasser autonom zu bewegen. Doch zum Zeitpunkt des Traums gelang ihr das noch nicht. Wahrscheinlich hatte sich ihr in der vorgeburtlichen Phase die durch die Flucht bedingte ohnmächtige Angst der Mutter vor einem Kontrollverlust mitgeteilt. Im Verlauf eines Spontanrituals fand sie sich jedenfalls plötzlich in dieser vor, wurde identisch mit der flüchtenden Mutter und vermochte kein Wort mehr auszusprechen, geschweige denn aufzuschreiben.

Die Eifersucht auf das zur Gänze in einen Fisch verwandelte Mädchen zeigte, daß sie dieses noch nicht als eigene Lebens-Möglichkeit in sich wahrnehmen und wahrmachen konnte. In ihrem Traum ging es nicht um die »kleine Seejungfrau«, die von ihrem Fischsein im Unterleib, der unbewußten und ungelebten Triebhaftigkeit, erlöst werden wollte, sondern, im Gegenteil, um die Sehnsucht nach einer notwendigen Regression, die eine Progression in eigenes, freies Schwimmen auch in geistigen Dingen ermöglichen würde. Vielleicht befand sich ihr Therapeut mit ihrer Not zuwenig in Resonanz und fixierte sich auf das Zielbild ihrer Entwicklung — den frei schwimmenden Fisch —, so daß sie von ihm in ihrem Bedürfnis nach einer »progressiven Regression«, wie Jung das wachstumsfördernde Zurückgehen in der eigenen Lebensgeschichte nennt, eher gehemmt wurde. Doch vergaß sie ihren Traum nicht. Als sie ihn drei Monate später im passenden Zusammenhang wieder erwähnte, schlug der Therapeut ihr vor, probeweise das ganz in einen Fisch verwandelte Mädchen zu spielen. Schnell identifizierte sie sich mit ihrer Rolle und bewegte sich lange Zeit mit harmonischen, fließenden Gebärden, in die der ganze Leib einbezogen war. Dabei erfaßte sie ein ruhiges, sicheres Glück, als befände sie sich in einem schützenden Gefäß. Alles an ihr war Bewegung, auch der Kopf. Das spiegelte ihr der Therapeut, worauf sie eine geistige Initiative ergriff: Emotional beteiligt und doch gefaßt beschrieb sie, während sie weiter ihre Schwimmbewegungen ausführte, die Schreckhaftigkeit ihrer Mutter, die aus dieser ein kopfloses, panisches Huhn machte. Sie erzählte klar und ruhig, so daß der Unterschied zwischen ihr und der mütterlichen Schreckhaftigkeit im Raum spürbar war. So wurde sie sich selbst zu einer gesunden Mutter auch im Geistigen. Die Schwimmbewegungen, in denen sie bis zum Schluß des Spontanrituals blieb, waren die einer Frau, die nicht mehr mit ihrer Mutter identisch war.

»Das *Urkind* ist (im Mythos) ... *Fisch*, zugleich aber auch *Embryo*; der Mutterleib wird von den Griechen als Delphin verehrt (delphys bedeutet Uterus).«[1]

[1] K. Wolff, Das göttliche Kind, in: R. Battegay/U. Rauchfleisch (Hg.), a.a.O., S.78 (Kursivierungen von mir, P.S.).

GEHALTENSEIN UND ANSTOSSEN

Auch durch die Gleichzeitigkeit von Gehaltensein und Anstoßen ereignen sich im intrauterinen Leben Einssein mit der Mutter und Wechselspiel zugleich. Dies läßt sich nur von der Ursprungserfahrung des Dritten Leibes her erklären. Nie mehr im späteren Leben bestimmt der Dritte Leib so ausschließlich die Selbsterfahrung. Selbst der spürbewußteste Mensch erreicht nicht die Intensität und Selbstverständlichkeit der pränatalen Identität in der intrauterinen Weltverbindung. Vom entstehenden Kind zu ihm spannt sich der Bogen einer nie ganz gestillten Sehnsucht. Die Weisheit des *Anfängergeistes* (Tao) verleiblicht sich symbolisch im ungeborenen Kind.

Projiziert auf das alchemistische Gefäß erlebte der mittelalterliche abendländische Alchemist das Enthalten- und Gehaltensein des Embryo. Bezeichnend für unsere abendländische Kultur ist die Tatsache, daß diese Erfahrung aus der Distanz einer Projektion geschah. Spürbewußtsein konnte deshalb dabei nur beiläufig und kaum bemerkt am Werke sein. Daß das Erkennen des Äußeren eigentlich das spürende Erfahren des Inneren meinte, ahnten nur wenige westliche Alchemisten, zum Beispiel Dorneus.[1]

---

[1] Vgl. C.G. Jung, Studien über alchemistische Vorstellungen, GW 13, und Mysterium Coniunctionis, GW 14I und II, a.a.O.

Ganz anders in der östlichen Alchemie, zum Beispiel im taoistischen Text »Das Geheimnis der Goldenen Blüte«, den C.G. Jung auch als alchemistischen Traktat bezeichnet. Hier rückt die Erfahrung des embryonalen Enthaltenseins in den richtigen Bereich, nämlich in den des *meditativen Spürens*. Das *Feuer* versinnbildlicht dieses: »Zehn Monate steht der Embryo des Tao unter Feuer. Nach einem Jahr werden die Waschungen und Bäder warm.« »Unter Feuer stehen« bedeutet: Die Aufmerksamkeit richtet sich in die Atemkraft und damit in das spontane Wachstum aus dem Inneren. Die fruchtbare, aufmerksame Verbindung mit dem automorph Keimenden und Wachsenden gleicht der *Hingabe der Mutter* an das sich in ihrem Uterus entwickelnde Leben. Im Long Yen Ging lesen wir: »Mütterlich wahre man das Erwachen und Antworten«, also das Erwachen der Atemkraft und Geisteskraft in einem, und das Antworten auf Fragen, die mit dieser körperlich-seelischen Kraft in Zusammenhang stehen. In »Das Geheimnis der Goldenen Blüte« geht es also um das *Wachstum des inneren Kindes, für das der spürbewußte Mensch mütterlicher Uterus ist.* Es findet statt, wenn sich das wache Spüren ruhig und unbeweglich auf das von allein Geschehende richtet. Das ist *wu wei*, Tun durch Nicht-Tun.

Doch ist es gleichzeitig ein Bild für das Leben des realen Embryo, für den sich das Enthaltende und Enthaltene, das mütterliche »Gefäß« und der sich in ihm entfaltende Keim, nicht unterscheiden. Auch so offenbart sich die Verwandtschaft von Spürbewußtsein und vorgeburtlicher Selbsterfahrung. Auch für das Spürbewußtsein gilt: »Tägliches Wachstum findet statt.« Und: »Wenn die Kraft genügend stark und der Embryo rund und voll ist, so tritt er aus dem Scheitel hervor«, nämlich aus dem leiblichen Ort, der die Geburtsöffnung für eine Wandlung der Gesamt-persönlichkeit symbolisiert.[2]

Aus der taoistischen Meditationstechnik geht somit deutlich hervor, auf welche Weise der innere »göttliche« Embryo mit dem Selbsterleben des realen Embryo zusammenhängt.

Wenden wir uns daher wieder letzterem zu, um tiefer in das Wesen des Spürbewußtseins einzudringen. »Die ganze Schwangerschaft hindurch wird das Kind im Mutterleib gehalten ... Je größer der Fetus ist, und je weniger er seine Körperlage ändern kann, umso intensiver nimmt er die Bewegungen der Mutter wahr.«[3] Daher kann es auch im Organismus des Fötus Verstimmungen und Spannungen geben. Schon im Uterus ist das Kind ein prägbares und geprägtes Wesen. »Nur im Idealfall ist das intrauterine Leben eine spannungslose Periode.«[4] Ich vermute, daß dieser Idealfall nie eintritt, ja daß es sich dabei nicht einmal um einen Idealfall, sondern um ein theoretisches Konstrukt handelt, das von der Wirklichkeit des widerständigen Daseins abstrahiert, in dem sich das Wechselspiel zwischen Embryo und Mutter entfaltet.

Der Embryo ist vom Moment der Zeugung an fähig zur Aktion und Reaktion, zu Wachstumsverhalten in der Geborgenheit des Mutterschoßes und zu Verhaltensantworten auf überstarke Reize: Bereits der siebeneinhalb Wochen alte, 20 bis 23 Millimeter lange Embryo reagiert auf Schmerz mit einer Halsdrehung als Abwehrreaktion. Wahrscheinlich beginnt die Interaktion zwischen Em-

---

[2] Zitate aus C.G. Jung/R. Wilhelm (Hg.), Das Geheimnis der Goldenen Blüte, Olten und Freiburg i.Br. 1973, S. 121 und 122.

[3] J. Prekop, Hättest du mich festgehalten, a.a.O., S. 81.

[4] D. Bürgin, Die pränatale Entwicklung, in: R. Battegay/U. Rauchfleisch, Das Kind in seiner Welt, a.a.O., S. 10.

bryo und Mutter bereits mit der Zeugung. »Ein 3,4 Millimeter großer, etwa 24 Tage alter Embryo hat mikrosko-
pisch bereits alle Organsysteme in ihren Bauprinzipien
ausgebildet.«

Angstzustände beim geborenen Kind hängen oft
»ursächlich mit ängstlichen und traumatisierenden Affekt-
zuständen der Mutter in der Schwangerschaft« zusammen. Die Sozialisation des Kindes beginnt in jeder Hinsicht bereits vor der Geburt.[5] Doch erinnere ich daran,
daß wir Sozialisation nicht einseitig nur in Gegensatz zu
Individuation — Verwirklichung des individuellen Selbst-
Musters — verstehen dürfen. Im Wechselspiel zwischen
Mutter und Embryo nimmt sich dieser soviel wie möglich zur Unterstützung seines eigenen Wachstumspoten-
tials. Im Verlauf einer gesunden Entwicklung, in welcher
Lebensphase auch immer, überwiegt der passende gegenüber dem unpassenden Einfluß. Bereits der Embryo geht
mit der Außenwelt (die er noch nicht als solche erlebt)
die bestmögliche Verbindung ein. Dabei beweist er bereits, wenn auch noch nicht so weit wie das geborene
Kind, große Flexibilität, verfügt doch der Mensch über
eine enorme Zahl geeigneter Anlagebereitschaften, die
nur geweckt werden müssen.

In der Mythologie sind göttliche Kinder oft auch Embryos — gleichzeitig geboren und ungeboren. Analog
dieser Tatsache müßte das heutige inflationäre Reden
über das »innere Kind« in die Selbstbeschränkung gehen,
indem es sich in erster Linie dem »inneren Embryo« zuwendet, der des schweigenden, spürenden, liebevoll auf-
merksamen Gehaltenwerdens bedarf. Nur so lernen wir
wieder, aus dem existentiellen Moment der Empfängnis

---

[5] Ebd., S. 11-22.

zu leben. Wir sehen den symbolischen Embryo nicht, ebensowenig wie den realen. Wer nicht sehen kann, dem bleiben nur die spürnäheren anderen Sinne. Regelmäßig erlebe ich in Spontanritualen, daß das Spürbewußtsein in einer ersten, noch gefährdeten Phase der geschlossenen Augen bedarf. Dann steigern sich die leiblichen Empfindungen, in denen Körper und Seele untrennbar zum Ausdruck kommen. Freude ist dann keine Vorstellung mehr, sondern ein in allen Lebensäußerungen jubelnder Leib. Und wenn wir dann wieder die Augen öffnen, ist der »geistige« Embryo vollständig ins Wechselspiel des Lebens einbezogen. Er inspiriert uns zu Schritten, vor denen ohne ihn unser Fuß stocken würde. Und wir schenken ihm durch das bebrütende Feuer des Spürbewußtseins das unsichtbare Gefäß, in dem er uns anstoßen — Anstöße geben — kann. Den nur sehenden Augen bleibt er verborgen, doch dem Spüren offenbart er sich. Die Spur des verborgenen Kindes wird uns durch das Spürbewußtsein gewiesen.

Der Embryo stößt an: Dieser Satz kann sowohl für den realen als auch symbolischen Embryo auf zwei Arten verstanden werden. *Erstens* gibt er, als realer Embryo, der Mutter und dem Vater, und als symbolischer Embryo dem spürbewußten Menschen *Lebensanstöße*. *Zweitens* stößt er als realer und symbolischer Embryo an *Grenzen*.

Was bedeutet dies nun in bezug auf den *realen Embryo*? Zunächst folgendes: Er nimmt am Existential menschlicher Begrenzung teil. Auch für ihn gibt es kein ideales, kein völlig ungestörtes Wachstum. Auch im lebenshinderlichen Sinne ist er ein Geprägter und Gezeichneter. Doch die Tatsache ausreichenden Gehaltenseins ermöglicht ihm die Erfahrung des haltenden und fördernden Dritten Leibes.

Noch ein weiteres bedeutet für den realen Embryo die Tatsache des Anstoßens: Es wird ihm zunehmend eng im Mutterleib. Die Enge ist heilsam, denn sie drängt ihn in die Geburt.

Auch für den *symbolischen Embryo* meint die Naturtatsache der Begrenzung und Beschränkung zweierlei: Als göttlicher Embryo — im mythologischen Sinne — trennt ihn in jedem Falle ein wesentlicher Abstand von dem, was wir Sterbliche selbst in einem gelungenen Leben verwirklichen können. Dies anzuerkennen ist Demut, dies zu leugnen wäre Inflation oder Depression. Die Unerschöpflichkeit des göttlichen, ewigen Embryos vermögen wir Irdische nur in Grenzen auszuschöpfen. Auch widrige Lebensumstände, Fehler, Irrtümer, Wunden, Narben, erlittenes Unrecht, Behinderungen und Anlageschwächen machen in ihrem Kern einen Aspekt des Existentials menschlicher Begrenzung aus. Aus diesem Grund behält der symbolische, unbegrenzte Embryo bei aller erfolgten Entfaltung sein Geheimnis: »Die Spur des verborgenen Kindes« bleibt für uns auf immer eine bloße Spur. Selbst in der buddhistischen Lehre besteht der Sinn der Wiedergeburten nicht darin, in vielen Leben alles Menschenmögliche auszukosten, wie eine hedonistische westliche Deutung es vielleicht gerne haben möchte, sondern frei zu werden vom Gesetz von Ursache und Wirkung zugunsten des Eingehens ins Nirwana, das heißt wörtlich in das Erlöschen der Lebensgier. Diese wurzelt in der Revolte gegen die natürliche Begrenztheit. Ihr Erlöschen ermöglicht eine Flußexistenz, in der wir nicht mehr diesem oder jenem anhaften.

Die zweite Bedeutung der Grenzen auch für den symbolischen Embryo ist die *wachsende Enge* und damit verbunden der sich steigernde *Drang nach Geburt.* Diesen Zusammenhang unterstreicht der typische Ablauf der meisten Spontanrituale. Diese bewegen sich in ihrem ersten Teil auf der traumatischen Spur lebensgeschichtlich bedingter Grenzsetzungen, die nun überlebt sind und nach Auflösung rufen. Das Spürbewußtsein auf der alten traumatischen Spur bewirkt das Gefühl immer unerträglicher werdender Enge, die den inneren Embryo in den Geburtskanal drängt. Zum ersten Mal spüren wir dabei mit genügender Intensität, woran wir schon seit langem spürunbewußt gelitten haben: Atemnot, Muskelverspannungen, Eingeschlossensein in moralischen Vorstellungen und bornierten Meinungen, in Empfindungen der Bedrückung und Verzweiflung. Das Spürbewußtsein für die Enge treibt ans Licht und in die Bewegungsfreiheit.

Gehaltensein und Anstoßen: Auch die Gleichzeitigkeit dieser beiden Erfahrungen bedeutet sowohl für den realen wie auch den symbolischen Embryo die Ununterscheidbarkeit von passivem Empfangen und aktivem Tun. Deshalb geschieht auch spürbewußtes Leben nie ohne kreative Eigenaktivität.

Geschützt und ausgesetzt

Zwei weitere Aspekte des intrauterinen Lebens — das gleichzeitige Geschützt- und Ausgesetztsein — vertiefen das Verständnis spürbewußten Lebens beim erwachsenen Menschen. Die Selbsterfahrung des realen Embryo und Fötus bringt uns, bei allen Unterschieden, auch in diesem vierten Zusammenhang der Wahrnehmung des inneren, symbolischen Embryos näher, und umgekehrt ist diese der einzige Weg, auf dem wir das vorgeburtliche Leben nicht durch äußere wissenschaftliche Beobachtung, die nur in Gegensätzen erfolgen kann, sondern durch inneres Erleben der intrauterinen »Einheitswirklichkeit« (Erich Neumann) erfassen können. Nur letzteres ist wirklich wissenschaftlich, weil es »Gleiches mit Gleichem« (Paracelsus), also durch Analogieschluß, wahrnehmend angeht und so näher an der Sache ist. Mit jedem neuen Paar von Gleichzeitigkeiten erhellt sich in wechselseitiger Rückkoppelung ein Bereich des intrauterinen und des spürbewußten Lebens.

Der Schutz, den der Keimling von der Mutter bekommt, ist auch ein Dialog mit ihm. Je näher der Tag der Geburt kommt, desto leichter läßt sich dieser Dialog beobachten. Von Seiten des Kindes besteht er in Lebensäußerungen, von Seiten der Mutter in Gebärden der Verbindung, der Liebe und des Schutzes. Das Kind »kann sich auf das Beantworten seiner eigenen Bewegungen verlassen. Typischerweise hält die schwangere Frau ihre Hände am Bauch und reagiert streichelnd auf die Lebensäußerungen ihres Kindes. Je erwünschter das Kind, umso intensiver wird dieser Dialog stattfinden.«[1] Ich habe darauf hingewiesen, daß dieser Dialog wahrscheinlich bereits vom Moment der Zeugung und Empfängnis an stattfindet. Zwar kann er erst später beobachtet werden und ist den Eltern anfänglich meist unbewußt. Doch haben mir einige Menschen glaubwürdig von einem erstaunlichen inneren Austausch mit dem gerade erst gezeugten Keimling und dem aus solchem Austausch in ihnen entstandenen seelischen Prozeß berichtet, und ich halte es für unwahrscheinlich, daß es sich dabei nur um Projektionen gehandelt hat.

Dasselbe läßt sich vom Dialog mit dem inneren, symbolischen Embryo sagen. Je näher der Moment der Geburt, das heißt des Umschlags in eine neue Entwicklungsphase kommt, desto deutlicher werden die in die neue Richtung weisenden Lebenssignale, und desto empfänglicher werden wir für diese. Mit Gebärden der Verbindung, der Liebe und des Schutzes antworten wir dann auf sie. *Eigenberührungen* im Verlauf eines Spontanrituals haben oft diese Bedeutung: Sie verbinden mit den Lebenszeichen aus dem Inneren, den *Energiesignalen*, und geben den noch gefährdeten Keimlingen Liebe, Schutz und Ansporn. Ein Schmerz im Bauch zum Beispiel kann sich dank spürbewußter Berührung mit den Händen in heftige Äußerungen der Wut wandeln.

Doch bereits im Anfangsstadium eines Spontanrituals bahnt sich durch Gebärden, Einfälle und Bilder der heimliche Dialog mit Lebensäußerungen an, die alle in die neue Richtung weisen, auch wenn sie noch nicht in ihrer Zukunftsträchtigkeit wahrgenommen werden. Erst die Rück-

---

[1] J. Prekop, Hättest du mich festgehalten, a. a. O., S. 81.

schau nach Abschluß des Spontanrituals kann den Dialog mit dem eigenen keimenden Leben als solchen identifizieren.

Beschäftigen wir uns nun erneut mit einem weiteren Schritt zur Erfassung der Erfahrung im *realen Embryo* und Fötus. Gerade weil er im Leib der Mutter geschützt ist, eben deswegen ist er auch deren Gefühlsregungen ausgesetzt, und weil er ihnen ausgesetzt ist, gerade deshalb ist er auch durch sie geschützt. Mit diesem Paradox versuche ich, die Gleichzeitigkeit von Schutz und Ausgeliefertsein und deren Ununterschiedenheit für die intrauterine Erfahrung deutlich zu machen. Das erwähnte wechselseitige Durchzittertwerden von Mutter und angehendem Kind, das für dieses das ganze, für jene einen Teil des Selbsterlebens ausmacht, bedeutet für das Ungeborene zeitgleich und ununterschieden Schutz durch die mütterliche Präsenz und Mitschwingen in deren Stimmungen. Oft passen diese zu seinen eigenen Stimmungsbereitschaften und fördern seine emotionale Lebendigkeit als *Stimmungswesen*, das es noch ganz und gar verkörpert. Oft versetzen sie das Ungeborene aber auch in eine verwirrende, seinen Wachstumsbedürfnissen nicht entsprechende Schwingung: »Die Ängste der Mutter spürt auch das Kind; durch den veränderten Herzschlag der Mutter wird es verängstigt; es nimmt Teil an ihrem erhöhten Adrenalinspiegel. Es macht aber auch eigene Gefährdungen durch, zum Beispiel, wenn es unter Sauerstoffmangel gerät oder sich die Nabelschnur um den Hals wickelt. Die Krisen sind sicher schwer. Jedesmal aber kehrt das Kind durch das rhythmische Wiegen in die Urvertrautheit zurück.«[2]

Das Gesagte widerspricht der Tatsache nicht, daß der

---

[2] Ebd., S. 82.

notwendige Schutz im intrauterinen Dasein wesentlich größer als der nach der Geburt ist, daß also das Ungeborene nicht nur an den Lebensregungen der Mutter teilhat, sondern auch in meist genügendem Ausmaß vor ihnen geschützt ist.

Das beschriebene Paradox gilt auch für den inneren, *symbolischen Embryo*. Durch das Spürbewußtwerden eines neuen, unerwarteten Lebenssignals und durch Hinwendung der Aufmerksamkeit zu diesem schützen und fördern wir dieses Lebenssignal zwar, doch gefährden es auch, weil wir dazu neigen, es, kaum hat es sich gemeldet, vielleicht durch Erschrecken, Angst, Kontrolle, Unterdrückung oder Verdrängung auszulöschen. Der Moment des Auftauchens eines Energiesignals — eines Lebenszeichens des symbolischen Embryos — ist ein heikler Moment. Nur plötzliches Erwachen kann das Energiesignal aus seiner schläfrigen Bedeutungslosigkeit erlösen und ihm die Würde eines neuen Lebensanstoßes geben. Unter plötzlichem Erwachen verstehe ich das im richtigen Moment einsetzende Spürbewußtsein für das soeben spontan und absichtslos in den Vordergrund Getretene. Der Therapeut in seiner Funktion als »Regieassistent«[3] teilt dem Selbstinitianten in diesem kritischen Moment, da dessen innere »Leibesfrucht« in Gefahr steht, »abgetrieben« zu werden, seine Wahrnehmung des neuen Lebenszeichens mit, und zwar in einer *mit*-spürenden, nicht bloß *ein*-fühlenden, empathischen Weise. Außerhalb des therapeutischen Settings muß der im neuen Lebenssignal erwachende Mensch durch aufmerksames und ausdauerndes Spürbewußtsein die Rolle des Therapeuten selbst übernehmen. Gelingt dies, so richtet sich die gesammelte, be-

[3] Vgl. P. Schellenbaum, Nimm deine Couch und geh!, a. a. O., S. 23.

scheiden empfangende Achtsamkeit des Erwachsenen ganz auf die noch embryonale Lebensäußerung und fördert auf diese Weise ihr Wachstum.

Auch in seiner Weiterentwicklung ist der neue Lebensansatz – Ausdruck des symbolischen Embryos – der Macht unserer alten Denk-, Fühl- und Verhaltensmuster ausgesetzt, oft noch stärker als im Moment seines Auftauchens. Dann vermischen sich in unseren Stimmungen das Passende und das Unpassende, die Schwingung der begonnenen Entwicklung mit jener einer überlebten Existenz. Jedesmal aber kann dank unseres erneuten spürbewußten Einstimmens das erwachte neue Leben in die Urvertrautheit des schöpferischen Geschehenlassens zurückkehren.

ERGEBENHEIT UND DRANG NACH GEBURT

Vom Drang nach dem Geborenwerden war schon in der dritten Erfahrung des intrauterinen Lebens — der des Gehaltenseins und Anstoßens — die Rede. Doch wie können ungestümer Drang nach Geburt und gelassene Stimmung der Ergebenheit eine Gleichzeitigkeit bilden, in der die Gegensätze als das ununterschieden Eine erlebt werden? Die Antwort auf diese Frage ist indirekt bereits gegeben. Ich brauche sie bloß in den Zusammenhang dieser letzten Erfahrung des intrauterinen Lebens zu übertragen.

Wie meldet sich beim im Mutterleib heranwachsenden Kind der Drang nach der Geburt? Durch Lebenszeichen zunehmend eigenständiger Entwicklung. Je näher der Zeitpunkt der Geburt rückt, desto kräftiger strampelt das Kind im Mutterleib und stößt mit Händen und Füßen gegen den Bauch der Mutter. Nichts mehr ist zu spüren vom vermeintlichen Dahindämmern als Zweig am Stamm des Mutterbaumes, im Dunklen und Warmen der Mutterhöhle, im tragenden und nährenden Wasser des Muttermeeres. Vorbei scheint die Ergebenheit des Anfangs, die so ganz anders war als der sich nun steigernde Drang nach der eigenen Geburt, der von den sehnsüchtig Zurückschauenden eher als grausamer Zwang und revoltierende Nötigung erlebt wird.

Doch all dies sind rückwärts gerichtete Projektionen

des erwachsenen Menschen, der zu seinem Leben sagt: »Ich will nicht, aber ich muß.« Solche Projektionen haben eines gemeinsam: Sie trennen Ergebenheit und Drang nach der Geburt und flüchten sich vor dem Hintergrund des späteren Erlebens von Fremdbestimmung, Zwang und Nötigung in die Parteinahme für die Ergebenheit.

Meditationen über das angeblich intrauterine Leben, die in den letzten Jahren in Mode gekommen sind, zeugen von dieser *Flucht in ein Ursprungsparadies*, das nur in den Projektionen von Erwachsenen existiert. Solche Parteinahme widerspricht der Einheitswirklichkeit, die vom Embryo und Fötus in allem als einzige Wirklichkeit gespürt wird. Unbewußt spaltet sie das intrauterine Leben in zwei Gegensätze auf, von denen sie den letzten − den Drang nach Geburt − verdrängt.

In einer solchen Meditation heißt es zum Beispiel: »Stell dir das ruhige Fließen, das warme Schweben im Mutterleib vor ... Dein Körper wird von Wärme umspielt − Geborgenheit umgibt dich. Wohin du dich auch bewegst, du bist sorgsam beschützt. Alles, was du benötigst, was du möchtest, wird automatisch (!) besorgt. Essen wird bereitgestellt, bevor du beginnst, hungrig zu werden. Verdauung findet statt, bevor du daran denken mußt, zur Toilette zu gehen. Dein Bewußtsein ist ruhig und still, wie alles, was dich umgibt. Angenehmes Pochen des Herzschlages deiner Mutter ist dir altvertraut ... Du fühlst totale Verbundenheit mit allem, was dich umgibt und doch bist du ein eigenes Wesen, geborgen im Leib der Mutter, als ein Teil des Universums.«[1]

Zwar ist in diesem Text in der Folge auch vom Schock

[1] A. Samuels/E. Lukan, Im Einklang mit dem inneren Kind, Freiburg i.Br. 1993, S. 28.

der Geburtsreise die Rede wie auch vom negativen elterlichen Anspruch, wie wir nach deren Vorstellung zu sein hätten. Doch weist diese Art von Meditation zwei fundamentale Fehler auf. Erstens gibt es im intrauterinen Leben noch kein von der Mutter getrenntes Ich. Diese Ungetrenntheit, gemeinsam mit der Gleichzeitigkeit von Erfahrungen, die später vom zur Welt gekommenen Menschen als gegensätzlich erlebt werden, ist die wichtigste Eigenschaft vorgeburtlichen Selbsterlebens. Für das Spürbewußtsein lösen sich die Polaritäten in Gleichzeitigkeit der Flußexistenz auf. Sobald wir in einer Weise »ich« sagen, wie diese Meditation es tut, fallen wir Wunschprojektionen anheim. Damit hängt auch meine zweite Bemerkung zusammen. Solche Wunschprojektionen stammen alle aus der gleichen Quelle, nämlich der Sehnsucht des überforderten Erwachsenen nach ausschließlichem Durchzittert-, Aufgehoben-, Gehalten- und Geschütztsein, nach ruhigem, ergebenem Schweben.

Viele bemerken erst nach dem Ausscheiden aus dem aktiven (Berufs-)Leben den gefährlich illusorischen Charakter solcher Sehnsucht: Dann merken sie, daß die Abspaltung des anderen, aktiven Gegensatzes Tod bedeutet. Immer fehlt die zweite Erfahrungstatsache in der Gleichzeitigkeit, nämlich die aktive Schwingung, das Schwimmen, Anstoßen, Sich-Wehren, kurz, der Drang nach Geburt.

Ich wiederhole, daß ich nicht von der Erfahrung *eigener* Schwingung, *eigenen* Schwimmens, Sich-Anstoßens und Wehrens, vom Drang nach der *eigenen* Geburt spreche, ebensowenig wie von äußerem, *ichfremdem* Halt und Schutz. Nur der spürbewußte Mensch ahnt, wie es möglich ist, gleichzeitig aufgehoben und im Drang nach Geburt zu sein, ohne »ich« sagen zu müssen. Das Subjekt des vorgeburtlichen Lebens ist ein vorbewußtes verbindendes Es, während das Subjekt des spürbewußten Lebens ein nachbewußtes verbindendes Es ist. Unter »verbindendem Es« verstehe ich den Dritten Leib, die leibliche Urerfahrung einer Beziehungsidentität.

Auch im Dritten Leib des intrauterinen Selbsterlebens gibt es Spannung. Die erwähnte Meditation jedoch verlegt jegliche Spannung auf die Zeit nach der Geburt, auf den späteren Konflikt mit der Umwelt. Dieser bekommt dadurch den Charakter eines zufälligen und korrigierbaren Betriebsunfalls. Doch bedeuten Spannung und Pulsation etwas viel Ursprünglicheres als einzelne Konflikte es ausdrücken können. Aus energetischer Sicht sind sie Kennzeichen des Lebens überhaupt. Die Gleichzeitigkeit polarer Erfahrungen bedeutet auch in der pränatalen Phase gesunde Lebensspannung.

Je verfeinerter die Methoden wissenschaftlicher Beobachtung werden, desto weiter läßt sich im Wechselspiel des Ungeborenen mit der Mutter auch die autonome Schwingung und somit — im weiteren Sinne — der Drang nach Geburt zurückverfolgen. Dessen Realität vom Moment der Zeugung an wird somit auch aus dieser Perspektive immer wahrscheinlicher. Auf diese Feststellung lege ich auch deshalb so großen Wert, weil sie ein heute verbreitetes, durch Kompensation zur Brutalität der Leistungsgesellschaft entstandenes, idealisiertes und realitätsfremdes Menschenbild korrigiert: Der spürbewußte Mensch lebt im Wechselspiel von Spannung und Entspannung, Aktivität und Passivität, Geben und Empfangen. Beide wirken gleichzeitig in ihm, auch wenn sie im Fluß des Lebens als Nacheinander auftreten. Denn wie könnten wir Spannung und Aktivität anders erleben denn im Zusammenspiel mit Entspannung und Passivität?

Spürbewußtsein ist die gleichzeitige Erfahrung beider als Rhythmuseinheit. Das Zeiterleben relativiert sich und macht dem Erleben des »flüssig pulsierenden, ewigen Moments« Platz, der mit dem existentiellen Moment der Empfängnis identisch ist.

Wie können wir Ergebenheit und Drang nach Geburt als Einheit verstehen? Indem *Ergebenheit* für uns zum Geschehenlassen von Wachstum wird, im Bewußtsein, daß jeder Eingriff ein störender Übergriff wäre, und indem *Drang nach Geburt* sich für uns zur Wahrnehmung des inneren Drängens in diesen oder jenen Entwicklungsschritt wandelt, in den wir bloß einzustimmen brauchen, allerdings mit erwachsener, integrierender Stärke und Ausdauer, mit Um- und Übersicht.

Zur Analogie zwischen intrauterinem und spürbewußtem Leben gehören auch gewichtige Unterschiede.

Das Geschehenlassen des Eigenwachstums — Ergebenheit und Drang nach Geburt in einem — kennzeichnet also das intrauterine Leben. Was beim erwachsenen spürbewußten Menschen hinzukommt, ist der Einbezug von Verstand, Willen, Lebenserfahrung, Fähigkeit zu Synthese und Verbindung. Doch ist selbst diese scheinbar zusätzliche Aktivität im Einstimmen ganz und gar getragen durch die bloße Wahrnehmung des jetzt Empfangenen, also durch Ergebenheit und Vertrauen. Spürbewußtsein fördert aus sich selbst heraus den Vollzug der jetzt anstehenden zweiten Geburt in einem neuen Entwicklungsschritt. Eigenaktivität und Vollzug gehören zum Empfangenen.

Auch wenn es für die folgende kleine, das Kapitel über das intrauterine Leben abschließende *Spekulation* keine Beweise gibt, unterstreicht sie doch noch einmal die Gleichzeitigkeit des aktiven und passiven Pols im vorgeburtlichen und auch im späteren spürbewußten Leben. Der

Mensch ist im Gegensatz zum Tier eine *biologische Frühgeburt*. Es ist wieder in Mode gekommen, diesen »zu frühen Abschied vom Meer« des bergenden und nährenden Fruchtwassers einseitig vom ersten passiven Pol des Selbsterlebens her bedauernd zu deuten, als ein Sich-Sträuben gegen die Geburt und als Urwiderstand gegen die fremde, überfordernde Welt. Ebenso verfehlt wäre es, die Tatsache der biologischen Frühgeburt einseitig vom aktiven Pol des Selbsterlebens her zu deuten und zu begrüßen: als Ausdruck des spezifisch menschlichen Drangs nach Geburt und weiterreichender Entwicklung.

Versuchen wir nun, im Zusammenhang mit der Naturtatsache, daß der Mensch eine biologische Frühgeburt ist, beide Pole gleichzeitig und in Verbindung miteinander wahrzunehmen. In viel höherem Maß als das neugeborene Tier ist das neugeborene Kind in jeder Hinsicht auf die Zuwendung von Mutter und Umwelt angewiesen. Seine frühe Geburt bringt also zweierlei ins Spiel: erstens den Drang nach beschleunigter Geburt und zweitens die intensivere Beziehung zu Mutter und Umwelt. Beide zusammen ergeben ein Wesen, das sich gleichzeitig durch einen differenzierten, weitreichenden Entwicklungstrieb und eine intensive Du-Beziehung auszeichnet. Erfassen wir nun deren Gleichzeitigkeit als Einheit, dann beginnen wir zu merken, daß sich von allem Anfang an im Dritten Leib der menschlichen Gemeinschaft in natürlicher Verbindung sowohl Selbstentwicklung als auch Du-Beziehung ereignen und daß es das eine ohne das andere nicht geben kann.

Im Laufe dieses Kapitels wurde zunehmend deutlich, daß das Eintauchen in das intrauterine Leben einerseits und die Einsicht in das spürbewußte Dasein andererseits in ihrem Wechselspiel das Verständnis sowohl des einen als auch des anderen vertieft. Das ist keineswegs zufällig, spannt sich doch der Bogen eines Menschenlebens zwischen diesen beiden. Was kommt zuerst? Natürlich das intrauterine Leben, scheint die selbstverständliche Antwort zu lauten. Doch ist die Frage falsch, weil nicht aus dem Erleben des Dritten Leibes heraus gestellt. Übersehen wir aber die Falschheit der Fragestellung, dann verfehlen wir die richtige Antwort, denn alle Antworten, die wir gäben, säßen dem Irrtum einer absolut gesetzten Zeit auf. Das zeitlich lineare Vorher und Nachher verbindet sich in der Gleichzeitigkeit momentanen Erlebens. Der gespannte Bogen vollendet sich zum Kreis, in dem es keinen Anfang und kein Ende gibt. Das Sein im »vollkommen Runden« ist Symbol sowohl für das intrauterine als auch das spürbewußte Leben.

5

BOTSCHAFTEN
DES VERBORGENEN KINDES
AUS SEINEM URSPRUNG

Geheimnis des Anfangs

Jeder Anfang verliert sich für den Zurückschauenden im Dunkel der Geschichte. Die sich zurücktastende Erinnerung erreicht nie ganz die Quelle, in der das Neue entsprungen ist. Das ist nicht weiter verwunderlich, denn am Anfang ist immer — nichts! Ob das Nichts als Vorstufe eines absoluten Beginns oder eines Übergangs gedacht wird, spielt keine Rolle. Für den, der sich als in Geschichte eingebunden — von der eigenen Biographie, der Familien- und Kulturgeschichte sowie von der Phylogenese der menschlichen Art und der Evolution der Welt her — versteht, beruht der Anfang auf einem unergründbaren Geheimnis, weil seine Erinnerung versagt, je näher er dem ursprünglichen Nichts kommt.

Ganz anders für den, der sich vom pulsierend fließenden Moment her versteht und sich spürend in ihm situiert. Für ihn gibt es keine Zeit im Sinn von objektivierbarer Geschichte mehr. Anfang ist ein Geheimnis, aber nicht, weil dieser sich im Dunkel der Vergangenheit verliert, sondern weil er als Gegenwart vor aller Gestaltung ein Nichts ist: Durchlässigkeit für das sich jetzt aus vielerlei Quellen regende Leben bedeutet. Das heißt nun keineswegs, daß ein so empfindender Mensch geschichtslos unbewußt dahinlebt. Doch projiziert er seine Geschichte nicht in eine scheinbar objektive Vergangenheit — die hat es nie gegeben. Was wir Vergangenheit nennen, ist einzig als Ent-wicklung im gegenwärtigen Moment wirksam. Diese Gegenwart bezieht alles von Anfang an Gewachsene als gespeicherte Information lebendig ein. Der einzelne Mensch ist ein Empfänger mit vielfältigen individuellen, aufnahmefähigen Antennen und als solcher keineswegs ein Nichts. Die ganze Onto- und Phylogenese lebt auf unwiederholbar eigene Art in ihm. Doch insofern er sich den Schwingungen, die zwischen ihm und anderen entstehen, nicht selbstisch verschließt, sondern in ihnen seine eigentliche Identität erlebt — eine Beziehungsidentität im Dritten Leib —, ist er als eigenes ein Nichts.

Soweit wir auf diese Weise im existentiellen Moment der Empfängnis leben, »erinnern« wir den Augenblick, in dem wir als Urzelle ins Leben getreten sind: den Augenblick unserer Schöpfung aus dem eigenen Nichts. Solche Er-innerung ist nicht von einem guten Gedächtnis abhängig, sondern stammt aus der momentanen spürbewußten Wahrnehmung, die mehr »weiß«: nicht nur über das anfängliche Nichts, sondern auch über die prägenden Faktoren unserer Biographie. Diese Erinnerung äußert sich motorisch und symbolisch, jedoch nie als Nachahmung eines Vergangenen.

Die *motorische Er-innerung* ist ein Aspekt des sogenannten *Leibgedächtnisses*. Ein Fuß zum Beispiel, der in Kindheit und Jugend regelmäßig gestockt hat, wenn es darum ging, eigene Schritte zu tun, speichert diese Hemmungsinformation etwa so, daß er nervös wippt, statt sich, wenn die Situation es erfordert, entschieden in Bewegung zu setzen. Im Gegensatz zum Kopfgedächtnis versagt das Leibgedächtnis nie, sofern es sich um noch nicht aufgelöste Tatsachen handelt, und da Lebenstatsachen nie ganz aufgelöst, höchstens nicht mehr schicksalsbestimmend sind, läßt es uns letzten Endes nie im Stich. Sowohl im Hemmenden als auch im Fördernden wirkt in uns das Leibgedächtnis, ausgenommen dann, wenn wir entweder im traumatisch Zerstörerischen oder im schöpferisch Lebendigen einen neuen Anfang setzen. Es ist Innewerden des aus uns in vorgeprägten Mustern leiblich Wirkenden.

Tauchen in uns sehr frühe Kindheitserinnerungen oder gar vorgeburtliche Erinnerungsspuren und Eindrücke auf, so können wir nie mit Bestimmtheit wissen, ob diese nicht ganz oder zum Teil Phantasieprodukte darstellen. Solche Zweifel stellen sich bezüglich des Leibgedächtnisses nie ein. Da sich im Leibgedächtnis genetische Anlage und Umwelteinflüsse in einem zirkulären Prozeß verbinden, lassen sich beide nie ganz voneinander trennen. Doch ist dies bloß ein weiterer Hinweis darauf, daß unsere Identität letztlich die eines Dritten Leibes ist.

Gibt es auch eine motorische Erinnerung des anfänglichen Nichts? Im spürbewußten Moment wird auch sie wach, besonders dann, wenn wir in unseren Lebensäußerungen auf *Rhythmen* achten. In jeder Rhythmuseinheit gibt es einen Umschlagpunkt, und eben dieser ist für unser Erleben »nichts«. Am leichtesten spürbar ist er wohl *nach dem Ausatmen*, wenn der Atem nicht mehr ausströmt und noch nicht einfließt. Zwanghaft ängstliche Menschen schnappen dann vorschnell nach Luft, schizoide stocken und geraten in einen kleinen Blackout. Werden wir jedoch mit dieser kurzen Phase spürbewußt identisch, bekommt sie die Länge, die ihr zusteht, und wir erleben das Einatmen als spontane, lustvolle Schöpfung aus dem Nichts, dessen Urmuster der Moment ist, da »wir« in die Existenz gekommen sind: der Moment der Verschmelzung der elterlichen Zellen zur Urzelle, in der alle Informationen des künftigen Kindes bereits vorhanden sind.

Nun ist die *motorische* gleichzeitig und untrennbar auch *symbolische* Erinnerung. Um das erste Beispiel wieder aufzugreifen: Warum wippt der Fuß des Gehemmten unter Umständen auch, wenn es nicht real um einen Schritt des Fußes, sondern symbolisch um einen neuen »Lebensschritt« geht? Weil der Mensch in seinem Leib — und Leibgedächtnis — untrennbar körperlich und seelisch anwesend ist. Gespeichert im Leibgedächtnis ist auch der symbolische Aspekt.

Daher verfehlen solche Therapieformen den Menschen, die sich einseitig ausschließlich oder primär auf den motorisch physiologischen oder den symbolisch seelischen Aspekt beziehen, also unleibliche Körpertherapien oder tiefenpsychologisch orientierte Gesprächstherapien. Erst beide Aspekte zusammengenommen setzen den Menschen auf sich selbst zu in Bewegung. Dieser Tatsache trägt die Arbeit mit Spontanritualen Rechnung: Wenn jemand zum Beispiel symbolisch einen »Schritt zurück« macht, drückt er dies spontan leiblich durch einen wirklichen Schritt zurück aus. Oder wenn jemand einfach schreitet, kommen ihm Einfälle, die sich auf ein symbolisches Schreiten beziehen. Ebenso wie die Sprache wirkt auch das Spontanritual dadurch, daß es Motorik und Symbolik verbindet, also leiblich ist.

Warum sollte gerade die Er-innerung des Anfangs in uns nicht als Information gespeichert sein? Sie kann sich nur symbolisch ausdrücken. Die spürbewußte Wahrnehmung des erwähnten Umschlags in einer Rhythmuseinheit, besonders leicht zugänglich in einer Atemeinheit, läßt Empfindungen, Einfälle und Bilder nicht nur über Wandlungsmomente im Verlauf der eigenen Lebensgeschichte, sondern auch über das Eintreten in die Existenz überhaupt hochsteigen. Ich habe in diesem Zusammenhang schon Aussprüche gehört wie: »Es herrscht völlige Leere« oder: »Es ist mir, als hätte es nie etwas gegeben« oder: »Frisch wie am ersten Schöpfungstag« oder: »Jetzt wird alles möglich« oder: »Schließe ich die Augen, so erblicke ich ein helles, weißes Licht« oder: »In mir herrscht dunkle Nacht« und ähnliches mehr. In der symbolischen Er-innerung des Anfangs scheint die Welt den Atem anzuhalten und stille zu stehen. Einen Augenblick lang existiert nichts mehr wirklich. Alles ist gleichzeitig real und nicht-existent. Vielleicht ist das die buddhistische Grunderfahrung der Maja: die sinnenfällige Wirklichkeit als Schleier und Schein, die Relativierung aller Phänomene. Solange wir das anfängliche Nichts spürend erinnern, befinden wir uns auch motorisch im Zustand völliger Ruhe. Wir nehmen jetzt sehr deutlich die körperlichen Rhythmen wahr, vor allem den Atem- und Herzrhythmus, doch wie auf dem Hintergrund eines großen Schweigens.

Das Geheimnis des Anfangs, erfahren im ursprünglichen Nichts, ist für den spürbewußten Menschen von geballter Intensität und numinosem Charakter, bildet es doch den »Grund« für alle anderen möglichen Erfahrungen. Die Rede der Religion vom *verborgenen Gott* bezieht sich nicht auf Inhaltliches, das Menschen nicht oder noch nicht kennen, sondern auf die reine Potenzialität des Anfangs. Eben dies meint letztlich auch das Kind als Geheimnis. Es bedeutet einesteils die Verdrängung und Unterdrückung des Kindes durch den Erwachsenen, den lebensgeschichtlich verursachten Verrat am »wahren Selbst«, andernteils aber auch ein Geheimnis, das vor jeder Möglichkeit zu Verrat und pathologischer Fixierung da ist, nämlich die *schöpferische Latenz und Offenheit* für jegliche spätere Entfaltung.

Das Geheimnis des Anfangs bezieht sich auf den nicht

faßbaren *Moment des Übergangs vom Nicht-Sein ins Sein.* In diesem Moment gibt es weder eine genetische Anlage noch Umwelteinflüsse. Es existieren noch keine Gegensätze, auch nicht der geschlechtliche von männlich und weiblich. Das anfängliche Nichts vor der Setzung der polaren Wirklichkeit ist uns immer dann erfahrbar, wenn wir aus dem existentiellen Moment der Empfängnis leben. Empfängnis steht hier nicht im Gegensatz zu Zeugung, denn es geht ja um das Empfangen der Existenz, nicht um die Rolle der Mutter, ein Kind zu empfangen, oder die Rolle des Vaters, ein Kind zu zeugen. Abgesehen davon ist diese Ausdrucksweise auch in bezug auf die Rollen von Mutter und Vater einseitig und somit falsch — beide zeugen und empfangen das Kind gemeinsam.

Deshalb spreche ich ausschließlich vom existentiellen Moment der *Empfängnis* als Voraussetzung sowohl für späteres »zeugendes« Empfangen als auch für späteres empfangendes »Zeugen«, also für das, was Feuerbach »aktive Passivität« beziehungsweise »passive Aktivität« nennt. Im biologischen Moment der Zeugung empfangen »wir« alles, was wir sind, auch die spätere Möglichkeit zu »zeugen«, hier symbolisch verstanden als die Möglichkeit zu Eigenaktivitäten im Sinne des in uns Angelegten und der konkreten Prägungen durch unsere Umwelt. Doch können wir selbst das Wort »empfangen« erst aus der späteren Perspektive des bereits in die Existenz Eingetretenen aussprechen: Vorher gibt es kein Subjekt, das empfangen könnte.

Die erste Botschaft des Kindes aus seinem Ursprung betrifft die sich symbolisch äußernde Er-innerung an den biologischen Moment der Empfängnis. Sie wandelt diesen in einen existentiellen Moment: in radikale Offenheit und Durchlässigkeit des spürbewußten Menschen, in das

Nichts als Geburtsöffnung, in die Einsicht, daß wir uns auch in den eigenen Aktivitäten ausschließlich empfangen, in die wahrnehmende Verwirklichung der sich ohne eigenes Zutun meldenden Schöpfungsimpulse, der sogenannten Energiesignale.

LEERE, PAUSE, PUNKT

Das Gegenteil des existentiellen Moments der Empfängnis ist der Zwang zum Machbaren. In bezug auf das Kind in uns äußert er sich darin, daß wir im voraus zu wissen meinen, was »eigentlich« unsere Bedürfnisse sind. Die Literatur über das innere Kind enthält zahllose, scheinbar objektive, begründete Äußerungen darüber, was wir aus unserem kindlichen Kern heraus zum Leben brauchen. Ob nun zutreffend oder nicht, alle kranken sie am gleichen Übel: Den dank ausdauernder, spürbewußter Wahrnehmung spontan auftauchenden Lebensimpuls ersetzen sie durch manchmal ganz einleuchtende Entwicklungsmodelle, subjektive Erfahrbarkeit ersetzen sie durch objektive Richtigkeit, Spüren durch Wissen, Liebe durch Macht, das Geheimnis des Anfangs durch mittlerweile abgedroschene Weisheiten. Zwar unterstreichen sie durchaus die Notwendigkeit des Spürens, doch geben sie vor zu wissen, was wir zu spüren haben. Oberflächlich wirkt dies beruhigend, aber unser Kind verbirgt sich mehr denn je.

Wie die Mythologie es tut, müssen auch wir den in uns wirkenden Archetyp des Kindes mit dem reinen Potential des Anfangs, mit der latenten Fülle des Nichts in Verbindung setzen. Dann relativiert sich alles entwicklungspsychologische Wissen, natürlich ohne deshalb gleich überflüssig zu werden. Dieses Wissen ist dazu bestimmt, die spürbewußte Wahrnehmung für den jetzt auftauchenden Lebensimpuls zu stärken und zu differenzieren, denn diese hat nichts mit einer himmlischen Offenbarung zu tun, sondern stammt aus dem komplexen, sowohl archetypisch als auch biographisch und sozial geprägten Lebensgefüge eines Individuums. Bei aller Anerkennung für die Leistungen der Entwicklungspsychologie gilt auch für sie: Das Wissen ist dem Spüren zugeordnet, weil wir auch im Denken und Wissen leibliche Menschen sind. Jede Abspaltung des Denkens von der Leiblichkeit führt in Irrtümer. Der fähige psychoenergetische Therapeut ist daran zu erkennen, daß er bei aller unerläßlicher Bildung und Erfahrung — in erster Linie Erfahrung mit sich selbst durch eine psychoenergetische Lehrtherapie in der Gruppe und einzeln — in seinem Spürbewußtsein frei für die Wahrnehmung der sich selbsttätig ankündigenden Energiesignale ist. »Ich weiß nicht, was bei dir als nächster Entwicklungsschritt ansteht« — dieser Satz ist keine Ausflucht, sondern Ausdruck spürbewußter Aufmerksamkeit für das Geheimnis eines Menschen.

Solange angelerntes Wissen den Umgang mit dem Kind in uns bestimmt, verwechseln wir dessen Wesen mit einem kleinen, cleveren Erwachsenen, der seine Bedürfnisse durchzusetzen weiß. In der Offenheit des Spürens dagegen breitet sich in uns die *intensive, geheimnisvolle, numinose Stimmung* aus, die »göttliche Kinder« in allen Religionen der Welt ausstrahlen. Daß wir dabei erwachsene Menschen mit der uns eigenen Ichstärke und Entfaltung von bestimmten Begabungen und Fähigkeiten bleiben, habe ich schon mehrmals unterstrichen. Es geht nicht um die Rückkehr in einen mystisch verklärten Infantilismus, sondern um die Erschließung einer Lebensquelle, die Menschen aller Kulturen und Religionen bekannt war.

In der ersten Botschaft des Kindes aus seinem Ursprung war vom Geheimnis des Anfangs die Rede. In der zweiten Botschaft geht es um die Vertiefung und Erweiterung der Ursprungserfahrung des Menschen. Das *Tibetanische Totenbuch (Bardo Tödol)* enthält Belehrungen für den Verstorbenen, in denen dessen Erlebnisse im *Bardo*, das heißt im Zustand zwischen Tod und nächster Wiedergeburt erläutert werden. Aufschlußreich für uns sind die Aussagen über die Wahrnehmungen, die der Tote unmittelbar nach seinem Ableben hat, wenn er noch nicht von der »Gier nach einer neuen Geburt« bestimmt wird, was in unserem Zusammenhang bedeutet: wenn unser Spürbewußtsein nicht durch eigene Zielvorstellungen getrübt ist. Im Gegensatz zu Jung halte ich es, auch im Blick auf Menschen aus der westlichen Kultur, für psychologisch passend, daß das *Tibetanische Totenbuch* mit der nach dem Tod plötzlich einsetzenden vollen Erleuchtung beginnt und dann mit der Schilderung der zunehmenden Trübung des klaren Bewußtseins fortfährt: Seelische Wandlungen bedürfen zwar einer langen, oft mühseligen Vorbereitung. Doch wenn es soweit ist, erfolgen sie plötzlich, und im ersten Moment wirken sie in uns vollständig und ungestört. Das neutestamentliche griechische Wort *euthys* – plötzlich – ist auch in der christlichen Theologie wesentlich. Es meint die Plötzlichkeit als Charakteristik eines wirklichen »Sinneswandels« *(metanoia)*, einer tatsächlichen Umkehr, die erst nach dem »Tod des alten Menschen« erfolgen kann (der *Bardo Tödol* enthält, wie erwähnt, Belehrungen für den soeben Verstorbenen!). Diese Plötzlichkeit und Vollständigkeit erfahren wir oft auch im Umschlagpunkt eines Spontanrituals. Sehr bald laufen wir jedoch wieder

Gefahr, in alte, durch die Gewohnheit vorgebahnte Spür-, Denk- und Verhaltensmuster, unbewußt eingesetzt als Widerstände im psychoanalytischen Sinne, einzurasten. In Spontanritualen zeigt sich dies darin, daß bald nach dem zentralen Umschlagpunkt auf die Lebensspur »Rückzieher« auftreten können. Die unbewußte Neigung zur Rückkehr in ausgeleierte Lebensmuster setze ich hier mit der buddhistischen Auffassung der Lebensgier gleich, die sich in Anhaften, Sich-fest-Krallen, Klebenbleiben äußert. Wir stehen wieder in der Gefahr einer zunehmenden Trübung und Verzerrung des klaren Bewußtseins, der Eindickung der Flußexistenz.

Wie nun beschreibt das *Tibetanische Totenbuch* die ungetrübte, vollständige Wahrnehmung des Verstorbenen im Spiegel der Belehrung unmittelbar nach dem Tod, den *Dharmakâya*-Zustand der schöpferischen Erleuchtung?

»O Edelgeborener ..., höre zu. Jetzt erfährst du die Strahlung des klaren Lichtes reiner Wirklichkeit. Erkenne sie. O Edelgeborener, dein jetziger Geist, seiner wirklichen Natur nach leer, nicht zu irgendetwas wie Merkmalen oder Farbe geformt, natürlicherweise leer, ist die wahre Wirklichkeit, die allgute (Mutter). Dein eigener Geist, der jetzt Leere ist, jedoch nicht als Leere des Nichts zu betrachten ist, sondern vielmehr als reiner Geist, unbehindert, leuchtend, erregend und glückselig, ist das wahre Bewußtsein, der allgute Buddha.«[1]

Das Geheimnis des Anfangs, von dem in der ersten Botschaft des Kindes aus seinem Ursprung die Rede war, wird in diesem Text näher erläutert. Der Anfang ist noch völlig frei von den Verstrickungen, Fixierungen, Leiden und

[1] W.Y. Evans-Wenz (Hg.), Das Tibetanische Totenbuch, Zürich und Stuttgart 1970, S. 43 und 44.

Verblendungen, die mit einer neuen Geburt unweigerlich gegeben sind. Betrachten wir die Lehre von der Wiedergeburt symbolisch als psychologische Aussage über die umfassenden seelischen Veränderungen — Wandlungen innerhalb eines Menschenlebens — und das meint sie in jedem Fall zumindest auch —, dann beleuchtet sie in diesem Text die unerläßliche Voraussetzung für jede seelische Umkehr und Heilung, nämlich den *Geist der Leere*. Nur dieser verhindert eine »neue Geburt« in den alten Zwängen und Regelkreisen — im *Sansara*, dem Rad der Wiedergeburten — und ermöglicht die Offenheit vor jeder Prägung. Diese Verfügbarkeit habe ich dem Archetypus des Kindes zugeordnet. Der Geist der Leere ist der Zustand *vor* jeder neuen Geschichte, genauer: der Zustand, in dem die Lebensgeschichte instinktsicher zu sich selbst findet, zu einer wirklichen, sich im Erwachsenenleben entfaltenden zweiten Geburt, die eine andere Bedeutung hat als die Wiedergeburt im Hinduismus und Buddhismus, zu einer Wandlungsgeburt, die nicht der »Gier«, das heißt dem Festhalten an diesem oder jenem verfällt. Insofern bedeutet der Geist der Leere die Latenz der Fülle. Dies wird näher erläutert: Weil der Geist der Leere »unbehindert« ist, ermöglicht er die Entfaltung der »vorgesehenen« Fülle. Weil er die Dunkelheit der die unverstellte Wahrnehmung einschränkenden Fixierungen verscheucht und seelisches Wachstum belebt, wird er als »*leuchtend*« bezeichnet. Weil er die Lebensenergie in unübertrefflicher Weise aktiviert, heißt er im Text »*erregend*«. Weil er in einen Zustand des Glücks versetzt, der auch Unglücksfällen aller Art standhält, ist er »*glückselig*«.

Es wird gesagt, der Geist sei »*seiner wirklichen Natur nach leer*«. »Der Geist, der jetzt Leere ist«, wie wir ihn im existentiellen Moment der Empfängnis stets von neuem verkörpert erleben, ist kein philosophisches Axiom, keine mystische Ausnahmeerscheinung, kein Luxus materiell Privilegierter, sondern die zentrale, alles andere tragende Eigenschaft der menschlichen Natur. Als »allgute Mutter« erschließt er eine Fülle von Entwicklungen, weil er sich nicht mit bestimmten »Merkmalen« identifiziert und ihnen nachjagt. Aus diesem Grund ist er »reine Wirklichkeit«, die »Strahlung« hat, das heißt energetisch wirksam ist.

In allen Übergängen — größeren und kleineren — erfahren wir Leere. Solange wir sie nicht positiv annehmen, kann sie nicht »reines Licht«, also nicht vollständig sein. Immer noch suchen wir Halt im Trugbild des Überlebten, das es gar nicht mehr gibt. Oft richten Menschen zum Beispiel noch Jahre nach einer Trennung ihren gesamten Lebensalltag so ein, als befänden sie sich nach wie vor in der doch längst beendeten Partnerschaft. Sie tabuisieren die Trennung *(tabu* heißt auf polynesisch *heiliger Ort*, der nicht betreten werden darf) und behalten die alten gemeinsamen Gewohnheiten wie magische Rituale bei, durch die der nunmehr Abwesende wieder herbeibeschworen werden soll. So wird die momentane Leere mit Gespenstern gefüllt und kann nicht zur »allguten Mutter« werden, ihre Wirksamkeit also nicht entfalten. Ergeben wir uns jedoch der jetzigen Realität, so isolieren wir uns nicht mehr in einer endlosen Stockung, sondern erfahren die jetzt herrschende Leere als natürliche Phase einer lebensgeschichtlichen Rhythmuseinheit, nämlich als *Pause*. Durch sie wird unser Dasein wieder musikalisch: flüssig strukturiert im Wechselspiel von Konsonanz und Dissonanz.

Das Wort Pause taucht die Erfahrung der Leere in eine neue Dimension: in den natürlichen Rhythmus von Leben und Tod. *Pause bedeutet die Leere nach einem vollzogenen*

Sterben. Weil Pausen »Verluste des Halts«[2] mit sich bringen, lösen sie in uns den Reflex einer Flucht nach vorn in die *Übertönung* aus. Wir singen, wenn wir noch schweigen sollten. Die Melodie scheint uns erlösend neu: eine neue Beziehung, ein neuer Wohnsitz, eine neue Arbeit, ein neues geistiges Bezugssystem, bis wir sie, peinlich berührt, als alten Refrain und scheppernde Leier, als Sprung in der Platte und »mehr vom Gleichen« (Watzlawick) wiedererkennen. Fehlt uns die Kraft zur Pause, halten wir auch die früher oder später aufklingenden Dissonanzen, unvermeidliche Konflikte, nicht aus. Weil wir sie meiden, statt uns ihnen zu stellen, fallen wir ihnen zum Opfer. In der kitschigen Musik, wie in einem unechten, von Verdrängung bestimmten Leben, fehlen nicht nur die Pausen, sondern auch als Konsequenz die Dissonanzen. Doch wie könnte Zusammenklang entstehen, wenn nicht durch schließliche Auflösung von sich stoßenden und reibenden Klangfiguren? Wir empfangen ihn je und je aus dem geduldigen Spannungsaufbau einer Lebensmelodie.

Dem existentiellen Moment der Empfängnis, in dem das archetypische Kind in Märchen und Mythen und auch in unserem Inneren lebt, entspricht in der Welt der Musik die Pause und im Paradigma bildhafter Darstellung der *Punkt*[3]. Die Leere als Ursprung des menschlichen Daseins und als Pause in der Lebensmelodie erfahren heißt, daß wir auf den Punkt kommen und uns in dem jetzt Aufbrechenden und Wachsenden vorbehaltlos *zentrieren*. Der Punkt ist Symbol des Kindes in der Empfängnis. Dieses entspricht dem punkthaften *Samen*, der aus sich selbst

[2] P. Sloterdijk, Weltfremdheit, a.a.O., S. 374.
[3] Zu Symbolik und Psychologie des Punktes vgl. P. Schellenbaum, Gottesbilder, a.a.O., S. 97-98.

heraus noch nichts ist, jedoch die gesamte Information eines zur Entwicklung bestimmten Ganzen enthält. Als Punkt ist das Kind in uns klein und unscheinbar, aber birgt und entfaltet riesige Kräfte[4]: »kleiner als klein, größer als groß« (Upanishaden). Es bekommt seine zentrale Bedeutung vom »Punkt« der soeben gezeugten Urzelle her. Das »geistige« Kind in uns ist samenhafte Urzelle, »*Logos spermatikos*« (samenhafter Geist), reine Information. Um nochmals auf Meister Eckhart in seiner Vision des »schönen, nackten Buben« zurückzukommen: Dieser erweist sich gerade dadurch als König, daß er die ihm angebotene Kleidung verweigert. Nackt sind wir im Mutterleib, nackt kommen wir zur Welt, in *seelischer Nacktheit*, im Verzicht auf Aufgesetztes und durch Bezug zum Samen des Ursprungs kommt die menschliche Natur auf den Punkt.[5] Im Zustand seelischer Nacktheit erleben wir die Welt als schön. *Schönheit* tut sich dem auf, der sich der Welt ohne Maske, doch wach und antwortbereit stellt. Sie leuchtet aus der Entsprechung von etwas Innerem und etwas Äußerem auf, aus dem Energiekreislauf zwischen beiden.

Das ist die *zweite Botschaft* des Kindes aus seinem Ursprung, eine Vertiefung der ersten: Das Entscheidende in unserem Leben, nämlich Wachstum und Schöpfung, können wir nicht selbst bewerkstelligen. Allerdings tragen wir dazu bei, indem wir solange mit Spürbewußtsein in der *Leere* ausharren, bis sie aus sich heraus zur Quelle von Energie, Licht, neuer Lebendigkeit und Fülle wird. Im Rhythmus unseres Daseins tritt die Leere als *Pause* in Er-

---

[4] P. Schwarzenau, Das göttliche Kind, a. a. O., S. 55.
[5] Vgl. P. Schellenbaum, Gemeinschaft der Nackten, in: Nimm deine Couch und geh!, S. 270-282.

scheinung: Diese ist Ursprung unserer im Zusammenspiel konsonanten und dissonanten Lebensmelodie. Wenn
wir sie lange genug aushalten, dann erwachen wir im
seminalen *Punkt* ohne Ausdehnung, im existentiellen
Moment der Empfängnis.

Geburt aus der Mitte

Die symbolische Geburt aus dem Mittel-Punkt bereitet sich dadurch vor, daß wir die Richtung der *Spirale*, die innerhalb unseres Lebens einen Zyklus versinnbildlicht, umkehren. Vor der Rückwendung in Richtung des zentralen Umschlagpunktes verläuft die Spiralbewegung kreisförmig nach außen. Solange diese *e-volutiv*, das heißt wörtlich: durch spiralenförmige Ausbreitung, geschieht, sollte die Einwärtswendung noch nicht eingeleitet werden, denn immer noch wächst die Spirale aus der Energie ihres Ausgangspunktes, der Mitte, nach außen. Doch wenn sie ihre zentrifugale Kraft verliert und alles sich nur noch im Kreis bewegt, der beschriebene traumatische Wiederholungszwang vor einer neuen Lebensschwelle, dann beginnt die leidvolle *in-volutive Rückkehr* zum Ausgangspunkt, leidvoll deshalb, weil sie Abschied von alter Hoffnung und ehemaligem Schwung, den Tod einer vertrauten Lebensbewegung bedeutet. In der Mitte der zentripetalen Bewegung angelangt, regiert nur noch der Punkt ohne Ausdehnung. Beendet ist die Rückkehr, doch solange wir uns noch mit dem hinter uns Liegenden identifizieren, solange wir also den Punkt, an dem wir angelangt sind, noch fälschlicherweise als Ausgangspunkt des vergangenen Daseinszyklus erleben, spüren wir den Schmerz wüstenhaft unfruchtbarer Leere. Falls wir diesen spürbewußt aushalten, erfolgt irgendwann, wenn wir es gar nicht mehr erwarten, plötzlich ein minimaler, kaum wahrnehmbarer Klick. Alles ist so wie zuvor, und alles ist doch anders. Was ist geschehen? Der zentrale Punkt hat einen Bedeutungswandel erfahren. Er ist nicht mehr der frühere Ausgangspunkt, sondern einfach nur noch Punkt. In diesem kaum feststellbaren Moment beginnen Menschen, von einer alten Last befreit, aufzuatmen und neuen Kontakt mit ihrer Umgebung aufzunehmen: Ein neuer Dritter Leib kündigt sich an, ohne daß der jetzt »nackte« Punkt bereits neuer Ausgangspunkt wäre. Das ist der Moment von Freiheit und ungeahntem Energiezuwachs. Alte Schalen sind gesprengt, und aus der Mitte wirkt der Punkt, der auf buddhistischen Mandalas unter anderem auch als Lotusblüte oder nacktes Kind dargestellt wird: durch Zentrierung auf ihn schickt sich das Leben an, neu aufzublühen – der Sternmoment des göttlichen Kindes. Und wenn die Pause im Punkt lange genug gedauert hat, beginnt ein neuer Lebenszyklus mit einer neuen, nach außen gerichteten Spiralbewegung: eine Wiedergeburt aus der Mitte. In diese fließt ein, was im Verlauf der früheren Lebenszyklen gewachsen und aus unserer Anlage heraus nun zu weiterer Entwicklung bereit ist. Und was früher verwachsen ist, lockt auch diesmal als hemmende Halluzination einer vermeintlichen existentiellen Endstation. Sollten wir ihrer Versuchung wieder nachgeben, kommt die Spiralbewegung einmal mehr ins Stocken und entartet zum Teufelskreis endloser Wiederholung: wieder *Sansara*, das Rad der Wiedergeburt.

Frei von Wiedergeburt auch in diesem symbolischen Sinne zu werden, bedeutet, aus dem leeren Geist des archetypischen Kindes zu leben, also in der Grundhaltung spürbewußter Empfänglichkeit, im existentiellen Moment, aus dem heraus wir alles empfangen, wie ja auch im biologischen Moment der Empfängnis, der prägendes Urmuster für den existentiellen Moment der Empfängnis ist, die gesamte eigene Existenz zusammen mit allen Prägungen der DNS-Reihe des genetischen Codes empfangen wird. Wer in dieser Grundhaltung lebt, für den spielen die Frage nach dem Warum — Warum ist mein Leben so, wie es ist? — und die Frage nach dem Wie — Wie gestalte ich mein Leben? — eine untergeordnete Rolle. Bestimmend sind dann die Tatsache des »Daß-überhaupt« — daß ich überhaupt am Leben bin — und die Frage nach dem »Ob-überhaupt« — Ob ich überhaupt ganz da und für aufkeimende Lebensimpulse empfänglich bin. Lautet die Antwort auf die letzte Frage ja, sind auch die Fragen nach dem Warum und Wie ansatzweise beantwortet, wirkt doch dann in ihnen das Spürbewußtsein als Bewußtsein der Spur, auf der wir Antworten suchen: der Spur der momentan intensivsten Lebensgebärde. Mit der Frage nach dem »Ob-überhaupt« nehmen wir Kontakt mit dem numinosen Kind in uns auf, mit der kompromißlosen Bereitschaft zu Offenheit und Durchlässigkeit.

»Alle Wesen entstehen aus dem Sein, das Sein entsteht aus dem Nichtsein.«[1]

Wie lautet die *dritte Botschaft* des Kindes aus seinem Ursprung? Zwar ist auch der spürbewußte Mensch kein unbeschriebenes Blatt. Auch er lebt mit förderlichen und hinderlichen Voraussetzungen. Mit all dem befindet er sich im exakten Übergangspunkt vom Nichtsein zum Sein. Mit all seinen Prägungen lebt er im existentiellen Moment der Empfängnis: ist ohne Erwartung und Vorurteile empfänglich für das Leben, wie und wo immer es sich

[1] Lao-Tse, Tao Tê King, Zürich 1959, S. 111

im Moment für ihn am meisten verdichtet. Besonders achtet er auf Augenblicke, in denen sich die quälende in eine befreiende Leere wandelt. Solche Augenblicke offenbaren ihm das Paradigma seines ganzen Daseins, das Paradigma der zweiten Geburt.

Der Phallos als Grenzmarke:
Zeugung aus dem Geist

Daß das göttliche Kind und der Phallos im Mythos manchmal identisch sind, vermag uns nicht mehr zu erstaunen, symbolisiert doch der Akt der Zeugung das Kind, insofern es Potenzialität ist. Nun geht es beim mythologischen Kind, das ja nur in einem analogen Verhältnis zum realen Kind steht, um eine *symbolische Zeugung*. Deren Subjekt ist nicht »das Fleisch«, sondern »der *Geist*«, verstanden als *schöpferisches Prinzip*, das heißt der ganze Mensch, insofern er von Natur aus zu schöpferischer Erneuerung fähig ist. Geist und Kultur reduzieren sich nicht auf ein »Epiphänomen«, ein Nebenprodukt des an der direkten Betätigung gehinderten Triebes, sondern haben die Würde einer natürlichen Dimension des Menschen.

Das *Kind als Phallos* verkörpert den Moment der Wandlung, insofern er neues Leben zeugt. Der griechische Kindsgott Hermes ist lebendiger Ausdruck dieses Zusammenhangs. In den phallischen Grenzsteinen, den *Hermen*, offenbart er sich als Gott der Übergänge. In den phallischen Grabsteinen, die ihm als ewigem Kind zugeordnet sind, erscheint seine Qualität als *Psychopompos*, Seelengeleiter, als Transformierer des Todes und Erzeuger neuen Lebens. Weil sich der existentielle Moment der Empfängnis auf der Schwelle zwischen Tod und Leben ereignet, ist das ewige Kind »nicht nur ein Anfangs-, sondern auch ein Endwesen«[1]. Es kann sowohl als Eintauchen in den Tod als auch als Auftauchen ins Leben betrachtet werden, denn beides gehört zum Wandlungsvorgang. Nicht zufällig ist der Schwellengott Hermes auch Retter vom Tod bedrohter göttlicher Kinder. Er holt Demeters entführte Tochter Persephone aus dem Hades zurück, rettet das Leben des Dionysoskindes und das des kleinen Ares.[2]

Als männlicher, phallischer Gott betont Hermes die zur Rettung des Kindes benötigte Aktivität, das Eindringen in gefährliche Zonen, an deren Grenzen wir Gefahr laufen, von Passivität gelähmt zu werden. Zentriert im existentiellen Moment der Empfängnis stimmen wir zeugend in das Empfangene ein, nicht, indem wir es als äußere moralische Verpflichtung zu Eigenaktivität nehmen, sondern, wie erwähnt, indem wir das Empfangene zeugen, oder, was das Gleiche ist, das Gezeugte empfangen. Dieses Paradox erhellt sich aus dem Spürbewußtsein: In ihm sind Wahrnehmen und »Wahrgeben« untrennbar verbunden, und keines kommt vor dem anderen. Da Spürbewußtsein leibliches Spüren ist, dieses sich jedoch nur im lebendigen Austausch von Nehmen und Geben ereignet, bedeutet spürbewußtes Dasein sich gleichzeitig empfangendes und zeugendes Dasein.

Zum dritten Mal greife ich das Beispiel des wippenden und schließlich stampfenden Fußes auf: Die leibliche, das heißt sowohl körperliche als auch seelische, sowohl motorische als auch symbolische Gebärde intensivierte sich durch die spürende Wahrnehmung. Umgekehrt wurde

---

[1] C.G. Jung, Zur Psychologie des Kinderarchetyps, in: G.W. 9/I, a.a.O., S.192.
[2] J.S. Bolen, Götter in jedem Mann, Basel 1994, S.185.

auch diese durch die immer kräftiger werdende Gebärde intensiviert.

Die Sprache versagt, wenn sie, wie hier, einen einheitlichen Prozeß nur als Wechselwirkung zweier Faktoren ausdrücken kann. Wir empfangen das ewige Kind und zeugen es auch. Was wir empfangen, zeugen wir, und was wir zeugen, empfangen wir. Dies meint im wesentlichen wohl auch die katholische Theologie, wenn sie behauptet, daß der Mensch sowohl ganz Natur als auch ganz Gnade sei: ganz eigenverantwortlicher Lebensvollzug und ganz »gegeben«. Nur fehlt ihr die entsprechende leibliche Basiserfahrung. Diese wird durch heute lächerlich anmutende dogmatische Spitzfindigkeiten und sauerstoffarme geistige Höhenflüge ersetzt, eine Endlosbewegung, die von der Spur des verborgenen Kindes wegführt.

In den Augen der Tüchtigen ist ein Leben aus dem Geist des Kindes nachteilig und einschränkend. Das im Zeugungsorgan symbolisierte Kind ist das Gegenteil einer phallisch männlichen Machtdemonstration. Das symbolische Kind ist ohne Macht und vom Tod bedroht — und gerade deshalb so zeugungsstark. *Nur der Nullpunkt — die Absage an ichsüchtige Selbstinszenierung — kann zum Punkt Null werden, zum Beginn einer Erneuerung der Persönlichkeit.* Die jedoch erfolgt selten nach dem gesellschaftlich anerkannten Schema von Tüchtigkeit, Leistung und Erfolg.

Menschen jedoch, die ihren Bezugspunkt im ewigen Kind haben, eignet oft etwas Unbeholfenes und Tölpelhaftes, mit dem kein Staat zu machen ist. Das Märchenmotiv des *dritten Sohnes*, der überlange hinter dem Ofen hocken bleibt, veranschaulicht den unerwarteten Erfolg des Erfolglosen. Das merkwürdige *Symbol des mit dem göttlichen Kind schwangeren Phallos* zeigt das Paradox der geistigen Zeugung aus der Ohnmacht des Kindes. Wir finden es im indischen Schiwaismus: Der mit der Yoni (Vulva) vereinigte Lingam (Phallos) ist gleich einem Mutterschoß schwanger mit dem Gott *Schiwa*, der ebenso wie *Hermes* ein Gott des Übergangs an der Schwelle von Leben und Tod ist. Sowohl die sexuelle Verbindung von Lingam und Yoni als auch der Phallos als Mutterschoß zeigen die innige Verflechtung von Empfangen und Zeugen, von weiblichem und männlichem Prinzip, wie sie nur das ewige Kind verkörpert, und zwar so rein, daß beide im flüssigen Vollzug völlig eins sind. Das Sprechen in Gegensätzen setzt bereits den teilweisen Verlust des inneren Kindes voraus.

Jede wahre Kunst und Kultur ist in einem wesentlichen Detail — dem Schlupfwinkel des schöpferischen Kindes — unangepaßt, schockierend und unnütz, im Gegensatz zum Kunstbetrieb in einer Zivilisation, die sich nach dem Prinzip von Angebot und Nachfrage richtet und das Gewünschte millionenfach reproduziert. Die Zeugung im Geist ist unbeliebt, stellt sie doch den gängigen Kunstbetrieb als langweilig und geistlos bloß. Bloßstellung — seelische Nacktheit — ist das Schlimmste, was dem erfolgreichen *Designer*, hier verstanden als Prototyp postmoderner Kunstfertigkeit, passieren kann, der seinen Wert nach der Anzahl von Reproduktionen seiner Modelle bemißt. Wirkliche Schöpfungen — Zeugungen aus dem Geist — unterscheiden sich von als Schöpfungen vermarkteten bloßen Produkten durch ein kaum wahrnehmbares Detail, ein Fast-Nichts, und dieses braucht oft eine lange »Schwangerschaft«, eine lange Phase der Verborgenheit, bis es wahr- und aufgenommen wird.

Auch diese Eigenschaft zeichnet göttliche Kinder in Mythos und Religion aus. Viele von ihnen leben nach ihrer Geburt eine zweite lange »Schwangerschaft«, bevor sie für eine neue geistige Zeugung als »*Kulturhelden*« in Frage kommen. *Jesus, Dionysos und Krischna* sind Namen, die in drei verschiedenen Kulturen das Motiv des vor der ersten Epiphanie — Erscheinung — lange verborgenen göttlichen Kindes verkörpern. »Paradise now« ist die platte Kurzformel ihres Gegentypus, der tiefe Schneisen in die Seelenlandschaft der postmodernen Gesellschaft schlägt. Gegen sie ist nicht einmal die Psychotherapie gefeit. Wieviele enttäuschte Opfer des Schnellheilungsmarktes sind schon in meiner Praxis und in meinen Gruppen aufgetaucht, um ohne Garantie auf zügigen Erfolg der unspektakulären Spur des verborgenen Kindes zu folgen!

Die Verborgenheit und Unscheinbarkeit des Anfangs führt zur *vierten Botschaft* des Kindes aus seinem Ursprung: Wirkliche Schöpfung ist nur aus der Demut des Empfangens möglich. Was wir erzeugen, empfangen wir, und was wir empfangen, zeugen wir auch. Der Gang in die Einsamkeit und Absichtslosigkeit, in den Verzicht auf Gebrauchsanweisungen und Rezepte läßt das Kind in uns gedeihen. Unser Tun wird nur dann schöpferisch, wenn es sich nicht nach äußeren Wertmaßstäben und Erfolgsmodellen richtet. Tritt der Erfolg trotzdem ein, lassen wir uns durch ihn nicht zu geistloser Wiederholung hinreißen und degradieren die Schöpfung nicht zur Masche. Vielleicht werden wir eines Tages wieder erfolglos — und frei im Geiste des zeugenden Kindes.

Das Ur-Nein des Kindes

Der soeben beschriebene Gang in die Verborgenheit des Kindes, in eine zweite, geistige Schwangerschaft, beinhaltet ein *Ur-Nein gegen die »Welt«*. Dieses ist bereits symbolisch vorgebildet, nicht erst im Moment der Geburt, sondern schon in dem der Zeugung. Ich meine nicht die von Sloterdijk angesprochene Unlusterfahrung des Menschenkindes, wenn es aus dem vertrauten, warmen, feuchten »Biotop« des Mutterschoßes — der Ausdruck stammt von mir — in die fremde Welt ausgestoßen wird[1]; diese Auffassung entspringt vermutlich einer Projektion gegenwärtiger Befindlichkeit auf den Moment der Geburt. Wir wissen, daß bereits der Fötus in der Schwangerschaft Unlusterfahrungen, die ihre Ursachen entweder in ihm selbst oder der Mutter haben, ausgesetzt ist. Nicht die Schwelle der Geburt bildet den Anfang des Ur-Nein gegen die »Welt«, sondern der Übergang vom Nichtsein ins Sein. Es richtet sich nicht gegen die Welt an sich, sondern gegen deren Verwundung und Zerstörung durch den Menschen, gegen den Verrat des ewigen Kindes, den Verlust des existentiellen Moments der Empfängnis mit den bekannten Auswirkungen beim einzelnen, in der Gesellschaft und Kultur. Allerdings gibt es immer eine radikale Differenz zwischen der archetypischen

---

[1] P. Sloterdijk, Weltfremdheit, a. a. O., S. 289.

Durchlässigkeit, der wachen, aktiven Grundhaltung der Empfänglichkeit, und der Welt, wie der Mensch sie mitgestaltet. Folglich ist auch diese radikale Differenz ein Ur-Nein, über das man nicht weiter sprechen kann.

Ich bin noch keinem in alltägliche Verpflichtungen eingebundenen – und auch keinem anderen – Menschen begegnet, der lückenlos erleuchtet und spürbewußt gewesen wäre, allerdings schon einigen, die fast ständig eine warme Weisheit ausstrahlten, zu der auch die liebevolle Nachsicht für die gelegentliche Ausdünnung des Spürbewußtseins bei sich selbst und anderen gehörte. Gerade bei den wirklich Weisen in West und Ost, die ich kennenlernen durfte, nahm ich diese wohltuende Beimischung wahr. Die reine Ausformung eines Archetyps ist keinem Menschen gegeben. Das Wissen um das Ur-Nein, die radikale Differenz, öffnet die Augen für die Wirklichkeit. Selbsternannte Gottmenschen werfen die längsten Schatten; dies zeigt die Geschichte.

Die aus dem Ur-Nein folgende *Abgrenzung* gegen die »Welt« äußert sich im gelegentlichen *Ausbleiben einer Resonanz*. Je eindeutiger die Grundhaltung der Empfänglichkeit aus uns wirkt, desto natürlicher sind wir gegen das Unpassende geschützt. Solange wir aber noch zur Abgrenzung die großartige Pose dramatischer Abwehr benötigen, bleiben wir Teil dessen, was wir uns vom Leibe halten wollen. Dies gilt für all jene Fälle, in denen die Resonanz mit anderen Menschen aufgrund mangelnder Resonanz mit eigenen Persönlichkeitsanteilen ausbleibt: Der Leib verspannt, verkrampft und panzert sich in künstlicher, unwirksamer Abwehr. Solange wir jedoch in der gleichzeitig kindlichen und erwachsenen Haltung wacher, auch kritisch wacher Empfänglichkeit und Lebensbereitschaft präsent sind, bildet unsere natürliche Ausstrahlung eine äußerst wirksame Schutzzone, gleichsam eine energiegeladene, durchsichtige

Schicht um uns herum, die nicht einfach zu durchbrechen ist. Vielleicht liegt hier die Ursache für die von Eltern oft bestaunte Tatsache, daß »Kinder einen Schutzengel haben«: daß sie nämlich viele Male gegen alle Wahrscheinlichkeit Gefahren entgehen. Natürlich klappt dies nicht immer und jederzeit. Sterbliche Menschen, selbst wenn sie aus dem Geist des heilen und heilenden Kindes leben, verfügen über keinen absoluten Schutz. Auch ihr Ur-Nein kann übertönt und totgeschrien werden.

Das Ur-Nein gegen die Verkünstlichung der Wirklichkeit ist der Nährboden, auf dem nicht nur reife Formen, sondern auch morbide Auswüchse des mystischen und mönchischen Weltverzichts gewachsen sind. Doch ist nicht alles, was Askese und Verzicht heißt, durch das psychoanalytische Etikett der Abwehr zu entwerten. Die wachsende Ausbreitung des buddhistischen Weltgefühls, in dem es um die innere Freiheit von Abhängigkeit geht, zeigt die Sehnsucht nach Entmachtung überstark gewordener, entfremdender Wirkkräfte in einer von Menschenhand geschaffenen Welt. Weltverzicht in diesem Sinne ist nicht Selbstzweck, sondern Ausdruck heiterer Freiheit. »Alles Leben ist leidvoll«, dieses buddhistische Grundaxiom meint nicht die pessimistische Abkehr von aller Weltwirklichkeit, sondern die Sehnsucht nach Freiheit von Verstrickungen mit dem Unpassenden. Es ist bekannt, daß wohl nirgends so viel und herzlich gelacht wird wie in buddhistischen Klöstern. Dagegen fällt die flüchtige Unruhe und Humorlosigkeit der Hedonisten in den westlich geprägten Industrienationen auf.[2]

Die *fünfte Botschaft* des Kindes aus seinem Ursprung ist: Mit dem Geist kindlicher Empfänglichkeit verbunden ist

---

[2] Zur Thematik des Ur-Nein vgl. P. Sloterdijk, Weltfremdheit, Kap. 5, a.a.O., S. 213 ff.

ein Ur-Nein: Es äußert sich im Ausbleiben von Resonanz mit dem Unpassenden, als natürlicher Schutz gegen Vereinnahmung. Im Geist des Ur-Nein verzichten wir auf solche geistigen und materiellen Güter, die unsere passive Konsumhaltung stärken und unsere Eigenkreativität schwächen würden. Diesen Verzicht leisten wir nicht um seiner selbst willen; das wäre ein Akt wider die Natur. Vielmehr ergibt er sich spontan, wenn wir in spürbewußter Resonanz mit der Umwelt leben. Wir erleben ihn als Befreiung von Abhängigkeiten.

Die Freiheit des göttlichen Kindes äußert sich durch Befreiungsimpulse, die in jedem neuen Lebenszusammenhang neue Formen annehmen. Aus diesem Grund können wir uns nicht ein für allemal im existentiellen Moment der Empfängnis etablieren. Er ist ein fließender Moment. Was gestern noch Neuschöpfung war, ist heute Altlast. Die Freiheit von gestern kann heute in Abhängigkeit entarten. Die Zeugung aus dem Geist entspricht zwar einem ewigen Prinzip, nämlich dem der Schöpfung, doch es inhaltlich fassen hieße, es zu verleugnen. Zeugung im Mythos symbolisiert die geistige Zeugung. Besonders deutlich zeigt dies der *ägyptische Zeugungsmythos*: *Isis* verwandelt sich in ein Falkenweibchen, belebt durch ihre Schwingen die Zeugungskraft des toten *Osiris* und empfängt von ihrem toten Gatten das göttliche Kind *Horus.*

Vogel und Wind sind auch im Christentum Attribute des göttlichen Geistes. Es geht im ägyptischen Mythos offensichtlich um die geistige Zeugungskraft, das heißt um die Ermöglichung von Wandlung und Wiedergeburt. Auch der erwähnte Mythos unterstreicht, daß diese Zeugung einen Tod erfordert — Zeugender ist der tote Osiris, der von seinem Bruder *Seth* zerstückelt und von Isis wieder zusammengefügt wurde -- und daß die Zeugung mit einem hölzernen Ritualphallos erfolgt — der wirkliche

Phallos, Organ der biologischen Zeugungskraft, wurde als einziger Körperteil von Isis nicht wiedergefunden.

Die Freiheit des Ursprungs ist die Verfügbarkeit für die sich in jeder neuen Situation anders ausdrückende Zeugung aus dem Geist. Ursprung ist kein geschichtlicher Ort und Zeitpunkt. Er meint das in uns stets anwesende symbolische Kind als geistigen Samen der Erneuerung. Insofern bedeutet Ursprung auch Ziel: Relativierung alles Geschichtlichen, Unabhängigkeit von jeder gewachsenen Gestalt und Vorläufigkeit jedes Selbstausdrucks.

Den drei Weisen im Morgenland wurde von König Herodes heimtückisch aufgetragen, fleißig nach dem göttlichen Kind zu forschen. Sie taten es, indem sie seinem Stern folgten.[1] Die Freiheit des Ursprungs ist nicht Launenhaftigkeit und Willkür, sondern konsequentes Folgen einer Befreiungsspur. Der Stern, der zum göttlichen Kind führt, ist das jetzt aufleuchtende stärkste Lebenssignal, ihm nachzufolgen ein Akt spürender Hingabe: die Anbetung des Kindes im Stall durch die drei Weisen. Das erleichternde Gefühl von Freiheit stellt sich dann ein, wenn wir uns auf der Spur unserer Bestimmung vorfinden. Es geht um innere Be-stimmung und Be-rufung in Resonanz mit der gesellschaftlichen Umwelt, nicht um Bestimmtwerden von außen.

Das ist die *sechste Botschaft* des Kindes aus seinem Ursprung: Die Freiheit des Ursprungs stammt aus dem von Zwängen freien, offenen Geist des weisen Kindes, das jedesmal in uns gezeugt wird, wenn wir aus dem existentiellen Moment der Empfängnis heraus ohne Abhängigkeit unerschrocken handeln. Wir erleben sie als Hingabe, als im konkreten gesellschaftlichen Umfeld spürendes Da-

---

[1] Vgl. Matthäusevangelium, 2. Kapitel.

sein, als innere Bestimmung und Berufung. Folgen wir einem spürbewußt wahrgenommenen Energiesignal, so erleben wir die Freiheit des Ursprungs in einer Atmosphäre von Erleichterung, Stimmigkeit und Sinn. Doch diese läßt sich nicht fixieren. Die geistige Zeugung ereignet sich auf jeder Lebensschwelle auf neue Weise und mit neuen Zeichen.

6

Die Offenbarung des verborgenen Kindes in der Wandlungsgeburt

Der notwendige Schritt
vom äusseren zum inneren Kind

Die wundersamen Umstände bei der Geburt eines Helden oder Gottes im Mythos gehen nicht auf Wunschdenken des phantasierenden Menschen zurück: auf eine unrealistische Überhöhung seiner biologischen Geburt. Die Darstellungen entstammen nicht dem Bedürfnis nach einer grandiosen Bedeutsamkeit und Unverletzbarkeit trotz aller Bedrohungen und Gefahren. Vielmehr versinnbildlichen sie den Aspekt des Unerwarteten, Unvorhersehbaren, Nicht-Machbaren und Faszinierenden in der Erfahrung der zweiten Geburt des Menschen im Erwachsenenalter, die eine *Geistgeburt,* eine *Wandlungsgeburt* ist: die jetzt anstehende Durchsetzung eines schöpferischen Lebensimpulses. In der Geburt aus dem Geist, die nicht ein einmaliges Ereignis, sondern eher die schöpferische Qualität im existentiellen Moment der Empfängnis, wann immer er sich ereignet, bedeutet, erleben wir am eigenen Leibe all jene bereits beschriebenen Besonderheiten, die symbolisch in den Zeugungs- und Geburtsmythen symbolisch beschrieben werden.

Besonders anschaulich wird die Geistgeburt im Mythos des *Dionysos* geschildert. Seine mit ihm schwangere Mutter Semele, auf den Rat der eifersüchtigen, ihr als Amme erscheinenden Hera hin, wünscht von Zeus, Dionysos' Vater, daß er sie nicht in menschlicher Gestalt, sondern in der Art eines Gottes besucht und umarmt. Damit erbittet sie ihren eigenen Tod. Mit der äußersten Erregung dionysischen Wahnsinns empfängt sie die vernichtenden Blitze. »Semele, als sie gewahrte ihr feuriges Ende, da schwand sie in gebärendem Tod voll Freude.«[1] Das Dionysos-Kind tanzt, verschont vom Gluthauch der Blitze, im brennenden Schoß der Wöchnerin. »Hermes bringt den Halbvollendeten zu weiterer Entbindung ... zu Zeus, der ihn, wie in einem zweiten Mutterschoß, in seinen Schenkel einnäht und austrägt. Dies ist der mythische Ausdruck des Geheimnisses der doppelten Geburt, der Geburt aus der Natur und aus dem Geist ... Jeder Mensch muß zweimal geboren werden, einmal aus dem Schoße der Natur, zum andern aus dem Schoße des Geistes der Kultur.«[2] Diese Geschichte veranschaulicht auch die Nähe von Schöpfung und Wahnsinn: Jeder schöpferischen Veränderung in einem Menschenleben entspricht eine wohldosierte Verrücktheit, im Gegensatz zur überdosierten Verrücktheit im Wahnsinn.

Das Auftauchen des Kindmotivs in Träumen und Spontanritualen, und allgemein die Faszination, die es auf einen Menschen ausübt, bereitet oft eine Wandlung der Persönlichkeit vor und zeigt einen bevorstehenden oder bereits eintretenden Wendepunkt im Leben eines Menschen an. Für das Kind als regulierende psychische Instanz eines Menschen gilt das Zitat aus Goethes *Faust*: »Klein von Gestalt/ Groß von Gewalt.« Dieses Kind ist der innere, zu Wachstum bestimmte Mensch, der Anthropos in der *Alchemie*, das Selbst im Sinne C.G. Jungs: ein Symbol für den natürlichen Selbsterneuerungsdrang des Menschen, der

---

[1] Nonnos, Dionysiaka, Bremen o.J., S. 142 f.
[2] P. Schwarzenau, Das göttliche Kind, a. a. O., S. 97.

durch Zentrierung im Spürbewußtsein aktiviert wird. Das Kind aus der zweiten Geburt versinnbildlicht also die zentrale Eigendynamik des Menschen, erlebbar in allen Neuanfängen.

Erwachsenwerden ohne diese Fähigkeit zur Neugeburt ist nicht erstrebenswert. Eine Lehrerin berichtete mir, daß von ihren 17jährigen Schülern die Mehrzahl keine Lust hatte, erwachsen zu werden. Deren wichtigste Begründung lautete: Die Erwachsenen lachen so wenig. Lachen, wie alle anderen Ausdrucksformen leiblicher Beweglichkeit, entspringt dem Genuß, da zu sein, selbst dann, wenn keine erfreulichen äußeren Umstände dazu einladen. Die Freude zu sein, hängt mit der ständigen Relativierung von Vorstellungen, wie man zu sein hat, zusammen, also mit dem Geist der Empfänglichkeit. Und eben diesen vermißten die Jugendlichen bei den meisten ihrer erwachsenen Bezugspersonen. Nicht zufällig ist »Der Kleine Prinz« nach wie vor ein Kultbuch sowohl der Jugendlichen auf der Schwelle zum Erwachsenenalter als auch solcher Erwachsener, die dem Archetyp des ewigen Jünglings oder des ewigen Mädchens verfallen sind. Alle teilen sie die Ansicht des Kleinen Prinzen: »Die großen Leute sind entschieden sehr verwunderlich.«[3]

Doch älter zu werden, ohne zugleich erwachsen zu werden, ist eine peinliche Sache und ebenso geisttötend, wie ohne Durchlässigkeit für Wandel und Neuerung erwachsen zu sein. Wer jedoch mit erwachsener Wachheit und Aufmerksamkeit zu dieser Durchlässigkeit findet, entdeckt im »Kleinen Prinzen« und in vielen »äußeren«, realen, und inneren Kindern eine Quelle der Flußexistenz inmitten zum Teil widerständiger Strukturen.

[3] A. de Saint-Exupéry, Der Kleine Prinz, Düsseldorf 1953, S. 32.

Häufiger noch als Männer geraten viele Frauen in eine Sinnkrise, wenn ihre Kinder erwachsen werden und zu Hause ausziehen. In Verbindung mit diesen Heranwachsenden erfuhren sie viele Jahre lang eine Lebendigkeit, von der sie nicht wußten, daß es auch ihre eigene war. Nun, auf sich alleine gestellt, finden sie Impulse zu Entwicklung und Erneuerung oft weder bei sich selbst noch bei ihren Partnern. Meist haben sie weniger Ausweichmöglichkeiten aus dieser Sinnkrise als die Nachkommen. Das bedeutet eine Chance; es drängt sie in den *Übergang vom äußeren zum inneren Kind*: in eine Wandlungsgeburt. Das Spontanritual einer etwa 50jährigen Frau, das im Rahmen einer therapeutischen Supervisionsgruppe unter meiner Leitung von einer Teilnehmerin begleitet wurde, zeugt davon.

Zu Beginn macht die Frau ihrer Wut auf die zukünftige Schwiegertochter Luft, die ihr, wie sie sagt, den Sohn weggenommen hat. Sie ärgert sich über deren Familie, weil sie ihrem Sohn nicht nur ein neues Zuhause gibt, sondern auch — so die Sprecherin — seinen Narzißmus stärkt, indem sie seine Schönheit und Klugheit übermäßig lobt: »Mein Sohn ist ganz gierig auf diese Anerkennung.« Jetzt ärgert sie sich offensichtlich auch über diesen. Beim Erzählen merkt sie selbst, wie eifersüchtig sie auf die Familie der künftigen Schwiegertochter ist. Diese Einsicht dämpft ihre Wut ein wenig und ruft eine Erinnerung in ihr wach: »Genauso habe ich es als junge Frau mit meiner Schwiegermutter auch getan. Ich habe ihr den Sohn weggenommen.« Nun krempelt sie die Ärmel hoch: Sie hat offensichtlich immer noch auf den Kampf mit der Schwiegertochter um ihren Sohn Lust. Dann schweigt sie. Die Aussichtslosigkeit des Unterfangens breitet sich atmosphärisch in ihr aus. Sie schweigt und gerät in eine Stimmung von Ratlosigkeit und Leere.

Hier erfolgt der erste *Umschlag*. Infolge des zentrierten Verharrens im eigenen Schweigen hat sich bei ihr die leichte, wache Trance eingestellt, die vom Kontrollbewußtsein weg und ins Spürbewußtsein hineinführt. Auf einmal geht es nicht mehr um ihren Sohn als 25jährigen, sondern als Kleinkind. Sie trägt und wiegt ihn in ihren Armen, während sie mehrmals den Satz ausstößt: »Ich will's behalten! Ich will's behalten!« Dabei bekommt ihre Stimme etwas Quengelndes, hoffnungslos Trotziges, so als würde sie sagen: »Ich will's behalten, aber ich kann's nicht behalten.« Verzweifelt ballt sie die Fäuste, bewegt sie auf und ab wie ein bockiges Kind und sagt voll Schmerz: »Wenn dieser Junge geht, bleibt mir nichts mehr.« Dann schweigt sie wieder und scheint den Nachhall des soeben ausgesprochenen Satzes zu hören. Sie selbst ist Psychoenergetikerin und im leiblichen, atmosphärischen Lauschen auf eigene Worte geübt. Nachdenklich, wie zur Probe, wiederholt sie den Satz nochmal: »Wenn dieser Junge geht, bleibt mir nichts mehr.« Nach einer erneuten Pause intensiviert sich bei ihr eine Gebärde, die ich schon kurz als Andeutung bemerkt habe, bevor sie zu der Aussage »Ich will's behalten!« und zur Wiegebewegung kam: Mit sanftem Druck zieht sie mit ihrer rechten Hand einen Kreis auf ihrem Bauch, dessen Radius sich schließlich oben bis zum Zwerchfell und unten bis zum Geschlecht vergrößert. Anfänglich ist es eine spontane, unbewußte Gebärde, dann bemerkt sie dieses Energiesignal und füllt es mit Spürbewußtsein, so daß es an Ausdruckskraft gewinnen kann.

Gebärden, mit denen etwas *Rundes oder Eiförmiges* umrissen wird, drücken oft eine leiblich wahrgenommene *Seelenschwangerschaft* aus. Eine Weile noch bleibt die Frau bei der wortlosen Kreisgebärde auf dem eigenen Bauch.

Nach und nach setzt sich mit dem leiblichen Spüren auch die passende Bedeutung intuitiv durch, und die Frau sagt mit weicher, warmer Stimme in versöhnlichem Ton: »Ich brauch' es nicht abzugeben. Den großen Sohn, ja, den lasse ich frei. Aber das kleine Kind, das brauch' ich nicht abzugeben.«

Das ist der *zweite Umschlagpunkt* in ihrem Spontanritual. Das Kleinkind, das sie immer noch auf ihren erwachsenen Sohn projiziert hat, kehrt in sie selbst zurück und äußert sich als Kraft der Selbsterneuerung und Neugestaltung. Auch ihr Blick geht nach innen. Sie tippt mit den Fingern der linken Hand mehrmals auf die Stelle über der Nasenwurzel zwischen den Augenbrauen, da, wo die fernöstliche Meditationspraxis das dritte Auge, die Introspektion, leiblich situiert. So findet sie nach und nach zu einer ganz neuen Gestimmtheit. Anfänglich wurde sie von der Wut auf die Schwiegertochter, dann von der Gier auf den Sohn, die sie auf dessen Gier nach Anerkennung projiziert hatte, darauf von trotzigem Quengeln und verzweifelter Rebellion bestimmt. Jetzt breitet sich Einverständnis in ihr aus, sie kann ohne äußere Abhängigkeit von ihrem Sohn ihr Leben geschehen lassen, befindet sich also im existentiellen Moment der Empfängnis, der das Wesentliche im Kindmotiv ausmacht. Die Unruhe der Spürunbewußtheit ist der Ruhe des Spürbewußtseins gewichen. Aus dieser sprudeln Einfälle und Phantasien über die Neugestaltung ihres Lebens. Nach und nach werden sie so konkret, daß die Neustrukturierung in ihnen bereits in Bewegung kommt.

Schwanger mit dem lange Ungelebten

In der Seelenempfängnis und -schwangerschaft, die zur Wandlungsgeburt führt, wirkt ein natürlicher Schwung, der es dem Psychotherapeuten erspart, manipulative Techniken einzusetzen und Vorgaben zum Vorgehen zu machen. Es reicht für ihn, erstens, durch eigene Resonanz mit dem jeweils stärksten spontanen Ausdruck des Selbstinitianten dessen Spürbewußtsein zu intensivieren, zweitens, in Resonanz auch mit Äußerungen des Widerstands (ich nenne sie Energieklippen oder -schwellen) zu treten, um auch in diesen Spürbewußtsein und in der Folge die passende Entwicklung zu wecken, und, drittens, durch die eigene Spüraufmerksamkeit das notwendige Verharren des Selbstinitianten auch in einer zunächst unangenehmen Empfindung bis zum nächsten Umschlagpunkt zu fördern.

Psychoenergetik ist eine Schule der vielfältigsten Wahrnehmungen, nicht der therapeutischen Eingriffe, die letztlich immer Übergriffe sind. Die Technik, die eingesetzt wird — zum Beispiel Verstärkung einer Gebärde, eines Bewegungsablaufs oder eines Satzes, mehrmalige Wiederholung eines zunächst flüchtigen, unbewußten Selbstausdrucks, Vertiefung und Harmonisierung des Atems, Halten oder Gehaltenwerden, Selbst- oder Eigenberührung mit oder ohne Bewegung, Entschärfung eines Widerstandes durch Resonanz mit dessen leiblichem Ausdruck, Benennen einer Gebärde, Fragen nach Einfällen, Amplifikation (Erweiterung) eines Traum- oder Phantasiebildes durch verwandte mythologische Motive, Hineingehen in dieses Bild bis zu dessen Auflösung durch Inszenierung, Spiel von Übertragung und Gegenübertragung, Regression in frühere Lebensalter, Aushalten einer Streßposition, Rollenspiel –, richtet sich ganz nach dem jeweiligen spontan auftretenden Energiesignal und wird bei dessen Änderung flüssig und zwanglos durch eine andere ersetzt, frei von irgendwelchen »technisch-therapeutischen« Zwängen. Deshalb wird, genau betrachtet, gar keine Technik verwendet. Der Therapeut folgt in naher Hautfühlung dem spontanen Gang der Dinge, dem energetischen Fluß eines Menschen. Sein durchgängiges Anliegen heißt *Resonanz*. Daraus ergibt sich die Verdichtung und Beschleunigung eines Lebensprozesses. Die Kenntnis verschiedener psychotherapeutischer Techniken dient lediglich der differenzierten Wahrnehmung und der passenden aktiven Resonanz. An die Stelle der therapeutischen Technik tritt das Spürbewußtsein des Therapeuten, das er dem Menschen, den er begleitet, mitteilt.

Auch das Spontanritual, von dem ich nun berichten will, wurde von einem innewohnenden Schwung, einer spontanen Entwicklungskurve bestimmt. Der 38jährige Mann führte in seiner Vorstellung, die im Rahmen der Vorstellungsrunde zu Beginn einer Therapiewoche stattfand, immer die gleiche abwägende Gebärde mit nach oben geöffneten Händen aus, welches Thema er auch anschnitt. Einmal ging die linke Hand nach oben und die rechte nach unten, einmal die rechte nach oben und die linke nach unten, gleich einer Waage, die abwechselnd mehr auf der einen oder der anderen Seite belastet wird. Oft war diese Gebärde von Worten wie »sowohl — als auch«, »einesteils — anderenteils«, »ja — aber«, »nein — doch« begleitet. Diese Gebärde blieb stereotyp bei all seinem Reden erhalten, und doch war er sehr erstaunt, als ich ihn darauf ansprach; er selbst hatte sie noch nicht bemerkt. Sie war das, was die Gestalttherapie das Offensichtliche nennt: was der Betroffene selbst nicht sieht, weil er es nicht spürt. Dieser vernachlässigte, beiläufige, oft nur ansatzhafte, doch offensichtliche Selbstausdruck bildet das jetzt aktivierte Energiesignal.

Auf seine abwägende und ausgleichende Gebärde aufmerksam gemacht, erspürt der Mann sie zunehmend von innen. Während er sie mit wachsender Energie wiederholt, kommen ihm viele Einfälle, die er nebenbei und in lockerer Folge mitteilt (das Wichtigste bleibt, wie in jedem Spontanritual, das Spürbewußtsein in der leiblichen Gebärde): Seine Eltern waren zerstritten, und er versuchte, es beiden recht zu machen, in ihrem Konflikt ausgleichend zu wirken. Ich merke, wie ihm die abwägende, ausgleichende Gebärde immer unangenehmer wird: sie wirkt immer angestrengter und mühsamer. Es wird allen Anwesenden deutlich — und auch ihm selbst spürbar —, wieviel Kraft er während seiner Kindheit und Jugend in diese unpassende Rolle investiert hat. Der Wiederholungszwang in einem von außen durch das Familiensystem aufgezwungenen sozialen Ritual schluckt viel Energie. Werden solche unbewußten Zwangsbewegungen spürbewußt, wandeln sie sich meist schnell in immer authentischere Gebärden.

Dies ist auch in der Gebärde des Selbstinitianten der Fall. Nach und nach kommt die ausgleichende, wechselseitig dämpfende und neutralisierende Bewegung der

Hände zur Ruhe. Die Hände geraten nun in eine gemeinsame Bewegung und nähern sich einander an. Gleichzeitig nähern sie sich gemeinsam dem Bauch, berühren ihn und streichen langsam, dem Zwerchfell und der Brust entlang, hoch, dann über die Schultern zum Hals, gleiten langsam vom Nacken über den Hinterkopf zum Scheitel hin nach oben und wieder nach vorne, darauf über die Stirn, das restliche Gesicht, die Brust und den Bauch nach unten, und führen diese Gebärde den eigenen Leib entlang mehrmals sorgfältig aus. Erreichen die Hände jeweils den Hinterkopf, steigen starke Gefühle im Selbstinitianten hoch: jedesmal schluchzt er überwältigt auf. Ich lade die anderen Gruppenteilnehmer zur gleichen Streichelgebärde um den eigenen Leib ein, um ihre Resonanz mit dem Geschehenden zu verstärken.

Dies führt zu einer Intensivierung der Gebärde beim Mann in der Gruppenmitte. Während er sie mit wachsendem Schwung weiter ausführt, sagt er plötzlich: »*Ich fühle mich schwanger.*« Es ist, wie wenn die reibende Gebärde der Hände seinen Leib mit einem ungeahnten Lebenspotential auflüden, so daß sich niemand über den Satz »Ich fühle mich schwanger« wundert.

Das wiederholte Streichen über den Hinterkopf weckt in ihm vermutlich die schmerzlich vermißte Erfahrung, als Kind am Hinterkopf gestützt und gehalten zu werden, eine überwältigende Erfahrung, die erlösende Traurigkeit über das so lange Ungelebte und jetzt Gelebte weckt. *Gebärden der Eigenberührung* in Spontanritualen holen oft das nach, was die frühen Bezugspersonen an Berührungsgebärden versäumt haben. Dadurch vermitteln sie die Erfahrung, daß wir nicht mehr auf diese angewiesen, sondern autonom sind. Das immer wieder aufbrechende Schluchzen des Selbstinitianten, jedesmal wenn er mit den Händen über seinen Hinterkopf streicht, entspricht den einsetzenden Wehen kurz vor der zweiten Geburt.

Nach und nach wandelt sich das konvulsivische Schluchzen in kontinuierliches, tiefes, kräftiges Atmen mit immer deutlicherer Betonung des Ausatmens: Die Geburt ist im Gange. Nach einiger Zeit öffnet er die Augen und beginnt, in einem regelmäßigen Rhythmus zu *knurren*: In seiner zweiten Geburt, einer Wandlungsgeburt, geht er an die Welt heran (Aggression bedeutet wörtlich: Herangehen), und zwar in einer direkten, ehrlichen Art, die er bisher aus — in der Kindheit — realer und dann — im Erwachsenenalter — vermeintlicher Schwäche vermieden hat. Er distanziert sich kräftig von seiner bisherigen ausgleichenden, das eigene Leben dämpfenden Einstellung, indem er knurrende Drohlaute gegen die nunmehr auch verinnerlichten Eltern ausstößt. Sie drängen ihn schließlich auch in die sprachliche Verdeutlichung: Die längst fällige, unbestechliche und unerschrockene Abrechnung beginnt, zunächst mit der Mutter, dann mit dem Vater, für deren Rolle er Gruppenmitglieder auswählt. Was er seinen Eltern noch nie gesagt hat, bringt er jetzt vor. Im Sprechen holt ihn ab und zu wieder das verfrühte entschuldigende Verständnis, die Neigung zu Ausgleich und Unterdrückung der eigenen Emotion ein. Ich mache ihn darauf aufmerksam und schlage ihm vor, jedesmal, wenn dies geschieht, kräftig und in ausreichender Wiederholung zu *knurren* und erst dann weiterzusprechen: Zur Auseinandersetzung gehört die deutliche Absetzung. Auch die Gruppenteilnehmer knurren, auf meine Einladung hin, lustvoll mit. Das Knurren, bei dem der ganze Mensch ins Vibrieren gerät, ist in diesem Spontanritual der leibliche Leiter der sich befreienden Aggression, Zeichen dafür, daß der Gebärvorgang instinktsicher weitergeht: Die Wandlungsgeburt ist ein lebenslanger Prozeß.

Je länger ein Spontanritual nach den entscheidenden Umschlagpunkten dauert, desto geringer werden die Widerstände und desto flüssiger läuft es fast ohne Intervention des Therapeuten ab, ein wohltuender Hinweis darauf, daß es jetzt auch ohne ihn geht. Bemerke ich dies, ziehe ich mich vom Selbstinitianten zurück, manchmal setze ich mich auf mein Kissen im Gruppenkreis.

Der 38jährige Mann bleibt so lange, abwechselnd knurrend und sprechend, in der Auseinandersetzung, bis das Wesentliche formuliert und geklärt ist.

Eine solche Klärung zeigt sich jeweils in der Klarheit des Ausdrucks. Solange sich eine Emotion defensiv gegen andere richtet, ist sie noch nicht klar, noch nicht echt. Jede klare Emotion, auch die der Aggression, schafft schließlich Verbindung und Begegnung, selbst im eindeutigen Akt einer Trennung. Die spürbewußte Verbindung ist, wie bereits früher ausgeführt, geradezu das Kennzeichen eines authentischen Gefühls, das kein anderes, tieferes versteckt. Manchmal ist die Trennung nötig, um wieder eine wirkliche Verbindung zu ermöglichen. Auch Traurigkeit ist nicht klar, nicht echt, solange sie sich den Lebenstatsachen verschließt, ihnen die Verbindung verweigert. Oft verbirgt sie die stärkere Emotion von Wut und Rebellion.

So führt auch bei diesem Selbstinitianten die aggressive Klärung seines Verhältnisses zu den Eltern (weniger den äußeren, realen, als den inneren) zu einer neuen Verbindung mit diesen — Klarheit schafft Nähe —, und das Spontanritual endet bei aller Entschlossenheit, sich nicht mehr in der traumatischen Lebensgebärde des Sowohl-als-auch, im Bemühen, es immer allen recht zu machen, zu verstricken, in einer versöhnlichen Stimmung.

WAHRHAFTIGE GEBÄRDEN —
ENTFALTUNG AM WIDERSTAND

Wahrhaftige Gebärden, die schließlich in die Verbindung führen, haben nichts Beschwichtigendes und Harmonisierendes an sich. Das soeben geschilderte Spontanritual veranschaulicht dies. Es gehört zur Eigenart authentischer Gebärden, daß sich ihr Grundanliegen in einer zum Teil fremden und widerständigen Welt und trotz eigener Wunden, traumatischer Prägungen und Narben durchsetzt. Die von jeder Versehrung reine Gebärde ist nicht von dieser Welt. Zur menschlichen Bedingung der Sterblichkeit gehört auch jederzeit die Möglichkeit der Verwundung. Diese Tatsache wird von solchen religiösen psychotherapeutischen Bewegungen verdrängt, die sich um die Leitfigur eines großen Meisters scharen. Dagegen: Wie wohltuend ist es nicht nur für andere, sondern auch für mich selbst, wenn ich ab und zu im Laufe oder nach Abschluß einer therapeutischen Arbeit auf eigene Grenzen hinweise, nicht um den notwendigen Einsatz zu vermeiden oder aus narzißtischer Selbstgefälligkeit oder gar, um mich in verfehlter christlicher Art als Leidensknecht und somit als paradoxe Leitfigur hochzustilisieren. Die grandiose Identifizierung mit einem Therapeuten, der sich als Führerfigur anbietet, weist die gleiche Dynamik wie das blinde Vertrauen in einen allmächtigen Vater auf. Sie dient der

Verdrängung der Tatsache, daß ein menschlicher Weg immer innerhalb von Grenzen, mit Gefährdungen und Verwundungen verläuft, gegen die keine große Vater- oder Mutterfigur schützen kann.

Mythen, die sich um Empfängnis, Geburt und erste Lebenserfahrungen der göttlichen Kinder ranken, legen davon beredtes Zeugnis ab. Diese Kinder sind keineswegs immer gegen Verletzungen und Mißbildungen gefeit. Gleichwohl setzt sich ihre Lebendigkeit durch, oft gerade mit der in diesen Beschädigungen gesammelten Kraft. Auch Neuanfänge tragen die Stigmata vergangenen Lebens, und eben diese sind Beweise ihrer Wahrhaftigkeit. Doch was früher sterile Krankheit, sterile Wunde, sterile Narbe war, hat sich jetzt gewandelt in *Initiationskrankheit, Initiationswunde, Initiationsnarbe. Chiron*, der erste verwundete Arzt und Heiler in einer ganzen Reihe von aufgrund ihrer Verwundung heilkräftigen Göttern und Helden in der griechischen Mythologie, wird, weil er nicht nur einen Menschenkopf, sondern auch einen Pferdeleib — eine Triebnatur — hat, von seiner Mutter verstoßen. Sein Schüler Herakles fügt ihm die unheilbare Wunde bei, die dennoch geheilt wird, als er sich stellvertretend für Prometheus an den Felsen ketten läßt und somit zum sterblichen Geschöpf wird. Er übernimmt die Grenzen der Sterblichkeit, die reale menschliche Begrenzung. Das ist die Voraussetzung der Heilung für sich selbst und andere innerhalb der tatsächlichen Welt, in der alles im Fluß, alles sterblich, alles lebendig durch unser Einverständnis in die Sterblichkeit ist.

»Man muß verwundet sein, um ein Heiler zu werden. Das ist das lokale Bild eines universellen mythologischen Motivs, das in Mircea Eliades Buch über die Initiation der Medizinmänner und Schamanen beschrieben wird. Niemand wird das eine oder andere, ohne zuerst verwundet zu werden ... Ginge es nur darum, den ganzen Prozeß des Leidens und des Verwundet- und Geheiltwerdens kennenzulernen, dann könnte praktisch jeder ein Heiler, ein Schamane werden, denn wir haben alle gelitten. Worauf es jedoch ankommt, ist, daß die betreffende Person, nachdem sie verwundet wurde, auch das Leiden überwindet.« Für einen Heiler ist Heilen »offenbar die einzige Art, wie er sich gesund halten kann«.[1]

Authentische Gebärden von Selbstheilung und eigener Entwicklung — beide meinen letztlich dasselbe — können nicht völlig rein sein. Was berührt uns mehr: die glatten Bewegungen eines gut funktionierenden, doch an eigener Persönlichkeit armen Menschen oder die bestmöglichen Bewegungen eines seelisch reichen Behinderten? Authentische Gebärden nehmen an der Zerrissenheit der Mitwelt teil und bilden den stärksten Selbstausdruck in dieser. Sie legen Zeugnis für die unbeirrbare Entwicklungsdynamik — für das innere Kind — ab, auch durch äußere und innere Widerstände hindurch, und drücken Erfahrungen des existentiellen Moments der Empfängnis in der konkreten Mitwelt aus. Weil dem so ist, können wir in unserem Einsatz *Gleichmut* aufbringen, streben wir doch kein vollkommenes, nur ein in der derzeitigen Situation möglichst vollständiges Resultat an. Da wir uns nicht mit der Welt, wie sie ist, durch blinden, banalen Schulterschluß identifizieren, also innerhalb unseres Ja zum Dasein auch ein Nein in uns nähren, können wir gelassen leben.

Authentische Gebärden sind Bewegungen, in denen

---

[1] M.-L. von Franz, Der Ewige Jüngling, a. a. O., S. 137-138.

wir ganz da sind, Bewegungen also, deren wichtigste Quelle die *innere Wirkgestalt des ewigen Kindes* ist. Wie spielende Kinder ganz da sind, so auch wir aus der Kraft des in uns Erwachsenen wirkenden Kindes. Etwas haben wir dem spielenden Kind voraus, nämlich die Wachheit und das Durchhaltevermögen in der authentischen Gebärde auch unter schwierigsten Lebensumständen. Die Spur des verborgenen Kindes führt also nicht zu einer naiven Verherrlichung des realen Kindes, zur Sehnsucht nach einer »Stadt der Kinder« auch für Erwachsene. Es geht um die zweite Geburt, die Wandlungsgeburt in der konkreten, dem inneren Kind und seinem Schöpfungsimpuls oft feindlich gesinnten Erwachsenenwelt. In Gebärden, wie sie in Spontanritualen wach werden, findet ein ständiges Wechselspiel zwischen innen und außen statt. Dadurch nehmen sie teil am Ganzen und Universellen, das heißt auch an der Eigenschaft der Welt, Un- und Zufällen, Zerstörbarkeit und Sterblichkeit ausgesetzt zu sein. Nicht leicht dringen die wahrhaftigen Gebärden durch alle Verformungen und Mißbildungen durch. Im Spiel des Lebens geht vieles von der Unmittelbarkeit und Ursprünglichkeit des Kinderspiels verloren. Der spürbewußte Bezug zur leiblichen Gebärde, wie er sich unter leichter, wacher Trance im Spontanritual einstellt, eröffnet uns wieder den zentralen Aspekt des äußeren und inneren Kindes, nämlich das existentielle Moment der Empfängnis: der Durchlässigkeit für passende, wachstumsfördernde Lebensimpulse. Authentische Gebärden sind wirkliche »Lebensgesten«, die uns gleichzeitig mit der Innen- und Außenwelt verbinden. In ihnen wird das innere Kind zur Zentralinstanz eines erwachsenen Lebens, zu deren prägenden Wirkgestalt.

Der Philosoph Rudolf zur Lippe schreibt: »Leben ist

immer Entfaltung am Widerstand.«[2] Daß authentische Gebärden sich aus dem Widerstand herausschälen, erleben wir in jedem Spontanritual. In einem Energiesignal ist noch ein Teil der Energie in traumatischer, komplexhafter Verkrampfung als *Hemmungsenergie* gefangen, während ein oft nur kleiner Teil der Energie emanzipatorisch und schöpferisch als *Wachstumsenergie* in die wahrhaftige Lebensgebärde drängt. Füllen wir das Energiesignal mit Spürbewußtsein, steigt die Wachstumsenergie bei gleichzeitiger Verminderung der Hemmungsenergie an, und es entsteht eine wahrhaftige Gebärde, die sich auf den reinen Ausdruck zu bewegt, jedoch ohne ihn ganz zu erreichen. Die Gebärde ist authentisch dank einer auch auf Um- und Irrwegen innerlich empfundenen Zieldynamik. Das Mißverhältnis bedrückt uns nicht, sondern löst sich in Gelächter auf, Ausdruck des beschriebenen Gleichmuts.

Daß Leben sich am Widerstand entfaltet, verdeutlichen auch mythologische Heldengeschichten. Auf *Krischnas* Geheiß hin muß *Arjuna* selbst gegen eigene Verwandte kämpfen. Und auch *Jesus* sagt von sich: »Ich bin nicht gekommen, Frieden zu bringen, sondern das Schwert. Denn ich bin gekommen, den Menschen zu entzweien gegen seinen Vater und die Tochter gegen ihre Mutter ... Wer Vater oder Mutter mehr liebt als mich, ist meiner nicht wert« (Matthäus, 10, 34-37). Ich verstehe hier Krischna und Jesus als symbolische Verkörperungen des inneren Entwicklungsdrangs eines Menschen, seiner authentischen Lebensgebärden, die sich gegen die »inneren Verwandten«, die Verinnerlichung äußerer Prägungen, durchzusetzen hat. Das Nein

---

[2] R. zur Lippe, Sinnenbewußtsein, Reinbek b.H. 1987, S. 440. Allgemein zur »authentischen Geste«: S. 438-449.

zu Prägungen der Außenwelt, welche die schöpferische Eigenentwicklung bedrohen, zeigt sich erfrischend in den Kindheitsgeschichten mythologischer Gestalten. Der göttliche *Schelm und Lausbub* ist ein verbreitetes Mythologem. Die Legenden über die Kindheit Krischnas offenbaren die Freiheit und Spontaneität des Göttlichen, das heißt des sich unter widrigen Umständen durchsetzenden Eigenen im Menschen. Die Qualität des Göttlichen bedeutet das Durchsetzungsvermögen nicht des konkreten Menschen in allen geschichtlichen Lagen, sondern der Instanz des ewigen Kindes in ihm, das ihn, solange er lebt, in die passende Entwicklung lockt, jedoch ohne ihn zu dieser zu zwingen.

Im apokryphen Thomas-Evangelium erscheint auch Jesus als *enfant terrible*, als Lausbub und böser Junge. Die »Überwindung der Welt«, die mit verschiedenen Akzenten und Bedeutungen von allen Religionen gefordert wird, beginnt mit notorischer Unangepaßtheit, die beim Kleinkind laut Freud als dessen »polymorph perverse Triebnatur« in Erscheinung tritt. Zutreffender ist es wohl, von der existentiellen Offenheit für eigene Lebensimpulse sowohl beim äußeren als auch beim inneren Kind zu sprechen. Nur aus dieser heraus können wir Erwachsene den Kampf des Schöpferischen führen.

In diesem Kampf sind Verletzungen und Fehlprägungen unvermeidlich. Sie fließen auch in die im wesentlichen authentische Gebärde ein. Gäben wir der unvollkommenen und doch authentischen Gebärde kein Lebensrecht, käme dies einem Selbstmord gleich. Soll ein verletzter Fuß – die häufigste Wunde der Heilerhelden im Mythos – nicht mehr gehen, weil ihm der vollkommene Gang versagt ist? Soll uns eine nunmehr festgewachsene falsche Körperhaltung dazu bewegen, von der Bühne des Lebens zu verschwinden? Hat ein krankes Herz kein andere Chance, als noch eine Zeitlang schlecht und recht zu überleben? Ist sein vielleicht unregelmäßiges, störungsanfälliges Schlagen nicht auch als Lebens- und Liebeszeichen, als unvollkommene authentische Gebärde ernst zu nehmen? — »Mit all dem spielt die authentische Geste.«[3] Sie heilt mehr, als wir uns vorstellen können, oft auch da, wo wir meinen, daß nichts mehr zu machen ist, vor allem aber heilt sie vom Vollkommenheitsanspruch, daß alles »gut« sein muß. Es reicht, ein Ziel anzustreben, ohne es ganz zu wollen. So entsteht nach und nach ein Leben aus der Ruhe, zu dem auch die »Arbeit aus der Ruhe« (Handke) und das »gelassene Kämpfen« (Bhagavadgita) gehören. Ohne Ruhe und Gelassenheit gibt es keine authentische Lebensgebärde. Das lateinische Motto »*festina lente*« — »eile langsam« — bringt dieses Paradox auf den Punkt. »Die Entdeckung der Langsamkeit«[4] meint eigentlich die Entdeckung der Gelassenheit. Langsam eilen bedeutet, aus zentrierter Ruhe spürbewußt eilen, das geht oft langsamer als im Zustand der Spürunbewußtheit, oft aber auch blitzschnell.

Spielende Kinder kommentieren manchmal plaudernd ihr Spiel: Sie benennen, was sie tun. Auch die wahrhaftige Gebärde bedarf oft der stimmigen *Benennung*, um sich ganz entfalten zu können, ist sie doch eine leibliche Gebärde mit gleichzeitig körperlicher, seelischer und geistiger Qualität. Durch das passende Wort kommt die Zieldynamik der *sich selbst ertastenden Gebärde* deutlicher ins Spürbewußtsein. Deshalb bewirken Bezeichnung und Be-

---

[3] R. zur Lippe, Sinnenbewußtsein, a. a. O., S. 444.
[4] Vgl. S. Nadolny, Die Entdeckung der Langsamkeit (Roman), München o. J.

nennung einer spontanen Gebärde deren Intensivierung und Verdeutlichung, vielleicht auch deren Wandlung. Im letzteren Falle ist eine neue Versprachlichung erforderlich, um die neu entstandene Gebärde in der ihr eigenen Zielrichtung zu verstärken. In der Psychoenergetik gleiten wir mit der Sprache an den sinnlichen Bewegungen und Erfahrungen entlang: ein fruchtbares Wechselspiel von sprachlichem und körperlichem Ausdruck im selben Leib.

NEUGEBURT IM EXISTENTIELLEN MOMENT
DER EMPFÄNGNIS

Die authentische Gebärde entspringt dem, was Laotse Anfängergeist nennt. Das Kind verleiblicht diesen: »Den ganzen Tag schreit es (das Neugeborene), und doch wird seine Kehle nicht heiser *aus der Fülle des Einklangs.*«[1] Die Fülle des Einklangs, die Resonanz zwischen der Innen- und Außenwelt, die ungehinderte Erfahrung von Lebendigkeit im Dritten Leib in dessen jeweils vorherrschender Gestalt entspricht dem Anfängergeist des Kindes und dem Geist der Empfänglichkeit im erwachsenen Menschen aus der Quelle des Kindarchetyps. Weil der Mensch als einzelner ein Gemeinschaftswesen ist, das sich nur in Beziehung entwickelt, *symbolisiert das Kind* als Ausdruck des schöpferischen Anfängergeistes auch die Gemeinschaft als Ganzes, *den Dritten Leib selbst,* und erscheint als dessen Zentralgestalt. *Weise Kinder* zentrieren und orientieren als *Kulturstifter und Religionsgründer* neue Kollektivgestaltungen des Dritten Leibes: *Horus, Dionysos, Hermes, Krischna, Moses, Jesus* und andere. Sie sind »Kristallisationsfiguren aus dem Unverbrauchten, Quellgestaltungen des Lebens, zum Aufstehen und Auferstehen bestimmt.«
Überlassen sich zwei Liebende vielleicht nach langer Hemmung dem Entwicklungstrieb ihres Dritten Leibes,

[1] Lao-Tse, Tao Tê King, a.a.O., S. 132.

so »bewegt sich in ihrer Paargestalt das weise Kind: das in-stinktive Wissen beider um die Gebärden der Vereinigung und Abgrenzung.«[2] Oft wird in einer Ehe das *reale Kind* als das Dritte zum *überfrachteten Symbol für den Dritten Leib des Paares*. Dann bildet es den Ersatz für das mangelnde Spür-bewußtsein im Dritten Leib des Paares. In ähnlicher Weise kann auch das *Jesuskind* an Weihnachten als *Ersatz* für den mangelnden kindlichen Anfängergeist, den es als Zentral-figur der Christenheit symbolisiert, mißbraucht werden. Symptome für seine Ersatzfunktion sind die *Sentimenta-lität*, mit der dieses Fest oft begangen wird, und die *emotio-nale Verlorenheit* vieler Menschen in der Weihnachtszeit. Weihnachten ist vielleicht das letzte christliche Fest, das für die meisten Menschen des Abendlandes noch eine at-mosphärische Gefühlsqualität, eben die der kindlichen Durchlässigkeit und Empfänglichkeit besitzt, selbst wenn es nur kitschig, sentimental und ohne das sich mit ihm verbundene Wir-Gefühl begangen wird und das Jesus-kind als Versatzstück mißbraucht.

Spontanrituale können den Kontakt mit dem kindli-chen Geist der Empfänglichkeit im Erwachsenen wieder-herstellen. Auf eindrückliche Weise geschah dies im Spontanritual, das ich zum Schluß dieses Kapitels wieder-gebe. Selbstinitiantin ist eine jüngere Frau, die bereits zwei Kinder geboren hat, nun aber aus medizinischen Gründen keine Kinder mehr bekommen kann. Sie ist eine gefühlsintensive, lebendige und schöne Frau, die sich al-lerdings leicht aus dem Gespür verliert und dann entwe-der von eigenen und fremden Emotionen überschwemmt wird oder versteinert. Die starke, grenzüberschreitende Persönlichkeit ihrer Mutter bestimmte ihre Kindheit

[2] P. Schellenbaum, Nimm deine Couch und geh!, a.a.O., S. 268.

ganz ausgeprägt und machte es ihr schwer, sich selbst im Gespür zu behalten.

Zu Beginn des Spontanrituals steht sie wie ein Samurai mit gespreizten Beinen überwach und kampfbereit da. Zu ihrer Linken imaginiert sie ihre Mutter, zu ihrer Rechten ihren Ehemann. Zu beiden Seiten hin macht sie abwechselnd blitzschnelle, beschwörende Bewegungen der Abwehr, verteilt Schläge, indem sie bei jedem Schlag einen Arm plötzlich ausstreckt und die Finger spreizt. Die Gebärden wirken wie magische Bannstrahlen, die sie um sich herumschleudert. Doch da »der Feind« beständig von allen Seiten auf sie eindringt, wirkt ihr Kampf extrem anstrengend und zermürbend und letztlich hoffnungslos. Durch den Panzer des kämpfenden Samurai scheint ab und zu das gehetzte Wild hindurch: in den hechelnden, hastigen Atemzügen, den panisch aufgerissenen Augen, im ausgetrockneten, offenen Mund. Nach einer Weile beginnt sie ihre Banngebärden mit dem Wort »nein« zu begleiten und zu verstärken. Immer lauter ruft und schreit sie nein, aber ihre Stimme hat einen metallischen Klang; noch nehme ich in ihr wenig Spürbewußtsein wahr. Auch das Schnelle, Getriebene in ihren Äußerungen verhindert dessen Entfaltung. Aber es ist offensichtlich, daß sie bis zum Exzeß »da durch muß«, um in der Krise die »*défaillance*«, den heilsamen Zusammenbruch, zu erleben.[3]

Es sieht aus, als würde jeder Pfeil, den sie abschießt, an der Mutter oder am Ehemann abprallen, wie ein Bumerang die Richtung um 180 Grad ändern und in sie eindringen: nach jeder Banngebärde nach links oder rechts zuckt sie, selbst getroffen, zusammen. Während sich die

---

[3] Vgl. Magnetismus und Psychoenergetik: Heilung durch Beziehung, in: P. Schellenbaum, Die Wunde der Ungeliebten, a.a.O., S.43-52.

Schläge, die sie auf diese Weise ungewollt gegen sich selbst richtet, häufen, steigen Angst und Panik in ihr hoch. Aus dem kriegerischen Samurai wird nun tatsächlich das verwundete, hilflose Opfer. Wie oft wohl hat sie sich in ihrem Leben verzweifelt gewehrt und ist schließlich doch der äußeren Übermacht erlegen? Wie oft schon erlahmte ihre Kampfbereitschaft und machte der Verzweiflung über ihre Schutzlosigkeit Platz?

Auf einmal sinkt sie in die Knie, ihr Oberkörper beugt sich nach vorne, und sie legt den Kopf in die Hände, die auf dem Boden ruhen. Es handelt sich offensichtlich um eine Stellung, durch die sie sich Schutz gibt. Bis zur äußersten Grenze der Schutzlosigkeit hat sie sich aufgebäumt und dann dem Unvermeidlichen ergeben. Nun beginnt sie, einen Schutz zu erleben, der darin besteht, daß sie sich nicht mehr nach außen hin — auf Mutter und Partner — fixiert, sondern mit dem Boden Kontakt aufnimmt und in der eiförmigen Gestalt, die sie formt, nach und nach zu einem Ganzen wird. Ihr Atem verlangsamt und vertieft sich, doch immer noch läuft er zuckend und unregelmäßig durch ihren Leib. Nach wie vor macht sie auf mich einen gefährdeten, zersplitterten, fragmentierten Eindruck. Daher steigert sich meine Wahrnehmung, und ich werde hellwach. Auf einmal bemerke ich, daß die Finger ihrer linken Hand — sie liegt, wie erwähnt, auf dem Boden, um zusammen mit der rechten den Kopf zu bergen — starr und unnatürlich weit ab- und auseinandergespreizt sind. In ihrer Leichenblässe und ihrer Bewegungslosigkeit wirken sie wie tot. Durch die linke Hand also, mit der sie soeben noch heftige Schläge gegen ihre Mutter geführt hat, gesteuert durch den Einfluß der inneren Mutterinstanz, wirken Tod, Spürlosigkeit und Zersplitterung immer noch in ihr, und infolge der gesteigerten Wahrnehmung sogar mehr als zuvor. Daher auch der zuckende, unregelmäßige Atem, der unnatürlich zerhackte Lebensrhythmus. Auf einmal bin ich in höchster Alarmbereitschaft — und in einer ganz neuartigen, vielleicht der tiefstmöglichen *Resonanz*, nämlich *mit der Todesdynamik dieses lebendigen Menschen.*

In diesem Augenblick tippe ich mit meiner rechten Hand die starren Finger ihrer linken Hand leicht an. Wenn ich heute aus der zeitlichen Distanz darüber nachdenke, so leuchtet mir, mehr noch als in anderen Fällen eigener Resonanz, der wesentliche Unterschied zwischen spürbewußter Resonanz und bewußter Gegenübertragung ein. Ich habe keinen Augenblick über diese Berührung nachgedacht. Sie kam spontan aus der nichts ausschließenden Wachheit für das Zeichen der totenstarren Hand. Daß ich dabei eine eigene entscheidende Grenze überschreiten mußte, merkte ich an meiner Alarmbereitschaft, die sich unter anderem im plötzlich stark beschleunigten Herzschlag äußerte. Mein inneres Kind war in diesem Moment wirklich ein Psychopomp, das Hermes-Kind als Geleiter in einer Todeslandschaft. Ein solches Vorgehen, eine solche Berührung erträgt keinen Reflexionsabstand, wie er beim therapeutischen Einsatz der Gegenübertragung, beim bewußten Eintreten in das zum Teil traumatische Spiel des Patienten, verwendet wird. Gebärden aus spürbewußter Resonanz sind extrem feinmotorischer Art, so daß sie bloß aus »distanzloser« Aufmerksamkeit heraus möglich sind und im nachhinein nur mit Schwierigkeit beschrieben werden können. Mit der stimmigen Resonanz ist ein Gefühl größter Selbstverständlichkeit und Freiheit verbunden, so daß keinerlei Zweifel an der Richtigkeit der Gebärde aufkommen kann. Jedesmal dagegen, wenn eine *Begegnungsgebärde* meinerseits keine richtige *Resonanzgebärde* war, hatte ich vor ihrem Einsatz einen kleinen Zweifel, eine kleine Distanzierung, eine Verminderung des Spürbewußtseins erlebt, und die Wirkung auf den Selbstinitianten ließ oft nicht lange auf sich warten: Absinken des Energiepegels, Anpassung an mich, teilweiser oder ganzer Verlust des Spürbewußtseins, Grübeln und Analysieren statt leiblichem Denken. Manchmal allerdings ließ sich der Selbstinitiant von meiner mangelnden Resonanz nicht anstecken, sondern wies mein unpassendes Beziehungsangebot zurück und blieb unbeirrt auf seiner Lebensspur.

Wie nun reagiert die Frau, von deren Spontanritual ich berichte, auf meine Resonanz? Auf meine beiläufige, leichte Berührung hin beleben und entspannen sich ihre Finger sofort, und gleichzeitig legt sie sich auf ihre linke Seite und rollt sich ganz und gar zusammen, bis sie unverkennbar ein Fötus ist. Doch ist sie es wirklich? Ja und nein. Ja, weil sie durch Haltung und Gestimmtheit zeigt, daß der Archetyp des ungeborenen Kindes in ihr belebt ist, auf welche Weise, werde ich gleich ausführen. Nein, weil sie mit erwachsenem, wachem Spürbewußtsein als symbolischer Fötus da ist, der auf eine Wandlungsgeburt, einen existentiellen Neuanfang hin wächst. Es geht also um jenen bereits erläuterten seelischen Vorgang, den C.G. Jung als progressive Regression bezeichnet, im Gegensatz zu einer regressiv bleibenden Regression, die überschwemmt, Wachheit, Aufmerksamkeit, Identität auslöscht und den Betroffenen geschwächt zurückläßt.

Die Benennung des Vorgangs — das »*Schlüsselwort*« für diesen —, verbunden mit dem ständigen Kontakt zum Therapeuten, verhindert diese schädliche Form von Regression. Wenn jemand während einer tiefen therapeutischen Regression über längere Zeit hin nicht spricht, sein

Erleben nicht benennt, signalisiert dies ein Abdriften in Spürunbewußtheit. Dann ist es höchste Zeit, daß der Therapeut den Selbstinitianten anspricht, um den Kontakt mit ihm wiederherzustellen und durch die Versprachlichung des regressiven Prozesses die dem Spürbewußtsein eigene Fähigkeit zur passenden Strukturierung bei ihm zu fördern. Gelingt dies nicht, handelt es sich um kein Spontanritual mehr, und der Kontakt nach außen und innen muß auf einer oberflächlicheren, leiblich spürbaren Ebene wiederhergestellt werden.

Kaum befindet sich die Frau in fötaler Stellung, spricht sie mit leiser, doch voller Stimme den zentralen »Schlüsselsatz« aus: *»Es ist alles zusammen.«* Diesen Satz wiederholt sie mehrmals. Er bezeichnet ihr jetzt ganzheitliches Selbsterleben, das, wie sie mir später mitteilt, soweit sie sich erinnern kann, noch nie da war, außer in den beiden Schwangerschaften, also durch leibliche Identifizierung mit dem in ihr heranwachsenden Kind. Abgesehen davon ist dies das erste Mal seit ihrer eigenen vorgeburtlichen Phase! An diese knüpft sie jetzt in dieser symbolischen vorgeburtlichen Phase an. Ihr ganzer Leib befindet sich nun in einem harmonischen Einklang. Keine Mutter versucht mehr, wie eine Infusion mit fremdem, unpassendem Blut durch ihre linke Hand, die Herzseite, in sie einzudringen. Fried- und vertrauensvoll, entspannt und ruhig liegt die halbgeschlossene Hand da. Auch die Finger sind wohlig durchblutet und haben eine gesunde rosa Farbe. Der Atem strömt tief und leise. »Es ist alles zusammen«: Sie hat die Verbindung zum Zusammenhang und Zusammenklang ihres vorgeburtlichen Lebens wiedergefunden. Das innere Kind ist ihre aktive Wirkgestalt. Vorbei ist die Angst und Panik vor Zersplitterung, die übertriebene, der Situation nicht entsprechende Bedrohung durch andere, Spiegel der realen frühen Bedrohung durch die Mutter.

Vorbei wäre all dies, könnte sie ewig Fötus bleiben. Doch auch vor der zweiten Geburt tickt eine innere Uhr, welche die Zeit der Schwangerschaft begrenzt. Die Geburt ist unvermeidlich und hat im richtigen Moment zu erfolgen. Genügend Kraft wird da sein, um nach der neuen Geburt die Relikte aus dem alten Leben mit wacher Liebe einzubeziehen und zu verändern. Rückschläge werden nicht ausbleiben, aber die Entwicklungsspur bleibt erhalten.

Jede Wandlungsgeburt hat eine besondere Eigenschaft, die Umkehrung des bisher Ungelebten. Ich habe schon viele Spontanrituale der zweiten Geburt begleitet, doch noch nie habe ich im voraus gewußt, worin diese bestehen würde. Sonst hätte ich meinen Beruf als Psychotherapeut bereits aufgegeben. Was zentrale Punkte im bisher Ungelebten ausmachen, können wir eigentlich erst im nachhinein aus deren späterer Umkehrung in der zweiten Geburt ersehen, so auch im Spontanritual, das jetzt im Gange ist.

Mit unendlicher, sorgfältig abtastender Langsamkeit, die in völligem Kontrast zum anfänglichen gehetzten Tempo steht, öffnet die Selbstinitiantin die fötale Krümmung und dreht sich auf den Rücken. Sie fragt nach Kissen: Eines legt sie sich unter den Rücken oberhalb des Kreuzbeins, so daß sich das Becken vorwölbt, ein zweites unter den Nacken, so daß der Kopf nach hinten fällt, Arme und Beine sind ausgebreitet. Diese Körperhaltung hat nichts Exhibitionistisches, im Gegenteil etwas Numinoses, Sakrales, tief Bewegendes an sich. Dieser Eindruck entsteht immer dann, wenn ein Mensch den entscheidenden Schritt in einen Neuanfang tut. Gebärden, Haltungen und Worte bekommen wirklich etwas »Heiliges«, das heißt Archetypisches, Allgemeingültiges, auch anderen Menschen unmittelbar Einleuchtendes. Es ist der *Schauder der Schwelle,* der sich auch anderen übermittelt, die Ahnung im Übergang. Das Begreifen kommt später, die Ergriffenheit ist das erste.[4]

Was Körperhaltung und Gestimmtheit der Frau vermitteln, bildet in der Tat eine Umkehrung des bisher Gelebten. Gelassen, vertrauensvoll, offen, zur Verbindung und Entbindung bereit liegt sie da, als gleichzeitig Empfangende und Hervorbringende, Aufnehmende und Gebärende. Es ist eine archetypische, rituelle Haltung, welche die ganze Existenz einbezieht. Im Doppelsymbol von Empfängnisbereitschaft und Gebären — entsprechend dem bereits beschriebenen mythologischen Doppelsymbol der Einheit von Zeugung und Geburt — wirkt sie auf mich als Verkörperung des existentiellen Moments der Empfängnis in seinem passiven und aktiven Aspekt in allen Bereichen des Menschseins. Das also ist es, was ihr in ihrer panischen Fixierung auf die invasive Mutter gefehlt hat: das lange Ungelebte und jetzt Geborene. Die *zweite Geburt hat Initiationscharakter;* in ihr tauchen allgemein verbreitete Initiationsmotive (daher das Wort Spontanritual) auf, so hier das *Doppelmotiv der Empfänglichkeit und des Gebärens,* der Hingabe und »Hinausgabe«. Wir kennen es von der *Orantenstellung,* der Gebetshaltung, her, in der sich die aktive Verfügbarkeit für Gnade — für die »gegebene« Existenz — ebenfalls verleiblicht; die ausgebreiteten Arme drücken in ihr den passiven, empfangenen Aspekt, die stehende Haltung den aktiven Aspekt, Wachheit und

---

[4] Vgl. Ergriffensein und Begreifen, in: P. Schellenbaum, Gottesbilder, a. a. O., S. 37-48.

Tat, aus. Daß die Frau im Gegensatz zum stehenden Oranten auf dem Boden liegt, unterstreicht, daß neben dem Geistigen und Seelischen in untrennbarer Einheit auch das Trieb- und Instinkthafte sein Recht auf Leben anmeldet.

In die alltägliche Lebensgeschichte eingebundene Gebärden, die sich aus der Quelle dieser archetypischen, rituellen Haltung ergeben, werden nicht mehr deren Reinheit und Eindeutigkeit haben. Doch wird sich durch die unterschiedlichsten Lebensumstände hindurch die neue authentische Lebensgebärde soweit als möglich freischälen, falls die Selbstinitiantin die Spur des neugeborenen Kindes mit aktivem Spürbewußtsein weiter verfolgt.

Zum Schluß des Spontanrituals sagt sie: »Ich kann keine Kinder mehr bekommen. In den Schwangerschaften habe ich mich lebendig gefühlt, sonst tot. Jetzt geht es um *mein* Leben.« Die Wandlungsgeburt betrifft das eigene Leben. Doch ebenso wie die erste Geburt stiftet auch sie Gemeinschaft. Nur Menschen, die den schwierigen, schöpferischen Weg der zweiten Geburt gehen, können zur Entwicklung der menschlichen Gemeinschaft, in welchem Gebiet auch immer, beitragen.

Ich habe *Mystik* einmal als die intensivste Form von Realismus bezeichnet. Sie ist die gelungene Mischung von völliger Verfügbarkeit und Widerstand, wie sie im existentiellen Moment der Empfängnis gelebt wird. Die wache, unbeirrbare Verfügbarkeit für authentische Lebensgebärden, für ein Leben aus dem ewigen Kind als Symbol für den Entwicklungsdrang, führt natürlicherweise zum gleichmütigen Widerstand gegen alles, was diesem widerspricht. Dieser äußert sich als gelassenes Sich-auf-den-Kampf-Einlassen, mit innerer Zieldynamik, doch ohne verbissene Zielfixierung. Eben dies ist die Seinsweise,

wenn wir zum existentiellen Moment der Empfängnis erwachen. In diesem lebt das Doppelmotiv von gleichzeitigem Empfangen und Gebären. Noch kein Wie oder
Warum oder Wozu stört unsere ursprüngliche Lebendigkeit, solange wir im existentiellen Moment der Empfängnis sind. Bei Ludwig Wittgenstein lesen wir: »Nicht wie
die Welt ist, ist das Mystische, sondern daß sie ist.«[5]

[5] L. Wittgenstein, Tractatus logico-philosophicus, S. 84.

7

DIE ROLLENDE KUGEL:
SPUR ZUM
DRITTEN LEIB

HINGABE AN DAS KIND
LÄSST DEN DRITTEN LEIB WACHSEN

Unsichtbare Mauern richten sich um uns herum auf, sobald wir die Verbindung mit dem Ursprung, den Kontakt mit dem Kind als innerer Lebensinstanz, dem uns eigenen, frischen, unmittelbar motivierenden Schwung wieder einmal verlieren. Unsere Beziehungen laufen nunmehr funktional und automatisch ab. Der »*soziale Blutkreislauf*« bricht zusammen: Es fließt nicht mehr zwischen uns und der Welt. Mit der Spur nach innen ist auch die Spur nach außen abgerissen. Die Isolierung muß nicht schmerzen; der seelenlose Alltagstakt tut nicht immer weh. Doch eines merken wir: Wir verlieren Energie, können anstehende Aufgaben nur noch mit großer Willensanstrengung bewältigen, der Verlust innerer Zielorientierung weckt Empfindungen von Langeweile und Sinnlosigkeit. Die ins Leben drängende Kraft fehlt. Das Gefühl eines fundamentalen Mangels macht sich breit. An diesem toten inneren Punkt haken von außen wirkende Heilslehren ein. An die Stelle der natürlichen, von innen her sich offenbarenden und motivierenden Lebensinstanz wird eine Lehre, ein Glaube, ein idealisierter Hoffnungsträger mit religiösem, gesellschaftlichem oder politischem, immer aber mit gemeinschaftsbildendem Anspruch gesetzt. Doch gibt der Ersatz, auf den wir das Eigene projizieren, den verlorenen inneren Schwung nicht zurück; zwar aktiviert er unsere Energie, zumindest eine Zeitlang, aber für etwas Fremdes. Die Spur des verborgenen Kindes bleibt unterbrochen, und unbewußt halten wir Ausschau nach Möglichkeiten, wie wir wieder zu Energie, Schwung und Lebendigkeit in eigenen Lebensanliegen kommen können.

Hier setzen die Machtspiele ein: Wir suchen andere zu überzeugen, statt ihnen in Freiheit unsere Ansicht mitzuteilen und die ihre anzuhören. Wenn wir sie dann mit unserer Meinung in die Knie gezwungen haben, steht uns ihre Energie zur Verfügung, und wir verlassen das Schlachtfeld, mit fremdem Blut gestärkt. Doch die Gedemütigten suchen ihre Niederlage wieder auszugleichen, und so wird es nicht ausbleiben, daß wir früher oder später in ihre Rolle, die der Ohnmacht und des Energieverlustes, gedrängt werden und nun unsererseits, mehr noch als vor dem Schlagabtausch, an bohrenden Minderwertigkeitsgefühlen, Symptom der uns nicht mehr zur Verfügung stehenden Lebensenergie, leiden. Und so geht das Macht-Ohnmacht-Spiel, der *Kampf um Energie* weiter, zermürbend, sinn- und nutzlos in einer Endlosschleife.

Beziehungsgespräche sind oft solche *Raubzüge nach Lebensenergie*. Selbst *therapeutische Gespräche* können es sein, nämlich dann, wenn der Therapeut, in einem eigenen Komplex getroffen, ins Stocken gerät, den Kontakt mit seinem Lebensfluß und das heißt auch mit seiner Quellinstanz, dem ewigen Kind, unterbricht, sich energielos, also ausgelaugt, unruhig, unzufrieden und minderwertig erlebt und nun den Klienten autoritär in das Fahrwasser des eigenen Problems, zum Beispiel eines Vaterkomplexes, zu zwingen sucht, ihm also, in diesem Beispiel, zum Ausgleich die Rolle des Sohnes zuschiebt.

Solche Spiele lassen sich leicht an ihrem Resultat erkennen: Der »Besiegte« verläßt geschwächt den Schauplatz, oft zum großen Erstaunen des »Siegers«, der in seinem Sieg nur den Triumph der guten Sache oder der richtigen Meinung sieht und, bewußt oder unbewußt, Einsicht und Dankbarkeit erwartet. Er selbst spürt warme, menschliche Regungen zum anderen und ärgert sich über dessen mangelndes Wohlergehen, als wäre es ein neuer Affront gegen ihn. Tritt er nun, durch seinen Sieg beschwingt, zu einer zweiten Runde an und versucht den anderen auch noch davon zu überzeugen, daß es ihm doch eigentlich gutgeht, bringt er damit oft das Faß zum Überlaufen: Der in die Enge Getriebene rebelliert, dreht den Spieß um und zwingt den Sieger aus der ersten Runde zu Boden. Ein lächerliches Spiel, wenn es nicht soviel Unfrieden, Unzufriedenheit, Einsamkeit und Verzweiflung stiften würde.

Nicht nur im Gespräch, sondern auch in allen anderen Kommunikationsformen versucht ein Mensch, der den Kontakt mit der Offenbarungs- und Wachstumsinstanz des Kindes verloren hat, sich vom anderen Energie zu nehmen, ohne sich ihm zu geben, hinzugeben. Das Ergebnis ist in jedem Fall ein energetisches Mißverhältnis, abwechselnd illusorische Zufriedenheit beim einen und reale Unzufriedenheit beim anderen, eine nicht endende Reihe von Mißverständnissen und vor allem Isolierung. Wer zum Beispiel in der Sexualität Lust, Kontakt, Liebe, Bestätigung nur bekommen will, ohne all dies auch zu geben, treibt den Partner in Erschöpfung, Resignation, Verzweiflung und Rebellion.

Dagegen führt die Spur des verborgenen Kindes in den frei pulsierenden *Energiekreislauf* mit anderen, in die Erfahrung eines sozialen Organismus, eines Dritten Leibes. Wie dies zusammenhängt, habe ich im letzten Kapitel beschrieben. Die aktive Empfänglichkeit, die uns der erwachsene Kontakt mit dem Kind schenkt, verbindet Nehmen und Geben zu natürlicher Einheit. Der romantische Maler Runge beschreibt den Energiekreislauf im Dritten Leib — natürlich ohne ihn so zu bezeichnen — als Erfahrung des *Zusammenhangs*. Sie ergibt sich für ihn aus dem innigen kindlichen Lebensgefühl, das uns mit »*Geist*« füllt, also *schöpferischen Schwung* gibt: »Der Geist entflieht ..., und wir können den Zusammenhang in uns nicht wiedererlangen, bis wir wieder zur ersten Innigkeit des Gefühls zurückkehren, oder bis wir wieder zu Kindern geworden sind.«[1] Heike Scheel schreibt dazu, daß dem Kind »Spuren der gefühlsmäßigen Ungeteiltheit« anhaften.[2] Im Kleinkind werden Emotionen noch nicht durch soziale Raster gefiltert und gespalten. Als Erwachsene, soweit wir aus der Quelle des Kindes leben, finden wir wieder zu dieser emotionalen Eindeutigkeit, *Innigkeit*, Unmittelbarkeit und Gefühlsfrische zurück. Dabei sind wir unseren Launen und Stimmungen nicht ausgeliefert, befinden wir uns doch mit erwachsener Wachheit in unserer Mitwelt und sind fähig zu Spürbewußtsein in Widerstand, Auseinandersetzung und Verbindung.

Solches Dasein wird zunehmend durch *Gewahrsein im Dritten Leib* bestimmt. Das Tauziehen zwischen Ich und Du, Innen- und Außenwelt, erscheint nun als illusorische, Energie verschleißende Tätigkeit. *Liebe* ist nicht mehr mit dem Risiko, sich selbst zu verlieren, behaftet. *Abgrenzung* muß nicht mehr defensiv eingesetzt werden, sondern wird als *Energie erzeugende Berührung an der Grenze mit anderen, die dem gleichen Organismus angehören,* erfahren.

[1] Zitiert in: H. Scheel, Die erlösende Kraft des Lichts, Bern 1993, S. 161.
[2] Ebd., S. 209.

Die Hingabe an das innere Kind als unserer *Entwicklungs-*
instanz bedeutet also auch Hingabe an das Ganze der
menschlichen Gemeinschaft und der Welt, in der wir leben. Es ist ein alter germanischer Brauch, die Geburt eines
Kindes als »religiös erfaßte Begegnung der Gegenwärtigen mit den Kommenden« aufzufassen und zu feiern.[3]
Die Hingabe auch an das reale Kind ist *Verbindung mit der*
Welt in ihrer Wachstumsdynamik, die Fürsorge und
Liebe, die wir den Kindern angedeihen lassen, Ausdruck
der Fürsorge und Liebe für die künftige Welt. Durch die
Hingabe an das innere Kind delegieren wir unseren Teil
an Engagement in der Welt nicht mehr an künftige Generationen, sondern nehmen ihn selbst an die Hand. Hineingeboren und eingebunden im Dritten Leib sind wir
zugleich Subjekt und Objekt unserer Hingabe. Die Zwei-
teilung, die Freud zwischen narzißtischer und Objekt-Li-
bido vornahm, also zwischen Energie, die in die Bildung
und Aufrechterhaltung des Selbst oder in die Außenwelt
fließt, wird relativiert, denn das übergeordnete Subjekt,
der Dritte Leib, ist gleichzeitig auch Objekt. In der Hingabe an ein Du nähren wir das Spürbewußtsein für die gemeinsame Paargestalt, in der Hingabe an eigene Bedürfnisse und Anliegen ebenfalls das Spürbewußtsein für die
Mitwelt, in der wir uns bewegen. Den fokussierenden,
ein- und ausgrenzenden analytischen Blick öffnen wir
immer wieder zum weitwinkligen Panoramablick hin
(durch das Dritte Auge, das dank Innenschau – Introspektion – auch äußere Zusammenhänge erfaßt), das einzelne isolierte Wörter willentlich und konzentriert hö-
rende Ohr lehren wir auch das absichtslos zentrierende

---

[3] H. Bächtold-Stäubli (Hg.), Handwörterbuch des deutschen Aberglaubens, Band 4, Berlin 1927-1942, S. 1311.

Lauschen auf Zusammenklang und innere Resonanz (durch das Dritte Ohr[4]): reflexive *Konzentration* wird zur spürbewußten *Zentrierung*. Hingabe ist also weder »für mich« noch »für dich« bestimmt, sondern beruht auf spürender, differenzierter Wahrnehmung eines komplexen Ganzen, dessen Teil wir sind. Wir erfassen den Dritten Leib ständig in veränderten Gestalten, so wie sich durch jede neue Eigenbewegung eine neue Gesamtperspektive eröffnet. Letztlich bedeutet der Dritte Leib die ganze Welt, doch stellvertretend für diese taucht für uns in jeder neuen Situation eine sinnfällige, konkrete, vorläufige Gestaltung des Dritten Leibes auf, der unsere Hingabe gilt. Der Einfachheit halber nenne ich sie kurz Dritter Leib.

Die kritische Schwelle in unserer Hingabe an den Dritten Leib ist die offene, spürende *Resonanz* mit allem, was auf Vergänglichkeit und Sterblichkeit hinweist, Resonanz also *mit den Dissonanzen* des Lebens. Im letzten wiedergegebenen Spontanritual bestand meine Resonanz in der verbindenden Berührung mit den totenstarren, abgespaltenen Fingern der Selbstinitiantin. Bevor ich selbst vor elf Jahren in nahen Kontakt mit dem Tod geraten bin, scheute ich, ohne es zu merken, die spürende Verbindung mit dem Kranken und Toten. Im letzten Fallbeispiel führte sie bei der Frau zur Belebung ihrer Finger durch deren Gewahrsein im leiblichen Gesamtzusammenhang.

Oft jedoch trete ich auch in Resonanz mit einem vom Betroffenen als unheilbar bezeichneten Organ, das sich dadurch von einem bloß körperlichen in ein leibliches, das heißt *beseeltes Organ mit symbolischer, transformativer Kraft* wandelt. Auch hier ist Belebung Folge der Resonanz, allerdings in anderer Weise: Das kranke Organ wird zum

---

[4] Vgl. J.-E. Berendt, Das Dritte Ohr, Reinbek b.H 1985.

Schoß einer neuen Geburt, sein Träger erwacht zu einem tiefen Einverständnis auch mit dem vorläufigen oder bleibenden Kranken in sich selbst und somit mit seinem ganzen jetzigen Leben. Das zeigt sich darin, daß das kranke Organ eine als strömende Wärme wahrnehmbare Ausstrahlung in den gesamten Organismus bekommt. Die Neugeburt meint also in diesem Falle das realistische Einverständnis in die Dimension der Vergänglichkeit und Sterblichkeit. Wie könnten wir ganz sein ohne dieses? Daß das keineswegs resignative Einverständnis oft auch heilend wirkt, ist eine Tatsache, allerdings eine von zweitrangiger Bedeutung.

Von der Resonanz mit Zeichen der Vergänglichkeit und des Todes hängt letztlich unser ganzes Spürbewußtsein im Dritten Leib ab, begegnen wir ihnen doch auf Schritt und Tritt. Wir verlieren jegliches Gespür für den Dritten Leib, wenn wir den Energiekreislauf zwischen uns und der Außenwelt abbrechen, sobald ein Zeichen des Memento mori aufblitzt. *Thanatophobie* — chronifizierte, zwanghafte Todesangst — ist der zerstörerische Wirkfaktor, der uns vom lebendigen Ganzen der Welt abschneidet und isoliert. Auch als Psychotherapeut mache ich oft eine erstaunliche Erfahrung: Sobald ich auch mit dem toten Bereich eines Menschen, mit seiner »Todeslandschaft« (Benedetti[5]), mit der radikal zerstörerischen Dimension seiner Störung in innige Resonanz trete, statt sie durch eine unausgesprochene negative Wertung stillschweigend abzuwehren, entsteht beidseitig eine intensive Verbindung, vertrauensvolle Offenheit, entscheidende Belebung im gemeinsamen Energiekreislauf. Die kritische Schwelle zum therapeutischen — heilenden — Dritten Leib ist

[5] Vgl. G. Benedetti, Todeslandschaft der Seele, Göttingen 1983.

überschritten, und zwar gleichzeitig durch mich und den Menschen, den ich begleite. Der Zwang zur negativen Bewertung des radikal Bedrohlichen hat sich bei beiden aufgelöst. Liebe – das tragende Gefühl im Dritten Leib – entsteht durch sorgfältige Verbindung mit dem, was ist, also auch mit Äußerungen von Vergänglichkeit und Zerstörung.

Ist es psychologisch zutreffend, den Dritten Leib als Leib zu bezeichnen? Zweifellos, denn die lebendige, organische Verbindung mit anderen steht und fällt mit dem Spürbewußtsein für die eigene Leiblichkeit. Zur *Schizophrenie*, die mit Fug und Recht als seelische Krankheit der Isolierung, also der Abwesenheit eines Dritten Leibes bezeichnet werden kann, gehört die gefühlsmäßige Abspaltung des Leibes und seiner Empfindung. *Soziale Isolierung und Spürunbewußtsein im eigenen Leib* bilden die beiden Seiten der gleichen Krankheit, ebenso wie zwischenmenschliche Begegnung, Beziehung, Verbindung einerseits und leibliches Spürbewußtsein andererseits zwei zusammengehörige Seiten seelischer Gesundheit ausmachen. Aus diesem Grund prägte der Philosoph *Merleau-Ponty*, Hauptvertreter des französischen Existentialismus, in seiner »Phänomenologie der Wahrnehmung« den Begriff der »*Zwischenleiblichkeit*«. Im leiblichen Zwischen ereignet sich Begegnung.[6] Der soziale Organismus ist nur leiblich, sinnlich wahrnehmbar. Der Verstand dagegen zerstückelt den lebendigen sozialen Zusammenhang. Deshalb halte ich aus der Physik abgeleitete Begriffe zur Bezeichnung des Dritten Leibes, wie Feld oder Energiefeld, für unglücklich: sie abstrahieren von seiner Wahrnehmungsgrundlage.

[6] M. Merleau-Ponty, Phénoménologie de la perception, Paris.

In Therapiegruppen erlebe ich oft den Dritten Leib auf eindrücklichste Weise. Vor allem in den einwöchigen Gruppentherapien im Institut für Psychoenergetik finden immer wieder erstaunliche Selbstregulierungen im Gruppenleib statt — er hat Zeit, sich zu entwickeln. Probleme und Anliegen einzelner, die anfänglich scheinbar nichts miteinander zu tun haben, lösen sich durch das Zusammenspiel im Dritten Leib der Gruppe. Dieser ist der eigentliche Träger von Wachstum und Heilung, und gerade deswegen werden die Themen der einzelnen in der notwendigen Differenzierung angegangen: Verbindung differenziert, und Differenzierung verbindet (Teilhard de Chardin[7]). Im Dritten Leib, wo immer er auftritt und soweit er wirklich ein solcher und von der Entwicklungstendenz her gesund ist[8], gibt es keinen Gruppendruck und -zwang: In ihm herrschen, im Gegensatz zu einer Gruppe mit autoritären Strukturen, die entwicklungsfördernden, auf Spürbewußtsein basierenden Gesetze eines selbstregulierenden leiblichen Systems. Insoweit aber ein sozialer Organismus nur durch Druck und Zwang funktioniert — was in der realen, also unvollkommenen Menschheit immer auch der Fall ist — entspricht er keinem Dritten Leib. In psychoenergetischen Therapiegruppen, für die Spürbewußtsein das A und O allen Arbeitens bedeutet, ist die Präsenz des Dritten Leibes in hohem Maße spürbar, wie das wahrscheinlich auch in den Über-

---

[7] Vgl. P. Teilhard de Chardin, Der Mensch im Kosmos, München 1969.
[8] Es gibt auch den selbstzerstörerischen Dritten Leib. Dazu vgl. P. Schellenbaum, Nimm deine Couch und geh!, a. a. O., S. 225 f. — Der Einfachheit halber verzichte ich im thematischen Zusammenhang dieses Kapitels, ständig vom »gesunden Dritten Leib« zu sprechen. Doch wenn ich hier »Dritter Leib« schreibe, meine ich diesen.

gangsgemeinschaften der Naturvölker, die ebenfalls der Initiation, der Wandlungsgeburt dienten, der Fall war.

Wie in einem gesunden Einzelorganismus verlaufen auch in einem gesunden Dritten Leib die verschiedenen Rhythmen in harmonischer Resonanz. Arbeite ich in einer Therapiegruppe, so nehme ich die bei einzelnen auftauchenden Energiesignale auch als solche des Dritten Leibes wahr. Meist arbeite ich gerade mit dem Menschen, dessen Thema »vorrangig« ist: aufgeladen mit Energie und kurz vor dem »schöpferischen Sprung«. Solche Themen werden übrigens keineswegs immer mit Dramatik, sondern oft still, verhalten, mit noch wenig Bewegung geschildert. Kompromißlose, direkte Eindeutigkeit und Offenheit, sowie knappe, dichte Formulierung zeichnen meist die Vorstellung solcher »sprungbereiter« Themen aus. Die Atmosphäre, die ich dabei spüre, umreiße ich mit den Worten: »Jetzt geht es ums Ganze.« Ein solches Thema erlebe ich als auslösendes Energiesignal im gesamten Gruppenleib. Ist es durch ein Spontanritual schließlich verarbeitet, so wird die Aufmerksamkeit für das nächste auslösende Energiesignal im Gruppenleib frei und so weiter. Die gesamte Gruppenarbeit erscheint am Ende der Woche oft als ein einziges Spontanritual des Dritten Leibes, das ich als solches zum Schluß auch oft thematisiere.

Menschen, die im existentiellen Moment der Empfängnis leben, verfügen über einen sicheren Instinkt, welche Entwicklungsangebote sie wann, von wem und auf welche Weise bekommen können. Im Gefüge einer Therapiegruppe wirkt sich dieser Instinkt auf bewundernswert komplexe Art aus. Oft erhalte ich im Anschluß an eine Therapiewoche ausführliche Briefe, in denen die Schreiberin oder der Schreiber die verschiedenen Entwicklungsanstöße, die sie oder er von anderen Teilnehmern in dynamischer Folgerichtigkeit bekommen hat, beschreibt. Wie erwähnt, funktioniert dieser Instinkt allerdings nur in dem Maße, als jemand spürbewußt im Dritten Leib da ist. Auch offensichtlich *synchronistische Ereignisse* sind in der zentrierten Initiationsatmosphäre psychoenergetischer Gruppenarbeit keine Seltenheit. Laut Jung treten sie vermehrt dann auf, wenn ein gemeinsamer Archetyp konstelliert ist, und dies ist im Dritten Leib einer Psychotherapiegruppe oft der Fall.

Der Dritte Leib ist ein sozialer Organismus, in dem die *Rhythmen* der einzelnen in wechselseitiger Resonanz stehen. Die Wahrnehmung dieser Resonanz erfordert eine Unmittelbarkeit und Durchlässigkeit, wie wir sie von Kindern her kennen. Spürunbewußte Menschen werden nicht von gemeinsamen Rhythmen, an denen sie in freier Resonanz teilhaben, sondern von äußeren Taktgebern bestimmt. Diese zerhacken und zerstören das Selbsterleben. Lebende Systeme dagegen, zu denen auch die sozialen Gestaltungen des Dritten Leibes gehören, »weisen eine Vielzahl zeitlicher Muster — Rhythmen — auf ... Man weiß aber, daß die Zeitprogramme der jeweiligen Systeme ... in unterschiedlicher Frequenz verlaufen und dabei ständig hohe Synchronisationsleistungen zu erbringen sind. Die internen Zeitprogramme sind ... vielfach eingebunden in Rhythmen der äußeren Natur und werden beispielsweise vom Licht und dessen Intensität gesteuert ... Über das komplexe Zusammenspiel innerer ... — und äußerer ... Rhythmen wissen wir einiges — vieles auch nicht.«[9]

Was in diesem Text über das rhythmische Zusammenspiel zwischen dem einzelnen und der Natur gesagt wird,

[9] K.A. Geissler, Auf der Suche nach dem verlorenen Lebens-Rhythmus, in: Psychologie Heute, Mai 1995, S.61.

gilt auch für das Zusammenspiel der einzelnen in einem sozialen Dritten Leib. Da Rhythmen nicht starr fixiert sind, erlauben sie den spürbewußten Gliedern einer sozialen Gestaltung des Dritten Leibes flexible Anpassung, ohne durch Überanpassung an fremde Taktgeber ihre Eigenart zu verlieren. Synchronisierte Rhythmen in einem Dritten Leib führen im Gegenteil bei den einzelnen zu Gesundheit, Wohlergehen, Lust: Heilung ist eine schwingende Angelegenheit. Ohne »*soziale Rhythmen*« sind »wir isoliert, einsam und verlassen ... – sie sind für unser gesellschaftliches Leben und Überleben unverzichtbar. Sie sind das entscheidende Medium der Bindung, das eine Gesellschaft zusammenhält und das es dem Individuum ermöglicht, sich im sozialen Raum zu lokalisieren und zu orientieren.«[10]

Der gefährliche Rückschritt vom sozialen Rhythmus, der den einzelnen in seine Freiheit entläßt, zum sozialen Takt, der ihn der Freiheit beraubt, kann nur durch eigenes leibliches Spürbewußtsein vermieden werden. Wäre dieses mit animalischem körperlichem Spüren identisch, wäre der Selbstverlust durch Verschmelzen mit der Gruppe nicht zu vermeiden. Der Begriff des Dritten Leibes würde eine verbrämte Neuauflage massenpsychologischer Thesen bedeuten. Nun *bedeutet aber Spürbewußtsein gleichzeitig körperliches und seelisches, sinnliches und symbolisches Spüren.* Das zeigt sich unter anderem darin, daß dank ihm ein krankes Organ, wie soeben ausgeführt, als Quelle realer Lebendigkeit leiblich wahrgenommen werden kann. Im Spürbewußtsein paaren sich Instinkt und Intuition des Dritten zu einer leiblichen Wahrnehmung, die unter

[10] Ebd., S.63.

Umständen dem isolierten Instinkt oder der isolierten Intuition widerspricht.

Der spürbewußte Mensch ist zwar mit anderen im Dritten Leib verbunden, doch nicht verschmolzen. Das Gefühl für notwendige Einsamkeit und Eigenverantwortung prägt ihn ganz und gar. Signale verbundener Entwicklung blitzen manchmal auf, manchmal auch nicht. Sie lassen sich nicht erzwingen. Das sich im Dritten Leib Ereignende ist nicht herstellbar. Manchmal müssen wir über lange Zeit alleine gehen, bis sich ein Stück verbundenen Wachstums einstellt, und auch dieses läßt sich nicht halten. Solange wir das Schwingen in gemeinsamen Rhythmen, ein Leben in sozialer Entsprechung und Resonanz erwarten, kann es nicht kommen, und wir werden für Taktgeber, aus welcher Ecke auch immer, anfällig. Ergeben wir uns jedoch auch diesem Aspekt der Realität — der Unverfügbarkeit von sozialer Entsprechung und Resonanz —, beginnen wir, ausgesetzten Kindern in Märchen und Mythen zu gleichen. Der Schutz eines warmen Stalles, einer bloß animalischen, auf Blutsbande gründenden Herdenverbundenheit ist uns genommen. Nun wissen wir nicht, was kommt. In Märchen und Mythen sind es die Zieheltern, die sich einstellen: fördernde Kräfte nach der zweiten Geburt. Auch im Leben des spürbewußten Menschen, der auf äußeren Schutz und innere Unselbständigkeit verzichtet hat, tauchen sie auf, meist von der unerwarteten Seite. Doch Gewißheit gibt es nie. Sie ist keine Eigenschaft lebendiger Systeme.

DIE KUGEL ROLLT

Die letzte Geschichte in diesem Buch über die Spur des verborgenen Kindes veranschaulicht besser als jede Erklärung den natürlichen Entwicklungsweg vom Spürbewußtsein im eigenen Leib zu dem im Dritten Leib. Das Spontanritual des etwa 40jährigen Mannes, auf das ich nun ausführlich zu sprechen komme, konkretisiert die soziale Wachstumsdynamik, die sich spontan aus dem individuellen leiblichen Spürbewußtsein ergibt. Wenn sie am Ende einer therapeutischen Arbeit nicht aufscheint, erlebe ich diese als mißlungen. Rollt die Kugel der eigenen Entwicklung nicht in der menschlichen Gemeinschaft, dann war der bisherige Weg eine illusorische Spiegelung narzißtischer Größenphantasien.

Der Mann, der nun in der Raum- und Gruppenmitte vornübergebeugt dasitzt, macht, während er anfängt zu sprechen, chaotisch wilde, in alle Richtungen schlenkernde, impulsive und unberechenbare Bewegungen. Sein Leib ist dabei seltsam verrenkt und verspannt, sein Gesichtsausdruck wirkt orientierungslos und verzweifelt. Er ist ein Quasimodo nicht des Körpers, sondern des Geistes, denn sein Körper ist gut, gerade und kräftig gewachsen. Der verquere leibliche Ausdruck ist wirklich Ausdruck, das heißt Selbstäußerung einer inneren unglücklichen Gestalt. Nach einigen schnellen, schwer verständlichen Sätzen hält er kurz inne, schaut mir zum ersten Mal gerade in die Augen und stößt hervor: »Ich kann meiner Mutter nicht danken, daß sie mir das Leben geschenkt hat. Neulich, an meinem Geburtstag, sagte ich ihr: ›*Mutter, ich gebe dir mein Leben zurück.*‹ Ich will es nicht mehr.‹ Da war das Fest natürlich im Eimer. Doch es trifft zu: Ich will nicht mehr leben. Seit langem werde ich von *suizidalen Impulsen* verfolgt. Zwar habe ich einen interessanten Beruf; da bin ich zufrieden. Aber menschlich bin ich gescheitert. Meine Frau hat sich von mir scheiden lassen. Ich bin beziehungsunfähig.«

Während er spricht, werden seine Gebärden immer schneller, zittriger, unkoordinierter. Seine zappelnden Hände und Füße stoßen innerhalb eines engen Radius, der nur wenig die Maße des Körpers übersteigt, an eine unsichtbare Grenze. Sein Leib, sein beseelter Organismus, der nach außen greifen und treten will, ist gebremst und von allen Seiten zusammengepreßt. Ohne Möglichkeit zum »Abfluß« lädt er sich bis zum Platzen mit Energie auf: ein erschreckendes Bild von Gefährdung durch die wachsende eigene Kraft, von sich in einem *Energiekäfig* isolierender Lebendigkeit und Ohnmacht, letztlich das Bild eines *erwachsenen Fötus*, der vor der überfälligen Geburt immer noch zurückschreckt, kurz vor der letzten Chance zur Alternative zwischen Geburt und Tod: sich in die Welt, in die Verbindung mit ihr, hinein zu befreien oder endgültig vom Mutterschoß, vom Todesschoß, zurückverschlungen zu werden.

Ich beschreibe dieses ganze *Spontanritual als Geburtsmetapher.* Das meine ich nicht als bloßen Vergleich, sondern als reale *Analogie*: Die sorgfältige Beobachtung eines Spontanritauls — in diesem besonders deutlich — zeigt, daß es eine *wirkliche existentielle Geburt — die zweite, symbolische*

Geburt — darstellt, *analog zur ersten, biologischen Geburt,* die, wie ausgeführt, für sie das *prägende Urmuster* abgibt. In allen Phasen seines Ablaufs entspricht sein leiblicher Ausdruck dieser biologischen Geburt. Aus diesem Grund hat die *zweite Geburt Initiationscharakter.* Die Tatsache, daß ich den Protagonisten im Spontanritual *Selbstinitiant* — sich selbst Initiierender — nenne und früher *Selbstinitiand* — durch das Selbst zu Initiierender — genannt habe[11], gründet im Geburtscharakter der Spontanrituale.

Ich mache den Selbstinitianten auf seine Gebärden aufmerksam und bitte ihn, nun nicht mehr zu sprechen, sondern sie mit Spürbewußtsein weiterhin einfach geschehen zu lassen. Sie bilden das entscheidende Energiesignal. Ihre Ambivalenz — Kennzeichen jedes Energiesignals — besteht im Widerstreit zwischen dem Drang nach Geburt und dem Widerstand gegen diese, zwischen emanzipatorischem Drang und dessen Bremsung. Mit ungeteiltem Spürbewußtsein bleibt der Selbstinitiant lange — die Zeit ist wie aufgehoben — in seinen immer expressiver werdenden Gebärden, in denen sich der Befreiungs- und der Hemmungsimpuls, die Tendenz, nach außen zu gehen und die gegenläufige Antitendenz, gegenseitig bekämpfen. Es herrscht Schweigen. Keiner von uns beiden spricht. Durch die Macht des wachsenden Spürbewußtseins steigt der innere Druck noch mehr an, und der Energiekäfig, in dem er steckt und leidet, wird immer enger. So muß sich ein Fötus *kurz vor dem Eintreten in den Geburtskanal* fühlen. Doch ist er nicht nur *das zu gebärende Kind,* sondern auch *die gebärende Mutter:* Wie in *Preßwehen* atmet er intensiv, mit Betonung des stoßenden Ausatems.

Was ich hier beschreibe, trifft nicht nur für diesen

---

[11] Vgl. P. Schellenbaum, Nimm deine Couch und geh!, a.a.O., S. 35 ff.

Selbstinitianten zu. In jedem wirklichen Spontanritual — nicht jede psychoenergetische Arbeit ist ein solches — beginnt der Geburtsvorgang durch zentrierendes, (nicht willentlich Konzentriertes!) spürbewußtes Bebrüten der festgefahrenen Lebenssituation, Ansteigen des Energiepegels und immer unerträglicher werdendes Leiden an der fruchtbaren *Enge*. Doch hier, auch in Zusammenhang mit dem nun Folgenden, ist die Realität einer zweiten Geburt besonders augenfällig.

Mit mir als Begleiter geht in dieser letzten vorgeburtlichen Phase eines Spontanrituals eine eigentümliche Veränderung vor sich. Befinde ich mich zu dessen Beginn noch in wacher, aufmerksamer, zugewandter und reaktionsbereiter Verbindung mit dem Selbstinitianten, fühle ich mich jetzt gleichzeitig vertrauensvoll und ratlos, in einer, ich kann es nicht anders ausdrücken, sinnvollen Weise hilflos, unfähig zu Wort und Gebärde. Es ist der Moment der Wahrheit beim Selbstinitianten. Ich kann seinen Käfig nicht von außen öffnen. »Nichts tun, und doch bleibt nichts ungetan« (Laotse): das ist mein jetziges Empfinden. Etwas in mir stellt sich auf das Unbekannte zu Gebärende ein. Meine Resonanz ist inhaltslos, bloße Erwartung einer Offenbarung, ich bin entlastet von allem eigenen Fühlen, Denken und Tun. Das Spürbewußtsein besteht nur in Offenheit, Durchlässigkeit, Verfügbarkeit. Auch ich lebe im existentiellen Moment der Empfängnis. Darin wohl besteht meine momentane Resonanz. Wie im Mythos sind Zeugung und Geburt identisch, beim Selbstinitianten und auch bei mir.

Auf einmal bin ich hellwach. Es ist offensichtlich: Vor mir liegt ein *Säugling*. Der Übergang von der sitzenden in die liegende Stellung ist so schnell geschehen, als wäre ein Film in der wichtigsten Passage geschnitten worden. Vor mir liegt ein wimmernder Säugling, dessen Händchen und Füßchen, Ärmchen und Beinchen sich spastisch und unkoordiniert bewegen, ein Bild völliger Verlassenheit und Isolierung, die *Offenbarung des Kindes im Selbstinitianten*. Das ist die Epiphanie: das Aufscheinen der Wahrheit — die frühe Schwelle des seither verborgenen und jetzt sich manifestierenden Kindes. Nun kann es endlich weitergehen, nach 40 Jahren verhinderten Lebens. Die zweite Geburt beginnt mit der Offenbarung einer Grundtatsache in der Biographie des einzelnen.

Nun finde ich meine Sprache wieder. Ich frage den Selbstinitianten: »Wie alt bist du?« Ohne einen Moment zu zögern, antwortet er: »Ein halbes Jahr.« Die Frage nach dem Alter, zunächst eingeführt durch die Gestalttherapie, hat zum Ziel, die Selbstwahrnehmung des Selbstinitianten zu intensivieren. Paradoxerweise stärkt sie den erwachsenen Anteil in diesem, nämlich das zielgerichtete, kontinuierliche, nur dem Erwachsenen zugängliche Spürbewußtsein, hier in bezug auf das aktivierte frühkindliche Alter. Dadurch beschleunigt sich der Wandlungs- und Wachstumsprozeß. Nun ändert sich der Ausdruck des Selbstinitianten in kurzer Zeit völlig. Noch vor einem Augenblick war sein Gesicht, vor allem in der Nasenwurzel, ganz zerknittert, wie wir das bei verlassenen Kindern beobachten. Nun entspannt und glättet sich die Haut, und die Stirn wird klar. Beine und Arme, Füße und Hände sind zur Ruhe gekommen; letztere liegen auf dem Bauch. Ich fordere ihn auf: »Beschreibe jede Veränderung, die du in deinem Leib spürst.« Nach einem Schweigen bemerkt er: »Ich spüre Ruhe im Bauch, sie steigt zum Herzen hoch.« Und etwas später: »Die Hände wollen etwas tun.« »Laß sie tun«, ermuntere ich ihn.

In der nachgeburtlichen Phase eines Spontanrituals besteht die Resonanz durch den Therapeuten in bloßem Widerhall, Verdeutlichung und Verstärkung dessen, was seit der Geburt ins Rollen gekommen ist und weiterrollt, während sich in der vorgeburtlichen Phase Resonanz meist auf unbemerkte und spürunbewußte Äußerungen des Selbstinitianten bezieht, also einen höheren Grad an Wahrnehmung verlangt.

Nun geraten die Hände in eine spontane, innige, sorgfältige Eigenbewegung, ohne jede Kontrolle durch den Kopf. In kleiner Entfernung über dem Schoß formen sie ein schönes, nach oben hin offenes *Rund*. Intensiv treten seine Augen mit diesem in Kontakt. Lange, schweigend bleibt er in dieser Stellung, dann sagt er: »Die Hände tragen eine warme *Kugel*.« Das Runde, *Symbol des Kindes als Selbst* eines Menschen, wird dem Selbstinitianten in seiner rituellen, archetypischen Gebärde spür- und erfahrbar.

Diese Intensität direkten Spürbewußtseins kann durch das Betrachten eines Bildes nicht erreicht werden, auch nicht durch das imaginative Hineingehen in ein Bild und den Dialog mit einer Figur in ihm, wie es in der Aktiven Imagination und mit Unterschieden im Katathymen Bilderleben geübt wird. Hier liegt die unübersehbare Grenze der bisherigen tiefenpsychologischen Psychotherapie im Sinne Jungs. Auch kulturgeschichtlich kommt das *Ritual vor dem Symbol*. Dieses ist bereits eine Abstraktion von jenem. Zwar nimmt es noch teil an der *Entwicklungsmacht authentischer Gebärden*, kann diese aber auch im heutigen, auf Sehen und Denken getrimmten Menschen verhindern. Im spürbewußten, spontanen Ablauf von Bewegung und Gebärden dagegen wandelt sich Leben *unmittelbar,* und Therapie unterscheidet sich in nichts mehr von intensiven Schlüsselerfahrungen im Alltag, in denen wir ganz da, ganz dabei sind. Deshalb habe ich psychoenergetisches Arbeiten als Schritt zur wünschenswerten Selbstauflösung der methodisch eingesetzten Psychotherapie bezeichnet. Die *Psychoenergetik* selbst ist keine Methode, sondern ein *Lebensprinzip*, nämlich das des spürbewußten Einstimmens in die sich spontan ereignende Heilung und Entwicklung.

Der Bemerkung des Selbstinitianten: »Die Hände tragen eine warme Kugel« sekundiere ich verdeutlichend: »Deine warmen Hände tragen dein Leben«. *Deutung* wird im Spontanritual nur als *Verdeutlichung,* als *Resonanz,* eingesetzt: Die Wärme der Kugel ist die Wärme der eigenen Hände, die eine Kugel formen. In diesen also zirkuliert ungehindert das Blut. Zu Beginn eines Spontanrituals sind die Hände oft kalt: Angst hemmt noch den Energiefluß, die spontane Bewegung nach außen. Nun aber hindert nichts mehr den Selbstinitianten, sein Leben in die eigenen Hände zu nehmen. Die Wachstumskraft des zum zweiten Mal geborenen Kindes ist seine Energiequelle. Um sich in allen Lebensbereichen durchzusetzen, braucht diese noch langes, sorgfältiges, spürbewußtes Dasein von Tag zu Tag. Der Schluß eines Spontanrituals steht am Anfang dieser Integrierungsarbeit.

Deshalb ist das, was jetzt, nach Abschluß des zentralen Teils des Spontanrituals, kommt, nicht minder wichtig: Es geht um die Verdeutlichung des Durchlebten im Zusammenhang der konkreten Lebenssituation und somit um *Integrierung.* Sie beginnt in der Verknüpfung mit dem Ausgangsthema. Hat der Selbstinitiant eingangs nicht erzählt, daß er an seinem Geburtstag der Mutter sein Leben zurückgeben wollte?

Im letzten Teil eines Spontanrituals trete ich oft in einen aktiven Dialog mit dem Selbstinitianten. Der Austausch wird nach Abschluß des Spontanrituals fortgesetzt, allerdings dann in einer neuen Art, nämlich im Sinne einer auch analytischen Verarbeitung des Durchlebten. *Im letzten Teil eines Spontanrituals* jedoch geht es immer noch um spontanes, spürbewußtes Erleben, um die Abrundung der Initiation in der *sozialen Geburt.*

Ich sage dem 40jährigen Mann: »Sorgfältig umfaßt du dein Leben. Aber nicht alles, was du gelebt hast, entspricht dieser warmen Kugel. Was ist es in deinem Leben, das du deiner Mutter zurückgibst?« Gerade vor sich hinblickend antwortet er mit selbstverständlicher Bestimmtheit: »Mutter, ich gebe dir zurück die Verlassenheit, die Angst, die Dumpfheit, die Beziehungsunfähigkeit, die Traurigkeit, die Isolierung, die Einsamkeit. Das alles gebe ich dir zurück.« Diese Mitteilung an die Mutter ist keine bloße Absichtserklärung, sondern verdeutlicht das im Spontanritual bereits Geschehene: Enge, Angst, Einsamkeit und Isolierung, und somit auch Dumpfheit und Traurigkeit sind durchbrochen, seit er sich als verlassener Säugling erlebt und gezeigt hat, die frühe Selbstunterbrechung aufgelöst und als realer Mensch mit der ihm eigenen Biographie neu geboren wurde. Seither trägt er sein Leben in eigenen Händen. Es ist ein Neugeborenes. Es hat sich ihm offenbart; nun bedarf es sorgfältiger Liebe, Zuwendung und Aufmerksamkeit. Er läßt sie ihm angedeihen, indem er von sich weist, was dem soeben in ihm Geborenen nicht gut tut. Als erwachsener Mensch übernimmt er also die Verantwortung für sein weiteres Wachstum. Er befindet sich im existentiellen Moment der Empfängnis. Daher ist er zur Unterscheidung zwischen dem, was das Neue fördert, und dem, was es gefährdet, fähig.

Doch wiederum: Diese Unterscheidung ist nicht in erster Linie eine Denkleistung. Der Mann faßt keine guten Vorsätze. Solange er in der warmen, zugewandten

Haltung der Empfänglichkeit bleibt, hat die Unterscheidung zwischen dem Konstruktiven und Destruktiven ihre Wurzel im Spürbewußtsein für das jetzt Gelebte. Die sprachliche Benennung des spürbewußt Wahrgenommenen dient bloß dessen differenzierter Verbindung mit der eigenen komplexen Lebensthematik. Auch später wird die Unterscheidung in dem Maße sein Leben bestimmen, wie er als spürbewußter Erwachsener aus dem Archetyp des Kindes, also in wacher seelischer Durchlässigkeit lebt. Die Prägungen durch Anlage und Sozialisation, hier durch die depressive Mutter, werden weiter bestehen, aber sie müssen sein Leben nicht mehr in die selbstzerstörerische Richtung zwingen. Der Impuls aus der zweiten Geburt kann sie in neuer, förderlicher Art ordnen und orientieren.

Solche Unterscheidung und Absetzung von lange Gelebtem erfordert ein Stück gesunder *Aggression*. Bereits im Ausgangssatz — »Mutter, ich gebe dir mein Leben zurück« — war Aggression spürbar, doch erwies sich diese in der Absolutheit des Rückgabewillens als selbstzerstörerisch: vordergründig auch als Rache gegen die Mutter gemeint, doch eigentlich der letzte Triumph ihrer Lebensfeindlichkeit. Jetzt aber verdeutlicht sich seine Aggression als notwendige Abgrenzung. Das auf das Spontanritual später folgende Gespräch zeigt die *Versöhnungsdynamik* seines Weges auch in bezug auf die Mutter. Er äußerte nämlich sein Bedürfnis, neu auf diese zuzugehen und sich mit ihr zu versöhnen. Die Rückgabe ist ein symbolischer Akt: ein Zurückdrehen der Lebensgeschichte bis zum Ursprung, aus dem Heilung kommt.

Während der Selbstinitiant formuliert, was er der Mutter zurückgibt, umgreift und umfaßt er immer noch mit zärtlich umstreichelnder Gebärde die unsichtbare, doch spürbare Kugel: sein neues Kind, sein neu offenbartes Leben. Er befindet sich also nach wie vor im Initiationsgeschehen. Daher ist es nicht verwunderlich, daß nun ein neuer Einfall, ein neuer Schritt, eine neue — die letzte — Szene kommt. Auf meine Frage, wie sich denn sein Leben nun weiter gestalten wird, antwortet er zunächst nicht mit Worten, sondern einer neuen Gebärde: *Er rollt die Kugel von sich weg.* Dann erläutert er: »Die Kugel rollt zu einer Frau, mit der ich Kinder habe.« Die Vorstellung, mit einer Frau Kinder zu haben, wäre für ihn noch vor zwei Stunden undenkbar gewesen. Jetzt ergibt sie sich spontan aus der eigenen zweiten Geburt. Nun, da seine Lebensgebärde nicht mehr durch den Angstradius der mütterlichen Prägung gehemmt wird, erweitert sich sein leibliches Dasein hin zu einem Dritten Leib. Die soziale Geburt ist in der Tat Teil der zweiten Geburt und Hinweis auf deren Echtheit. *In der rollenden Kugel offenbart sich das Kind.* Sie führt einen Menschen in die zu ihm passenden Gestaltungen des Dritten Leibes. Die rollende Kugel verkörpert gleichzeitig ein inneres und ein äußeres Kind. Das äußere muß kein biologisches Kind sein. Es kann auch eine Aufgabe, ein Werk, eine gemeinschaftsfördernde Tat, Begegnung und Beziehung bedeuten. Immer aber stiftet der zum zweiten Mal geborene Mensch Gemeinschaft in einem Dritten Leib.

Im Nachgespräch erzählte ich dem Selbstinitianten von einem anderen um einige Jahre älteren Mann. Dieser, von schwerer Depression genesen, brachte in eine Therapiegruppe, an der er über einen Zeitraum von zwei Jahren an insgesamt 18 Wochenenden teilnahm, eine große, schwere Kugel mit, die er aus dem Holz eines Baumes vom Garten seines Großvaters selbst geschnitzt hatte. Sie war die rollende Kugel in diesem Gruppenleib und wurde immer gerade dem Menschen zugespielt, der sich anschickte, auch stellvertretend für die anderen, als momentaner Exponent des Dritten Leibes, einen Schritt zu tun. Die Kugel hatte beim Schnitzen einen tiefen Riß bekommen. Auch die Risse und Narben der Vergangenheit rollen in der gemeinschaftsbildenden Kugel mit, und, fundamentaler noch, die menschliche Begrenztheit, Unvollkommenheit, Störungsanfälligkeit, Sterblichkeit.

Welchen Sinn hätte unser Leben, wenn nicht die schöpferische Verbindung mit anderen durch Resonanz in immer weiteren Wachstumskreisen? Der Dritte Leib von Mutter und Kind bildet den ersten dieser Kreise. Sein Ursprung ist das Empfangen der Existenz vor allem Fragen und Wählen. Der wache Geist der Verfügbarkeit für Lebensimpulse bleibt Ursprung auch aller weiteren Gestaltungen des Dritten Leibes. Kein Kreis soll zum Gefängnis werden: das wäre Krankheit. Geschieht es trotzdem, finden wir im Spürbewußtsein für den Ursprung, im existentiellen Moment der Empfängnis, Heilung. Dann rollt die Kugel wieder, in einem neuen Wachstumskreis mit größerem Radius, auf einem Gefälle, das wiederum nicht wir selbst wählen, in Begegnungen hinein mit Menschen und Lebenstatsachen, die wir nicht gewählt haben. Auch der Holzschnitzer hat den Riß in seiner Kugel nicht geplant. Könnten wir mit dem Verstand wählen, dann würden wir einigen uns »zugefallenen« Menschen und Ereignissen Verbindung und Resonanz, das Lebensrecht im Dritten Leib verweigern. Doch auch in der Begegnung mit ihnen, und stärker noch als in anderen Begegnungen, ist das *Kind Geleiter zu der Schwelle.* Die Spur der rollenden Kugel führt in die abgründige Verborgenheit des eigenen Daseins, in der sich das Kind auf unvorhersehbare Weise von Schwelle zu Schwelle neu offenbart.

LITERATUR

Michael Balint, Therapeutische Aspekte der Regression, Reinbek bei Hamburg 1973

Raymond Battegay, Psychoanalytische Aspekte der kindlichen Entwicklung, in: *Raymond Battegay, Udo Rauchfleisch,* Das Kind in seiner Welt, Göttingen 1991

Bhaga Vadgita, Das Lied der Gottheit, Stuttgart 1955

Hedwig von Beit, Symbolik des Märchens, Bern 1975

Gaetano Benedetti, Todeslandschaften der Seele, Göttingen 1983

Joachim-Ernst Berendt, Das Dritte Ohr, Reinbek bei Hamburg 1985

Bruno Bettelheim, Ein Leben für Kinder, Stuttgart 1987

Jean Shinoda Bolen, Götter in jedem Mann, Basel 1994

John L. Bradshaw, Healing the Shame that binds you, Houston, Texas 1988

Martin Buber, Das dialogische Prinzip, Heidelberg 1979

Buddha, Die Lehre des Erhabenen, Mahapadana Suttanta, München 1960

Dieter Bürgin, Die pränatale Entwicklung, in: *Raymond Battegay, Udo Rauchfleisch,* Das Kind in seiner Welt, Göttingen 1991

Erika J. Chopich/Margaret Paul, Aussöhnung mit dem inneren Kind, Freiburg i.Br. 1993

Martin Dornes, Der kompetente Säugling, Frankfurt a.M. 1993

Mircea Eliade, Schamanismus und archaische Ekstasetechnik, Frankfurt a.M. 1975

Erik H. Erikson, Identität und Lebenszyklus, Frankfurt a.M. 1973

Walter J. Evans-Wentz (Hrg.), Tibetanisches Totenbuch, Zürich/Stuttgart 1970

Marie-Luise von Franz, Der Ewige Jüngling, München 1981

Sigmund Freud, Gesammelte Werke, London 1940-1952

Karlheinz A. Geissler, Auf der Suche nach dem verlorenen Lebensrhythmus, in: Psychologie Heute, Mai 1995

Stanislav Grof, Geburt, Tod und Transzendenz, München 1985
Arno Gruen, Der Verrat am Selbst, München 1986
Eduard Hoffmann-Krayer/Hanns Bächtold-Stäubli, Handwörterbuch des deutschen Aberglaubens, Berlin 1927-1942
Ursula Hermann, Knaurs etymologisches Lexikon, München 1983
Hans Egon Holthusen, Rilke, rororo monographien, Reinbek bei Hamburg 1958
Carl Gustav Jung, Gesammelte Werke, Olten 1971-1981
Károly Kerényi, Das Kind in der Urzeit. In: *Carl Gustav Jung, Károly Kerényi,* Einführung in das Wesen der Mythologie, Zürich 1941
Ders., Die Heroen der Griechen, Zürich 1958
Ders., Die Mythologie der Griechen I u. II, München 1966
Melanie Klein, Die Psychoanalyse des Kindes, München 1973
Friedrich Kluge, Etymologisches Wörterbuch der deutschen Sprache, Berlin-New-York 1975
Heinz Kohut, Die Heilung des Selbst, Frankfurt a.M. 1979
Jiddu Krishnamurti, Einbruch in die Freiheit, Berlin 1990
Ders., Gespräche über das Sein, Bern/München/Wien 1977
Lao-Tse, Tao Tê King, Zürich 1959
Helga Levend, Wie prägt uns das Leben vor der Geburt? In: Psychologie Heute, September 1995
Rudolf zur Lippe, Sinnenbewußtsein, Reinbek bei Hamburg 1987
Margaret Mahler, Die psychische Geburt des Menschen, Frankfurt a.M. 1980
Dies., Symbiose und Individuation Band I, Stuttgart 1972
Maurice Merleau-Ponty, Phénoménologie de la perception, Paris, o.J.
Ilse Middendorf, Der erfahrbare Atem, Paderborn 1991
Alice Miller, Am Anfang war Erziehung, Frankfurt a.M. 1980
Dies., Das Drama des begabten Kindes, Frankfurt a.M. 1979
Dies., Du sollst nicht merken, Frankfurt a.M. 1981
Maria Montessori, Kinder sind anders, München 1994
Sten Nadolny, Die Entdeckung der Langsamkeit, München o.J.
Erich Neumann, Ursprungsgeschichte des Bewußtseins, München 1974
Ders., Die Grosse Mutter, Olten 1978
Ders., Das Kind, Fellbach 1980
Nonnos, Dionysiaka, Bremen o.J.
Rudolf Otto, Das Heilige, München 1971
Walter F. Otto, Dionysos, Mythos und Kultus, Darmstadt 1960
Frederick Perls, Gestalt-Therapie, Zürich 1985
Jean Piaget, Das Weltbild des Kindes, München 1994
Jirina Prekop, Hättest du mich festgehalten ..., München 1989

Robert von Ranke-Graves, Griechische Mythologie, Band I und Band II, Reinbek bei Hamburg 1980 und 1981

Wilhelm Reich, Die Entdeckung des Orgons — Die Funktion des Orgasmus, Frankfurt a.M. 1981

Horst-Eberhard Richter, Eltern, Kind und Neurose, Reinbek bei Hamburg 1989

Fritz Riemann, Grundformen der Angst, München 1976

Stephano Sabetti, Lebensenergie, Reinbek bei Hamburg 1987

Antoine de Saint-Exupéry, Der Kleine Prinz, Düsseldorf 1953

Arthur Samuels/Elisabeth Lukan, Im Einklang mit dem inneren Kind, Freiburg i.Br. 1993

Heike Scheel, Die erlösende Kraft des Lichts, Bern 1993

Peter Schellenbaum, Das Nein in der Liebe, Stuttgart 1985

Ders., Abschied von der Selbstzerstörung, München 1987

Ders., Die Wunde der Ungeliebten, München 1988

Ders., Gottesbilder, München 1989

Ders., Tanz der Freundschaft, München 1990

Ders., Homosexualität im Mann, München 1991

Ders., Nimm dein Couch und geh!, München 1992

Ders., Aggression zwischen Liebenden, Hamburg 1994

C. Schwaighofer (Hrg.), Unser Kind, das Kind in uns, Goldegg 1994

Paul Schwarzenau, Das göttliche Kind, Stuttgart 1984

Rupert Sheldrake, Das schöpferische Universum, München 1983

Peter Sloterdijk, Weltfremdheit, Frankfurt a.M. 1993

Oswald Spengler, Der Untergang des Abendlandes, München 1972

René A. Spitz, Die Entstehung der ersten Objektbeziehungen, Stuttgart 1960

Ders., Vom Säugling zum Kleinkind, Stuttgart 1974

Daniel Stern, Mutter und Kind. Die erste Beziehung, Stuttgart 1979

L. Szondi, Freiheit und Zwang im Schicksal des Einzelnen, Bern 1958

Pierre Teilhard de Chardin, Der Mensch im Kosmos, München 1969

Victor Turner, Das Ritual — Struktur und Antistruktur, Frankfurt a.M. 1989

C.L. Whitfield, Healing the Child Within, Baltimore 1987

Richard Wilhelm (Hrg.), Das Geheimnis der Goldenen Blüte, Olten und Freiburg i.Br. 1973

Donald W. Winicott, Reifungsprozesse und fördernde Umwelt, München 1974

Ludwig Wittgenstein, Tractatus logico-philosophicus, Frankfurt a.M. 1984

Konrad Wolff, Das göttliche Kind, in: *R. Battegay/U. Rauchfleisch,* Das Kind in seiner Welt, Göttingen 1991
Heinrich Zimmer, Indische Mythen und Symbole, Düsseldorf, Köln 1973

Peter Schellenbaum
Institut für Psychoenergetik
Gruppentherapie und Ausbildung
Salita al Mött 5
CH - 6644 Orselina-Locarno

(Anfragen mit frankiertem und addressiertem Rückumschlag bzw. internationalem Antwortschein)

BEGRIFFSREGISTER